趙爾巽等撰

清史稿

第三六册

卷三二〇至卷三三九（傳）

中華書局

清史稿卷三百二十

列傳一百七

三寶　永貴　蔡新程景伊　梁國治　英廉　彭元瑞　紀昀陸錫熊　陸費墀

三寶，伊爾根覺羅氏，滿洲正紅旗人。乾隆四年繙譯進士，授內閣中書。襲世管佐領。遷內閣侍讀。出爲湖北驛鹽道。入補戶部郎中。師征準噶爾，命赴北路董達什達瓦游牧。擢直隸布政使。二十六年，上幸熱河，坐蹕路不修，命以道銜駐哈密。二十九年，起四川布政使，更湖北、湖南、貴州諸省。三十七年，擢山西巡撫。明年，移浙江。四十二年，擢湖廣總督。閱兵，衡州協副將海福、沅州協副將洪昌運皆衰老，三寶請以海福內授旗員，昌運令休致。上以偏護滿洲，顯分軒輊，拒不允。四十四年，授東閣大學士，兼禮部尚書，督湖廣如故。

旋移閩浙總督。浙江海塘自老鹽倉以上皆柴塘，上南巡，諭改築石塘。三寶疏言：「時方大汛，未宜更動。當於柴塘內下樁築石，而以柴塘爲外護。」會上亦降旨令留柴塘爲重關保障，與三寶議合。旋命入閣治事。巡撫王亶望以贓敗，三寶坐未舉劾，部議當奪職，上命留任。尋復令在上書房總師傅上行走。四十九年，扈蹕熱河，以疾還京師。卒，諡文敬。

三寶喜讀宋諸儒書，大節不苟。爲直隸布政使時，高宗幸熱河，至密雲，值大霖雨，水盛漲。上欲策騎亂流渡，三寶諫曰：「千金之子，坐不垂堂。今以萬乘輕狎波濤，使御騆有失，臣等雖萬段，何可追悔？」上曰：「滿洲舊俗宜親習勞勩，顧不可耶？」三寶復曰：「上方奉太后乘輿同臨幸，卽上渡河安便，不識奉太后何所？」上動容，爲之回蹕。其爲上書房總師傅，輯古今儲貳事曰春華日覽，授諸皇子，論者謂其得師保之體云。

永貴，字心齋，拜都氏，滿洲正白旗人。父布蘭泰，自雲騎尉世職授理藩院員外郎。雍正間，爲江西巡撫，治嚴刻，世宗召還京師面詰之，對曰：「臣治事從嚴，待上改正，俾恩出自上。」世宗不懌，奪職。尋復起，至古北口提督。卒，諡慤僖。

永貴，自筆帖式授戶部主事。乾隆初，累遷郎中。出爲湖南辰沅永靖道。擢雲南布政使。移浙江，署巡撫。前總督李衞領鹽政，發帑收餘鹽，名曰「帑鹽」；令武職任緝私，其制未善。永貴條上八事，俾文武互任其責，下部議行。居三年，命眞除。溫、台諸縣旱，永貴令知府金洪銓治賑，不稱職。永貴論劾，請休致。總督喀爾吉善再劾，上爲奪洪銓職。御史范廷楷因劾永貴瞻徇，上難其代，命寬之。永貴請留本省及江蘇漕八十萬，借撥江蘇等省米五十五萬，又請開事例，補倉儲。上責其張皇，旣又聞永貴陳災狀有所諱飾，乃命奪職，赴北路軍董理糧餉。居三年，賜按察使銜，署甘肅臨洮道，仍赴巴里坤主餉。

二十一年，加副都統銜，兼參贊大臣。是歲冬，厄魯特宰桑達什策凌等爲亂，定邊右副將軍兆惠駐伊犁辦賊。永貴旣抵巴里坤，具以軍事上聞，上嘉其奮勉，予三等輕車都尉世職，令從兆惠自額林沁畢爾罕進兵。命署西安巡撫，未之任，令赴魯克察克屯田。二十三年，以侍郎銜留軍，因授刑部侍郎，董屯田。烏魯木齊、闢展、托克三、哈喇沙爾、昌吉、羅克倫皆駐兵營墾，秋穫得穀三萬五千八百餘石。是時兆惠兵次葉爾羌，命永貴駐阿克蘇主餽軍。

二十四年，還至庫車，布政使德舒爲嗎哈沁所戕。永貴與護軍統領努三協殲逆衆，回部平。移倉場侍郎。擢左都御史。二十六年，命赴克什噶爾辦事。旋授禮部尙書、鑲紅旗漢軍都統，仍駐克什噶爾。疏請疏溝渠，興耕稼，議自赫色勒河東南浚渠四十餘里，引水入赫色勒布伊，材托庸河湍急，宜增隄壩，鑿山石，殺水勢。召還京師。

三十年，烏什回人爲亂，復命赴哈什哈爾。事平，移駐烏什。三十三年，署伊犂將軍。移吏部，再移禮部。坐厄魯特兵盜哈薩克馬轉誣哈薩克，辦事大臣巴爾品斷獄未得其實，永貴論劾，語有所諉飾。又以涼州、莊浪滿洲兵損馬當償，誤扣熱河兵餉，召還京師，命授左都御史，命不得用翎頂。旋移禮部尚書，得用頂帶，仍不得戴翎。四十二年，命署大學士，題孝聖憲皇后神主。尋補吏部尚書，在阿哥總諳達處行走，賜花翎。初，山東民王倫爲亂，給事中李漱芳陳奏饑民釀釁，坐妄言，左授禮部主事。及是，吏部請以漱芳升授員外郎。上責永貴市恩，削職奪花翎，令以三品頂帶赴烏什辦事。詔詰責甚至，且言：「永貴回烏什，如不實心任事，必在彼處正法。」先是葉爾羌辦事大臣侍郎高樸役回民採玉，並婪取金珠，爲諸伯克所訟。永貴如葉爾羌，訊得實，聞上。上爲誅高樸，手詔嘉永貴持正，並謂：「永貴罪不至貶。今命西行，適以發高樸之奸，潛銷禍萌，此天啓朕衷也！」仍授吏部尚書，賜花翎。尋授參贊大臣。四十四年，召還京師，授鑲藍旗滿洲都統。四十五年，協辦大學士。四十八年，卒，謚文勤。

永貴端謹。初直軍機處，與阿桂齊名，時稱「二桂」。其撫浙江，有廉聲。

子伊江阿，官至山東巡撫。高宗崩，伊江阿因奏事附書和珅勸節哀。和珅已下獄，仁宗得其書，詔詰責，奪職。旣，又追論在山東日徇佛寬盜，命戍伊犂。尋授藍翎侍衛、古城領隊大臣。卒。

蔡新，字次明，福建漳浦人，贈尚書世遠族子。乾隆元年進士，選庶吉士，授編修。入直上書房。試御史第一，辭，授侍講。累遷工部侍郎，移刑部。十八年，以母老請歸省，賜其母貂緞；旋乞終養，允之。卽家命爲上書房總師傅，辭，高宗諭之曰：「非令汝卽來供職，待後日耳。」二十五年，上五十壽，入京師祝嘏。二十六年，南巡，覲行在。母喪終，授刑部侍郎。三十二年，擢工部尚書。三十八年，移禮部。四十五年，命以吏部尚書協辦大學士。四十六年，乞假修墓。四十八年，還朝。拜文華殿大學士，兼吏部尚書。五十年，與千叟宴。上臨雍講學，新以大學士領國子監，講易「天行健，君子以自强不息」，賜茶並文綺。新操履端謹，言行必衷於禮法。上眷之厚，賦臨雍詩，注謂：「今羣臣孰可當三老五更？獨新長朕四歲，或可居兄事。然恐其局促勿敢當，舉王導對晉元帝語以謝耳。」新上疏乞致仕，語切至，上許其歸，加太子太師，三賦詩以餞。既歸，上每製文，屢以寄新，且曰：「在朝無可與言古文者。不可阿好徒稱頌。」五十五年，上八十壽，詣京師祝嘏，賜宴同樂園，賜人葠一斤。及歸，命歸途所經，有司具舟車護行。上仍以詩文寄新，諭將以驗學詣，戒詩毋和韵。五十七年，重赴鹿鳴宴。六十年，上御極六十載，諭新不必入賀。新奏言上九旬萬壽，冀再詣闕祝嘏。上諭之曰：「覽奏，字字出誠心，我君臣共勉之。若天恩得符所願，實佳話也！」嘉慶元年，新年九十，賜額曰「綠野恆春」，侑以諸珍物。四年，高宗崩，奔赴，至福州，病不能進。巡撫汪志伊以聞，溫詔止其行。是冬，卒，贈太傅，謚文端。

新學以求仁爲宗，以不動心爲要。嘗輯先儒操心、養心、存心、求放心諸語，曰事心錄。直上書房四十二年，培養啓迪，動必稱儒先。高宗以新究心根柢，守世遠家法，深敬禮之。既歸，福建督撫坐貪黷，虧倉庫得重譴，上責「新知而不言，自比寒蟬，無體國公忠之意」。新上疏請下吏議，卒以篤老寬之。嘉慶初，海盜方肆，新子本俊官京師，御史宋樹疏言新家書及海盜事，不以聞。上爲詰本俊，本俊言新已具疏令膽眞入奏，上亦不之責，仍諭新毋畏。新家居謙愼，遇丞尉執禮必恭。或問之，曰：「欲使鄉人知位至宰相，亦必敬本籍官吏，庶心有所不敢，犯法者鮮耳。」著有緝齋詩文集。

程景伊，字聘三，江南武進人。乾隆四年進士，改庶吉士，授編修。再遷侍讀學士，命在上書房行走。復三遷兵部侍郎。景伊致人書，言：「承乏中樞，晨夕內廷多曠廢。今秋未與木蘭之役，稍得專心職業。」爲上聞，責其耽逸，解上書房行走。歷禮、工諸部。三十四年，擢工部尙書，歷刑、吏諸部。三十八年，協辦大學士。四十一年，上東巡回鑾，駐蹕黃新莊。景伊與在京王大臣迎駕，未召見即退班，命奪職，仍留任。四十四年，授文淵閣大學士。四十五年，上南巡，命景伊留京治事。上還京師，入對，以景伊病後衰弱，命安心調理，勿勉強行走。七月，卒，諡文恭。

梁國治，字階平，浙江會稽人。乾隆十三年一甲一名進士，授修撰。遷國子監司業。充廣東鄉試正考官。復命，奏對稱旨，命以道員發廣東待缺。旋除惠嘉潮道，移署糧驛道。卓異引見，擢署左副都御史。遷吏部侍郎。廣東總督楊廷璋等追論國治署糧驛道時失察家人舞弊，讞實，奪職。起授山西冀寧道。三遷湖北巡撫。三十四年，命署湖廣總督，兼荆州將軍。時湖北頻歲水旱，治賑，缺倉穀四十八萬餘石。國治議發司庫白金二十萬，俟秋穫易穀，來歲春夏間出糶，石溢銀一錢。行之數年，倉穀得無缺。三十六年，移湖南巡撫。師征金川，治軍械，造藥彈，費不給。國治請以司庫儲備軍興白金十餘萬，照一年應扣各糧通行借給，仍分三年扣還歸款。國治又以出征將弁，例軍中陞用，本營缺出，仍係照常拔補。循資按格者，轉得坐致陞遷；冒敵衝鋒者，專待軍營缺出，無以鼓勵戎行。請嗣後本營缺出，與出征將弁一體論陞。皆從其請。三十八年，召還京師，命在軍機處行走，並直南書房。三十九年，授戶部右侍郎。四十二年，遷尚書。四十七年，加太子少傅。四十八年，命協辦大學士。五十年，晉授東閣大學士，兼戶部尚書。五十一年，卒，加太子太保，諡文定。

國治父文標，官刑部司獄，恤囚有惠政。國治篤孝友，與兄孿生，兄蚤卒，終生不稱壽，事嫂如母。治事敬慎縝密。生平無疾言遽色，然不可以私干。門下士有求入按察使幕主刑名者，戒之曰：「心術不可不愼！」其人請改治錢穀，則曰：「刑名不愼，不過殺一人，所殺必有數，且爲人所共知。錢穀厲人，十倍刑名，當時不覺。近數十年，遠或數百年，流毒至於無窮，且未有已！」卒不許。著有敬思堂集。

英廉，字計六，馮氏，內務府漢軍鑲黃旗人。雍正十年舉人。自筆帖式授內務府主事。乾隆初，命往江南河工學習，補淮安府外河同知。累遷永定河道。河決，總督方觀承劾英廉淤溝鑲埽，衝陷水上月隄，匿不以聞，遂誤要工。奪職，逮治，英廉抗辨。逾年讞未決，觀承請遣大臣蒞其事。上命尙書舒赫德會鞫，言英廉申報不以實，且未將淤溝先事預防，堵築經費，當責出私財以償。上諭言：「英廉上官未及兩月，淤溝失防，咎實在前政。然觀承以總督劾屬吏，不敢率意入罪，讞逾年未定，請遣大臣蒞其事。是其心有所警畏，亦朕明愼庶政之效。仍從其請。」未幾，命在高粱橋迤西稻田廠効力。尋復自筆帖式授內務府主事。累遷內務府正黃旗護軍統領。外授江寧布政使，兼織造。英廉以父老，乞留京師，賜二品銜，授內務府大臣、戶部侍郎。

三十四年，征緬甸，師行，命與尚書托庸等董其事。遷刑部尚書，仍兼戶部侍郎、正黃旗滿洲都統。三十九年，侍郎高樸劾左都御史觀保，侍郎申保、倪承寬、吳壇交內監高雲從，洩道府記載。上問英廉，英廉謝不知。詔詰責，命奪職，從寬留任。京師商人投呈皇六子，有所陳請，事下內務府。上召內務府諸大臣，問：「收呈者誰也？」英廉、金簡皆謝不知。邁拉遜乃言「六阿哥收呈」。上責英廉、金簡隱諱，下部議，命寬之，仍註册。

四十二年，協辦大學士。四十四年，暫署直隸總督。四十五年，大學士于敏中卒，上以英廉本漢軍，協辦有年，特授漢大學士。漢軍授漢大學士自英廉始。尋授東閣大學士，仍領戶部。四十六年，復署直隸總督，疏請清州縣虧帑。四十七年，加太子太保。復署直隸總督。直隸災，治賑，疏請以截存漕米補各倉儲穀，又疏請蠲未完耗羨三萬餘兩，皆從其請。尋以病乞罷，命以大學士還京師養疴。卒，賜白金五千治喪，祀賢良祠，諡文肅。

彭元瑞，字芸楣，江西南昌人。乾隆二十二年進士，改庶吉士。散館授編修，直懋勤殿。大考，以內直不與。遷侍講。擢詹事府少詹事。直南書房。遷侍郎，歷工、戶、兵、吏諸部。高宗六十壽，次聖教序爲讚以進，上嘉之。上製全韵詩，元瑞重次周興嗣千字文爲跋。上手詔奬諭，稱爲「異想逸材」，賜貂裘、硯、墨。敕撰寧壽宮、皇極殿鐙聯，稱旨，賜以詩。辟雍成，釋奠講學，又繼以耕耤。上三大禮賦。擢尙書，歷禮、兵、吏三部。五十五年，上八十壽，以歲陽在庚，進八庚全韵詩。上以庚韵字數奇，易首句用韵去一聯，末句乃諧律，親爲裁定。尋加太子少保、協辦大學士。五十六年，以從孫冒入官，御史初彭齡論劾，左授禮部侍郎，命仍直南書房。尋復授工部尙書。嘉慶四年，高宗奉安禮成，元瑞撰祝文，仁宗嘉其得體，加太子太保。元瑞子翼蒙，官江南鹽巡道，坐事免，元瑞自劾，又坐誤舉編修繆晉，下吏議，上皆寬之。修高宗實錄，命充總裁。八年，以疾乞罷，慰留，久之乃許。命仍領實錄總裁。旋卒，贈協辦大學士，謚文勤。

元瑞以文學被知遇。內廷著錄藏書及書畫、彝鼎，輯秘殿珠林、石渠寶笈、西清古鑑、寧壽鑑古、天祿琳瑯諸書，元瑞無役不與。和章獻頌，屢荷褒嘉。所著有經進藁、知聖道齋跋尾諸書。高宗實錄成，推恩賜祭，並祀賢良祠，官翼蒙員外郎。

紀昀，字曉嵐，直隸獻縣人。乾隆十九年進士，改庶吉士。散館授編修。再遷左春坊左庶子。京察，授貴州都勻府知府。高宗以昀學問優，加四品銜，留庶子。尋擢翰林院侍讀學士。前兩淮鹽運使盧見曾得罪，昀爲姻家，漏言奪職，戍烏魯木齊。釋還，上幸熱河，迎鑾密雲。試詩，以土爾扈特全部歸順爲題，稱旨，復授編修。三十八年，開四庫全書館，大學士劉統勳舉昀及郎中陸錫熊爲總纂。從永樂大典中搜輯散逸，盡讀諸行省所進書，論次爲提要上之，擢侍讀。上復命輯簡明書目。坐子汝傳積逋被訟，下吏議，上寬之。旋遷翰林院侍讀學士。建文淵閣藏書，命充直閣事。累遷兵部侍郎。四庫全書成，表上。上曰：「表必出昀手！」命加賚。遷左都御史。再遷禮部尚書。復爲左都御史。畿輔災，饑民多就食京師。故事，五城設飯廠，自十月至三月。昀疏請自六月中旬始，廠日賚米三石，十月加賚米二石，仍以三月止，從之。復遷禮部尚書，仍署左都御史。疏請鄉會試春秋罷胡安國傳，以左傳本事爲文，參用公、穀，從之。嘉慶元年，移兵部尚書。復移左都御史。二年，復遷禮部尚書。疏請婦女遇强暴，雖受汚，仍量予旌表。十年，協辦大學士，加太子少保。卒，賜白金五百治喪，謚文達。

昀學問淵通。撰四庫全書提要，進退百家，鉤深摘隱，各得其要指，始終條理，蔚爲巨觀。懲明季講學之習，宋五子書功令所重，不敢顯立異同；而於南宋以後諸儒，深文詆諆，不無門戶出入之見云。

陸錫熊，字健男，江蘇上海人。乾隆二十六年進士。召試，授內閣中書。累遷刑部郎中。與昀同司總纂，旋並授翰林院侍讀。五遷左副都御史。旋以書有譌謬，令重爲校正，寫官所費，責錫熊與昀分任。又令詣奉天校正文溯閣藏書，卒於奉天。

陸費墀，字丹叔，浙江桐鄉人。陸費爲複姓。墀，乾隆三十一年進士，改庶吉士，授編修。充四庫全書館總校，用昀、錫熊例，擢侍讀。累遷禮部侍郎。書有譌謬，上謂昀、錫熊、墀專司其事，而墀咎尤重。文瀾、文匯、文宗三閣書面葉木匣，責墀出資裝治。仍下吏議，奪職。旋卒。上命籍墀家，留千金贍其孥，餘充三閣裝治之用。

論曰：乾隆中年後，多以武功致台鼎。若三寶、永貴、國治、英廉，皆先陟外臺，歇歷著聲績。國治直樞廷十餘年，先後與于敏中、和珅未嘗有所阿。新、元瑞、昀起侍從，文學負時望。新謹厚承世遠之敎。昀校定四庫書，成一代文治，允哉，稱其位矣！

清史稿卷三百二十一

列傳一百八

裘曰修 吳紹詩 子垣 壇 閻循琦 王際華 曹秀先 周煌 子興岱 曹文埴 杜玉林 王士棻 金簡 子縕布

裘曰修，字叔度，江西新建人。乾隆四年進士，改庶吉士。自編修五遷至侍郎，歷兵、吏、戶諸部。胡中藻以賦詩訕上罪殊死，事未發，曰修漏言於鄉人。上詰曰修，不敢承，逮所與言者質實，上謂「曰修面欺」。二十年五月，下部議奪職，左授右中允。十二月，擢吏部侍郎。二十一年，令在軍機處行走。師討準噶爾，命如巴里坤董軍儲。二十二年，疏言：「西陲回民數十部落，厄魯特人介其中。當策妄阿喇布坦時恣殺掠，回民久切齒。請敕伯克額敏和卓，厄魯特竄入境當擒戮，予賞賚，勿被煽生疑懼。」尋還京師。

河屢決山東、河南、安徽境，積水久不去。是歲上南巡蒞視，旣返蹕，命曰修會山東、河南、安徽諸巡撫周行積水諸州縣，畫疏濬之策。曰修至安徽，偕巡撫高晉疏言：「安徽宿、靈璧、虹三州縣頻年被水，上承河南虞城、夏邑、商丘、永城四縣積水，下注畢匯於宿州。宿州有睢河，虹縣有潼河，泗洲與宿遷、桃源接壤處有安河，皆境內大水，與靈璧、虹縣諸支港當次第疏濬，俾入洪澤湖。洪澤以淸口爲出路，上令去草壩使暢流，江南之民，仰頌聖明，宜令每歲應期開放。」

曰修至河南，偕巡撫胡寶瑔疏陳：「黃河南岸，自滎澤以下諸水，東入睢，東南入淮，皆淺阻不能宣洩。東境幹河，在商丘爲豐樂河，在夏邑爲響河，在永城爲巴河，實卽一水，次則賈魯河，又次則惠濟河、渦河，皆當疏濬。自永城至汝寧府支河當施工者凡十二，導積水自支河入於幹河。其不能達者，或多作溝渠，或渟爲藪澤，潢汙野潦，有所約束而不爲民害。」

曰修至山東，偕巡撫鶴年疏請培館陶、臨淸濱運河諸州縣民埝，官給夫米，令實力修補。復偕巡撫蔣洲疏言：「山東當疏濬諸水，以兗州爲要，曹州次之。兗州宜治者九水，曹州西南境當濬順隄河，東北境當於八里廟建壩，俾沙河、趙王河水入運，賴以節宣。」曰修諸議皆稱上意，命及時修築。

曰修復至安徽，議濬潁州府境與河南連界者六水，在府境者四水，加疏宿州境睢河，並寬留清口壩口門。上奬所議甚合機宜。還河南，諸幹河工竟，議續濬商丘、遂平、上蔡、新蔡諸支流凡五水，並築諸隄堰。調戶部侍郎。二十三年，諸水畢治，御製詩褒之。疏言：「諸行省偏災，米豆例免稅。但以免稅故，稽查繁密。欲通商而商反以爲累，卻顧不前。請如常收稅。」下九卿議行。京師平糶，曰修言糶價過減，適令商家乘機居積，請石減百錢，數日後市價稍平，以次漸減。會天津民訟鹽商牛兆泰，兆泰與曰修有連，曰修嘗寄書，上命不必在軍機處行走。二十五年，授倉場侍郎。

二十六年，河決楊橋，命如河南勘災賑，並議疏洩。曰修請廣設粥廠，饑民便就食；量增料價，料易集，工可速蕆：上皆可其奏。上遣大學士劉統勳、兆惠督塞河。曰修勘下游，疏言：「黃水悉入賈魯、惠濟二河，二河倘不能容，爲患滋大。宜察隄埝爲河水所從入，悉堵禦，俾中流不至復決。」曰修還楊橋，疏言河流逼北岸，當挽行中道；又請培補沁水隄，並賑流民：得旨嘉允。曰修子編修麟，卒於京師。上念曰修所領事將竟，有子喪，母老，召還京師。工竟，上製中州治河碑，褒曰修及寶琨不惜工，不愛帑，不勞民，上源下流，以次就治。旋居母喪，歸。

二十八年，上以直隸連年被水，曰修服將除，召來京督直隸水利。署吏部侍郎。河渠工畢，曰修請迎生母就養。上令會高晉籌濬睢河，曰修言當厚蓄清水以刷淤泥，秋冬水弱，南北築壩堵截，至四月水漲，啓壩分洩，上採其議。二十九年，福建提督黃仕簡疏論總督、巡撫得廈門洋行歲餽，命曰修偕尚書舒赫德往按，並命曰修暫署福建巡撫。讞定，還京師，署倉場侍郎。三十年，授戶部侍郎。

三十一年，上以江南淮、徐諸河隄前令曰修等經營修築，爲時已久；復命曰修及高恆往勘山東、河南毗連處，並令巡視。曰修等疏言：「諸水自二十二年大治後，歲於農隙疏濬，隄岸亦以時培補，現無淤墊殘缺。」報聞。遷尙書，歷禮、工、刑三部。三十三年，丁生母憂，歸。三十四年，召授刑部尙書。初，江南、山東蝗起，命曰修捕治。是歲畿南蝗，復命捕治。曰修至武淸，令順天府尹竇光鼐行求蝗起處。上責曰修不親勘，左授順天府府尹。尋遷工部侍郎。

三十六年，命如滄州勘運河，疏請改低壩基殺水勢，疏下流引河，移捷地閘，裁曲就直，疏減河使順流達海，上從之。遷工部尙書，命南書房行走。命督濬北運河。三十七年，又命督濬永定、北運諸河，疏言：「治河不外疏築，而築不如疏。直省近水居民與水爭地，水退卽占耕，升科築埝。有司見不及遠，以爲糧地自當防護，逼水爲隄埝，水乃橫決爲災。請敕所司，淀泊毋得報墾升科，橫加隄埝，使水有所歸。」上降旨嚴禁。

三十八年四月，曰修病噎乞歸，上以「錢陳羣嘗病此，以老許其歸；今曰修方六十，不當如陳羣之引退。」賜詩慰之，屢遣存問，御醫視疾。旋加太子少傅。卒，謚文達。子行簡，自有傳。

吳紹詩，字二南，山東海豐人。諸生。雍正二年，世宗命京官主事以上、外官知縣以上，舉品行才猷備任使，卽親戚子弟不必引避。時紹詩世父象寬官湖北黃梅知縣，遂以紹詩應詔，引見，分刑部學習。十二年，授七品小京官。乾隆初，累遷至郎中。外擢甘肅鞏昌知府，遷陝西督糧道。總督永常劾紹詩採兵米侵帑，奪職，下巡撫鍾音鞫治。紹詩以市米貴賤不齊，爲中價具報，非侵帑。狀聞，發軍台効力，以母病許贖。

二十二年，高宗南巡，紹詩迎蹕。起貴州督糧道。遷雲南按察使。調甘肅按察使，就遷布政使。疏言寧夏駐防將軍以下官祿應給粳米，請改徵諸民應納粟米石者，改交粳米七斗，上命寧夏駐防官祿如涼州、莊浪例，改折價。又疏鎭番縣柳林湖招墾地，請如安西瓜州屯田例，升科納賦，較前此徵租歲計有盈，且民戶世業，俾可盡心耕耨，下總督楊應琚等議行。甘、涼諸縣旱，紹詩復疏言張掖、永昌、鎭番、碾伯、高臺五縣舊無城，撫彝廳、隆德、涇州城已損壞，請以時修築，使飢民就工授食，下巡撫常鈞議行。旋以憂歸，三十一年，服除，擢刑部侍郎。

出爲江西巡撫。以南昌、九江二衞屯田租過重，贛州、袁州、鉛山三衞所租重而田缺，疏請減租，下總督高晉詳勘量減。上猶產鐵砂，民爭取滋事，疏請募民淘採，募商設廠收鎔，爲之條例。九江關監督舒善、建昌府知府黃肇隆皆以不職爲上聞，責紹詩不先事論劾，部議奪職，命寬之。三十四年，召爲刑部尚書，未上，調禮部尚書。是歲南昌等縣被水，十月，紹詩將受代，始奏請緩徵。上諭曰：「災地收薄，小民豈能復事輸將？紹詩遷延不問，直至開徵將及一月，始以一奏塞責。現雖傳諭停緩，急公者納糧不免拮据，疲窘者徒受催科之累。此皆紹詩全不知以民事爲重有以誤之也。紹詩累經部議降革，並從寬留任。此則玩視民瘼，難復曲貸。」因命奪職。

三十五年，起刑部郎中，三十六年，擢侍郎。皇太后八十萬壽，列香山九老，賜以宴賚。三十七年，調吏部侍郎。三十九年，乞致仕。四十一年，上東巡，迎蹕，加尚書銜。卒，年七十八，謚恭定。子垣、壇。

垣，自舉人入貲授兵部郎中，三十五年，特命調刑部。三十六年，紹詩爲侍郎，上以垣本特調，命毋迴避。三十七年，弟壇爲侍郎，乃調吏部。遷監察御史，以憂歸。服除，補原官。遷給事中。以弟壇爲巡撫，例不爲言官，署吏部郎中。壇卒，復爲給事中。五遷爲吏部侍郎。四十九年，外授廣西巡撫。五十年，入覲，與千叟宴。調湖北巡撫。江夏等州縣旱，疏請緩徵平糶，募商赴四川買米。五十一年，卒，上賜卹，猶奬其實心治災賑也。

壇，二十六年進士，授刑部主事，再遷郎中。三十一年，紹詩爲侍郎，上以壇治事明敏，毋迴避。三十二年，超授江蘇按察使，就遷布政使。江寧、蘇州兩布政所屬，互支官俸兵米，壇疏請更定；江蘇賦重甲諸行省，每遇奏銷，款目繁複，壇疏請分別總案、專案，以便察覈：皆議行。三十七年，內擢刑部侍郎。三十九年，太監高雲從以洩道府記載誅，京朝諸臣從問消息者皆奪職，壇亦與。上謂：「不意壇竟至於此！念其練習刑名，廢棄可惜。」左授刑部主事。」遷郎中。四十四年，授江南河庫道，遷江蘇布政使。四十五年，擢巡撫。疏言：「吳縣舊有公田萬二千五百畝，銀漕外歲納租息佐轉漕，逋租甚鉅。以非正賦，遇蠲免不得與。請併予豁除，災歉隨賦蠲緩。」又疏言：「江、河險處設救生船五十六，今裁存二十八。請增募四十，分泊京口、瓜州、金山諸處。」並從之。旋卒。

紹詩父子明習法律，爲高宗所器。紹詩兩爲侍郎，垣、壇先後在郎署，特命毋相避。及紹詩移貳吏部，以壇繼其後。父子相代，尤異數。乾隆初，重修大清律例，紹詩充纂修官，綱目二卷，實所釐定。壇復著大清律例通考三十九卷。

閻循琦，字景韓，山東昌樂人。乾隆七年進士，改庶吉士。散館，授工部主事。三遷廣東道御史，仍兼工部行走。疏言：「江南諸行省水災治賑，應照戶口秤定銀封。主其事者每假手胥吏，不能無扣減，甚或私用輕戥。宜令督撫派專員監封，仍令道府以時抽驗。貧民以銀易錢買米，當禁奸民剋削。富家積錢，亦應令其散易，以平市價。」上曰：「循琦所言，頗中情弊。但若明降諭旨，不肖者未必畏憚；本無此弊者，或轉因此啓其舞弊。當抄循琦奏寄諸行省督撫，令加意體察。」又疏言八旗義學教習多不實心督課，請歲派大臣會禮部堂官嚴察，上爲罷八旗義學，令董理各官學大臣盡心教育。遷轉吏科掌印給事中。

三十四年，特命兼吏部文選司郎中。遷內閣侍讀學士，仍兼吏部行走。京西門頭溝煤窰歲久淤塞，有議他處營採者，因緣爲利，命循琦會勘。謂舊窰產煤本旺，鑿溝隧，疏積水，淤去而煤暢；他處有可採，當以時招商。議上，大學士傅恆覆奏如循琦言。三十六年，超擢工部侍郎。會試知貢舉，事畢入對，上問：「諸臣知貢舉每有條奏，汝獨無，何也？」循琦對：「科場條例已甚詳備，諸臣實力奉行自足，不敢毛舉一二端自謂曉事也。」上曰：「汝言是。凡事皆當如此，非獨知貢舉而已。」三十八年，遷工部尚書。四十年，卒，贈太子太保，謚恭定。

王際華，字秋瑞，浙江錢塘人。乾隆十年一甲三名進士，授編修。十三年，大考翰詹，擢侍讀學士、上書房行走。廣東舊設兩學政，十五年，以侍讀程巖督廣韶學政，際華督肇高學政，旋用巖議裁併，以憂歸。服除，起原官。三遷至侍郎，歷工、刑、兵、戶、吏諸部。在兵部，疏言：「武鄉會試舊例，外場挑雙好、單好、合式三類入內場，雙、單好列東號，合式列西號。不肖者見列西號，知不能倖中，紛紛求出。卽有歸號，終日喧嘩。請嗣後武鄉會試，但挑雙、單好，毋更挑合式。」在吏部，疏請在京文武官吏議處，及各部會議外省文武官吏議處，當分別定限，皆如所議。三十四年，遷禮部尙書。三十八年，加太子少傅，調戶部尙書。四十一年，卒，贈太子太保，謚文莊。賜其子朝梧內閣中書，官至山東兗沂曹道。

程巖，字巨山，江西鉛山人。以檢討督廣東肇高學政，移督廣韶學政。建議裁併，卽以命巖。官至禮部侍郎。

曹秀先，字恆所，江西新建人。乾隆元年，舉博學鴻詞，未試，成進士，改庶吉士，授編修。十年，遷浙江道御史。十七年八月，舉恩科會試，秀先從子詠祖坐關節誅，秀先當奪職，上以秀先初不與知，但失察，命寬之。十八年，近畿蝗，秀先請御製文以祭，舉蜡禮；州縣募捕蝗，毋藉吏胥。上曰：「蝗害稼，惟實力捕治，此人事所可盡。若欲假文辭以期感格，如韓愈祭鱷魚，鱷魚遠徙與否，究亦無稽。朕非有泰山北斗之文筆，好名無實，深所弗取。」下部議，罷蜡禮，餘如所請。七遷至侍郎，歷工、戶、吏諸部。三十九年，遷禮部尙書、上書房行走，命爲總師傅。四十六年，禮部議四十七年祀祈穀壇日用次辛。上曰：「朕御極以來，遇正月上辛在初三日前，當隔歲齋戒，改用次辛。其有初四日上辛亦改次辛者，以爲聖母皇太后祝釐，朕率王公大臣拜賀東朝，禮不可闕。至明歲正月上辛，則非向年可比矣。如謂不敢輕易朝正令典，亦當備稽往例，具奏請旨。乃遽行題達，何昧昧至此！」禮部堂官悉下部議，秀先當奪職，復命寬之。四十七年，罷上書房總師傅。四十九年，卒，贈太子太傅，謚文恪。

秀先少孤，事母胡孝，嘗爲吮疽。母卒，庶母龔爲攜持，事如母。學於兄茂先，事之如嚴師。旣貴，收宗族，弭鄉里水患。蒞政勤愼廉儉，罣吏議數四，輒命減免。秀先顏其堂曰「知恩」，紀上眷也。

子師曾，自兵部郎中屢遷至侍郎，歷禮、兵二部。嘉慶二十五年，以兵部失行在印，左授太常寺少卿。道光初，再遷太常寺卿。請修墓，歸。卒。

周煌，字景垣，四川涪州人。乾隆二年進士，改庶吉士，散館授編修。二十年，命偕侍講全魁册封琉球國王尚穆。尋遷右中允，再遷侍講。二十二年，使還，奏上琉球國志略，命以武英殿聚珍板印行。以從兵在琉球失約束，下吏議，當奪官，上以煌遠使，且在姑米山遇風險，命寬之，仍留任。二十三年，大考二等，開復。尋遷左庶子，命上書房行走。累遷兵部侍郎。三十八年五月，命如四川按璧山民訟武生勒派；十月，復命如四川按蓬溪諸生訟縣吏勒派：俱鞫虛，罪如律。四十四年，擢工部尚書。四十五年，調兵部尚書。四十六年，上幸熱河，煌詣行在入對。四川方多盜，號爲啯嚕子。總督文綬疏報，遣將吏捕治。上以諮煌，煌對：「啯嚕子所在多有，縣輒百十人，其渠號『朋頭』。白日刦掠，將吏置不問。甚且州縣胥役亦爲之，大竹縣役子爲盜渠，號一隻虎。」上爲罷文綬，調福康安督四川，命防護煌所居村。四十七年，命爲上書房總師傅，未逾年，以煌不勝總師傅，罷之。四十九年，調左都御史。五十年，以病乞休，詔以兵部尚書加太子少傅致仕。尋卒，進太子太傅，賜祭葬，謚文恭。

子興岱，字冠三。乾隆三十六年進士，改庶吉士，散館授編修。累遷侍講學士。超授內閣學士。擢侍郎，歷禮、吏、戶諸部。命在南書房行走。嘉慶四年，祭告川、陝嶽瀆。川、楚教匪亂方急，上命興岱經被寇州縣宣諭慰卹，並傳詔招撫；復以軍中諸將勇怯諮興岱。興岱奏：「臣行次廣元，民言總兵朱射斗在高院場戰敗，總督魁倫未遣兵應援，又不嚴守潼關。賊夜掠太和鎮，焚殺甚酷。行次梓潼，賊正擾縣境，民紛紛徙避。臣在縣督率嚴防，駐二日乃行，途中宣上指慰諭。民言川軍逐賊，德楞泰最奮勇，且能於臨陣廣布德意，解散脅從。但賊勢方張，一人不能兼顧。請敕督兵諸大臣同心協力。」上奪魁倫官，逮詣成都，命興岱會勒保按鞫。事畢，還京師。煌嘗兩使四川按事，與岱復繼之，時以爲榮。六年，充江西考官，坐受餽，並索取衣裘，命退出南書房，左授侍讀學士。八年，大考，以老乞休，上從之。旋復授編修，遷侍講。擢內閣學士，復再遷左都御史。十四年，卒。

曹文埴，字竹虛，安徽歙縣人。乾隆二十五年二甲一名進士，改庶吉士，授編修。直懋勤殿，四遷翰林院侍讀學士，命在南書房行走。再遷詹事府詹事。居父喪，歸。四十二年，詣京師，謁孝聖憲皇后梓宮。喪終，仍在南書房行走。授左副都御史。遷侍郎，歷刑、兵、工、戶諸部，兼管順天府府尹。軍機章京、員外郎海昇毆殺其妻，以自縊報，其妻弟貴寧爭非是。命左都御史紀昀等驗尸，仍以自縊具獄。貴寧復爭言：「海昇與大學士阿桂有連，驗不實。」更命文埴與侍郎伊齡阿覆驗，得毆殺狀，以聞。上獎文埴等不徇隱，公正得大臣體。阿桂以嘗奏及語祖海昇，坐罰俸，昀下吏議，刑部侍郎景祿、杜玉林及郎中王士棻等皆遣戍。擢文埴戶部尚書。復命與伊齡阿如通州督漕政，漕船回空較早，命議敍。

五十一年，命如浙江察倉庫虧缺。旋復命阿桂會文埴董理。浙江濱海建石塘，外積柴爲障，是爲柴塘。外又纍土爲坡以護，是爲坦水。巡撫福崧疏請籌歲修，命文埴併按。文埴言：「柴塘日受潮汐，往來汕刷，勢不能無蹲陛。今既爲坦水，若不以時補修，不足當潮勢而爲石塘之保障。」得旨，如所議。文埴還京師。上以阿桂及文埴鞫平陽知縣黃梅未得實，下部議，降二級，命寬之。

五十二年，文埴以母老乞歸養，俞其請，加太子太保，御書賜其母。五十四年，上以明年八十萬壽，命文埴毋詣京師。文埴疏言：「母健在，明年當詣京師祝嘏。至時如未能遠離，當自審度。上體聖意，下順親心，諸事皆從實。」得旨：「卿能來，朕誠喜，但毋稍勉强。」五十五年，文埴詣京師祝嘏，上賜文埴母大緞、貂皮。五十六年，御試翰詹，文埴子編修振鏞列三等。上以才可造，又爲文埴子，擢侍講。寄賜文埴御製文勒石拓本。六十年，以上御極周甲子，文埴詣京師賀，上復賜文埴母御書、文綺、貂皮。嘉慶三年，卒。高宗方有疾，卹典未行。五年，仁宗命予卹，謚文敏，並賜文埴母大緞、人參。

乾隆之季，和珅專政，嫉阿桂功高位其上。海昇妻之獄，辭連阿桂。和珅妄謂文埴能立異同，欲引以爲重。文埴特持正，故非阿和珅，母老決引退，恩禮弗替。子振鏞，自有傳。

杜玉林，字凝臺，江蘇金匱人。乾隆十九年進士，授刑部主事，再遷郎中。外授江西南康知府，三遷四川布政使。四十四年，內擢刑部侍郎。四十五年，命如四川按會理州沙金鳳訴其兄土司金龍佔田獄。讞定，金鳳復詣京師呈訴，覆讞如玉林議分田，惟獄情未盡，又知州徐士勳當劾，玉林以同鄉置不問。吏議當左遷，上授玉林工部侍郎，仍領刑部事。

旋復還刑部，迭使湖南北、江南讞獄。尙書福隆安僕笞殺役夫，賄他人自代，玉林不能察，降三品冠服。旋命復本秩。五十年，坐海昇妻獄，戍伊犂。明年，召還。授刑部郞中。行至涇州，卒。

玉林善治獄，嘗曰：「刑一成而不變。治律例猶善醫，貴不泥於方書，而察其受病之實。不如是無以臨民。」

王士棻，字蘭圃，陝西華州人。乾隆十九年進士，改庶吉士，授刑部主事。再遷郞中。和珅爲步軍統領，寵其役，役占通州車行。州民訴刑部，士棻爲定讞，戍其役黑龍江。上詣碧雲寺禮佛，訝池涸，問其故。僧言寺後開煤礦，引水別流。上怒，逮主其事者下刑部，則和珅奴也。諸曹憚和珅，不欲竟其獄，士棻復爲定讞。上責和珅而誅其奴。五十年四月，海昇妻之獄，刑部侍郞杜玉林坐驗尸不以實，當譴。上欲以士棻代，而士棻亦佐驗。上諭曰：「王士棻在刑部年久，前因召對，覯其人尙有才，方欲量加擢用。乃覆驗廻護，逢迎阿桂，罪無可逭。」遂與玉林戍伊犂。明年，召還。授刑部員外郞。五十二年六月，特擢江蘇按察使。五十五年，高郵州吏以僞印徵賦，事發，巡撫閔鶚元以下皆坐重譴。上以按察使得奏事，士棻見巡撫以下互相徇隱，置若罔聞，士棻本起廢籍，尤負恩，命奪職；總督書麟等請遣戍，上許納贖。尋復授刑部員外郞。五十七年，以病乞歸。嘉慶元年，卒。

士棻治獄，虛公周密，每有所平反。章丘民辛存義索逋於屠者，死於途，旁置屠刀。縣吏坐屠殺人。士棻奉命詣讞，躬訪於村女，別得罪人，屠乃雪。旗丁有兄弟異母而同居者，兄鰥，弟有婦，夜爲人戕，母訴長子姦殺。士棻蒞視，長子伏地哭，無一語。在側指畫者，母之姪也。士棻審視良久，叱其姪曰：「殺人者汝也！」姪股栗具伏。泰安嫠顏氏富而子幼，夫弟强之嫁，走訴部。或餽士棻白金五千，士棻拒之，卒論如律。邳州民有舅訟甥者，謂其發母墓，罪殊死。士棻疑之，爲覆讞。蓋甥爲前母子，舅則後母兄。後母憎長子，舅誣之曰：「汝母墓有蛇迹。」甥與其妻往視，舅伺叢墓間，執詣縣。士棻得其情，白長子枉。士棻嘗曰：「刑官之弊，莫大於成見。聽訟有成見，强人從我，不能盡其情，是客氣也。斷罪有成見，或偏於嚴明，因求能折獄名；或偏於寬厚，自以爲陰德：皆私心也。」高宗知其才，屢坐譴，終不使廢棄，仍俾爲刑官。世傳其再起復欲用爲侍郎，和珅實尼之云。

金簡，賜姓金佳氏，滿洲正黃旗人，初隸內務府漢軍。父三保，武備院卿。金簡，乾隆中授內務府筆帖式，累遷奉宸院卿。三十七年，授總管內務府大臣。監武英殿刻書，充四庫全書副總裁，專司考覈督催。三十九年，授戶部侍郎，管錢法堂，鑲黃旗漢軍副都統，賜孔雀翎。四十年，奏：「京局鼓鑄，每年七十五卯，錢九十二萬七千三百五十千。歲餘二萬餘千，加以節年餘存，遇閏儘可抵放。請裁去閏月四卯。」從之。四十三年，命纂四庫薈要，署工部尚書。命赴盛京察平允庫項虧短，關防拉薩禮等治罪如律。奏定盛京銀庫章程，下部議行。四十六年，命總理工部。四十八年，擢工部尚書、鑲黃旗漢軍都統。四十九年，請疏濬盧溝橋中泓五孔水道，並請定三、四年疏濬一次。五十年，與千叟宴。四庫全書成，議敍。命修葺明陵，請加築思陵月臺，並拓享殿、宮門。五十六年，故安南國王黎維祁聽所屬黃益曉、黎光霽等稟請歸國，命金簡察治，益曉、光霽等並發遣。五十七年，調吏部尚書。五十九年，卒，令皇孫緜懃奠醊，賜祭葬，諡勤恪。金簡女弟爲高宗貴妃。嘉慶初，仁宗命其族改入滿洲，賜姓。

縕布，金簡子。初授拜唐阿，擢藍翎侍衞。乾隆四十八年，授泰寧鎭總兵。六十年，召授總管內務府大臣。嘉慶三年，授鑲紅旗漢軍副都統。四年，授工部侍郎，賜孔雀翎。奏請增設內務府養育兵，上斥其例外乞恩，意在沽名。俄以清字摺誤書孝聖憲皇后徽號，奪官，予四品頂帶，留佐領。旋復授正紅旗蒙古副都統、總管內務府大臣。五年，授兵部侍郎。六年，擢工部尚書、鑲紅旗漢軍都統。九年，署戶部尚書。十四年，卒。

論曰：曰修奉使治水，利澤施於生民；紹詩疏律義，尙平恕：皆有子克承厥緒。循琦、際華、秀先迴翔臺省，以篤謹被主知；文塡眷尤厚，不阿時相，潔其身以去：皆彬彬乎世令僕才也。乾隆之季，民窮盜起，煌父子言鄉里民間疾苦，高宗不以爲忤。金簡起戚畹，所論鑄錢、葺明陵，及黎維祁乞歸國，並關國故，故比而次之。

清史稿卷三百二十二

列傳一百九

竇光鼐　李漱芳 范宜賓　曹錫寶 謝振定　錢灃　尹壯圖

竇光鼐，字元調，山東諸城人。乾隆七年進士，選庶吉士，散館授編修。大考四等，罰俸。高宗夙知光鼐，居數月，擢左中允。累遷內閣學士。二十年，授左副都御史。督浙江學政。上南巡，臨海縣訓導章知鄴將獻詩，光鼐以詩拙阻之。知鄴欲訐光鼐，光鼐以聞。上召知鄴試以詩，詩甚拙，且言願從軍。上斥其妄，命奪職戍闢展。後數年，上欲赦知鄴還，而知鄴妄爲悖逆語，欲以陷光鼐，上乃誅之。

光鼐學政任滿，還京師。秋讞，光鼐以廣西囚陳父悔守田禾殺賊，不宜入情實；貴州囚羅阿扛逞凶殺人，不宜入緩決：持異議，簽商刑部，語忿激。刑部遽以聞，上命大學士來保、史貽直，協辦大學士梁詩正覆覈，請如刑部議，且言光鼐先已畫題，何得又請改擬。上詰光鼐，光鼐言：「兩案異議，本屬簽商，並非固執。因會議時言詞過激，刑部遽將簽出未定之稿先行密奏。臣未能降心抑氣，與刑部婉言，咎實難辭，請交部嚴加議處。」上以「會讞大典，光鼐意氣自用，甚至紛呶謾罵而不自知。設將來預議者尤而效之，於國憲朝章不可爲訓」。命下部嚴議，當左遷，仍命留任。光鼐疏言：「事主殺竊盜，律止杖徒。近來各省多以竊盜拒捕而被殺，比罪人不拒捕而擅殺，皆以鬬論，寬竊盜而嚴事主，非禁暴之意。應請遵本律。」議行。

二十七年，上以光鼐迂拙，不勝副都御史，命署內閣學士。授順天府府尹。坐屬縣蝗不以時捕，左遷四品京堂，仍留任。旋赴三河、懷柔督捕蝗，疏言：「近京州縣多旗地，嗣後捕蝗，民爲旗地佃，當一體撥夫應用。」上從所請，以諭直隸總督楊廷璋。廷璋言自方觀承始設護田夫，旗、民均役。上復以詰光鼐，召還京師，令從軍機大臣入見。問：「民爲旗地佃，不肯撥夫應用，屬何人莊業？」光鼐不能對，請徵東北二路同知及三河、順義知縣質證。退又疏請罷護田夫，別定派夫捕蝗事例。上以光鼐所見迂鄙紕繆，下部議，奪職。

居數月，諭光鼐但拘鈍無能，無大過，左授通政司副使。再遷宗人府府丞。復督浙江學政，擢吏部侍郎。浙江州縣倉庫多虧缺，上命察覈。光鼐疏言：「前總督陳輝祖、巡撫王亶望貪墨敗露，總督富勒渾未嚴察。臣聞嘉興、海鹽、平陽諸縣虧數皆逾十萬，當察覈分別定擬。」上嘉其持正，命尚書曹文埴、侍郎姜晟往會巡撫伊齡阿及光鼐察覈。

旋疏劾永嘉知縣席世維借諸生穀輸倉；平陽知縣黃梅假彌虧苛斂，且於母死日演劇；仙居知縣徐延翰斃臨海諸生馬寘於獄；並及布政使盛住上年詣京師，攜貲過豐，召物議；總督富勒渾經嘉興，供應浩煩，餽閽役數至千百。上命大學士阿桂如浙江按治。阿桂疏言盛住詣京師，附攜應解參價銀三萬九千餘，非私貲；平陽知縣黃梅母九十生日演劇，卽以其夕死；仙居諸生馬寘誣寺僧博，復與鬬毆，因下獄死。光鼐語皆不讐。光鼐再疏論梅事，言阿桂遣屬吏詣平陽諮訪，未得實，躬赴平陽覆察。伊齡阿再疏劾光鼐赴平陽刑迫求佐證諸狀，上責光鼐乖張瞀亂，命奪職，逮下刑部。光鼐尋奏：「親赴平陽，士民呈梅派捐單票，田一畝捐大錢五十；又勒捐富戶數至千百貫；每歲採買倉穀不予值。梅在縣八年，所侵穀值及捐錢不下二十萬。母死不欲發喪，特令演劇。」上以光鼐呈單票有據，時阿桂已還京師，令復如浙江秉公按治，並命江蘇巡撫閔鶚元會讞，以光鼐質證。阿桂、鶚元疏言梅婪索事實，論如律。上以光鼐所奏非妄，命署光祿寺卿，阿桂、文埴、晟、伊齡阿皆下部議。旋擢光鼐宗人府府丞。遷禮部侍郎。復督浙江學政。再遷左都御史。

六十年，充會試正考官，榜發，首歸安王以鋙，次王以銜，兄弟聯名高第。大學士和珅素嫉光鼐，言於上，謂光鼐迭爲浙江學政，事有私。上命解任聽部議，及廷試，和珅爲讀卷官，以銜復以第一人及第，事乃解。命予四品銜休致。卒。

李漱芳，字藝圃，四川渠縣人。乾隆二十二年進士，授吏部主事。再遷郎中。三十三年，授河南道監察御史。巡視中城，尚書福隆安家奴藍大恃勢縱恣，挾無賴酗酒，橫行市肆間。漱芳捕治，論奏，高宗深嘉之，命戍藍大，以福隆安下吏議。尋擢工科給事中。三十九年，壽張民王倫爲亂。漱芳疏陳奸民聚衆滋事，爲饑寒所迫；又言近畿亦有流民扶老攜幼，遷徙逃亡，有司監盧溝橋，阻不使北行。給事中范宜賓亦以爲言，請增設粥廠。上命侍郎高樸、袁守侗率宜賓、漱芳往盧溝橋及近畿諸城鎭省視，初無流民。倫亂定，俘其徒檻致京師廷鞫，命漱芳旁視，無言爲饑寒迫者。問歲事，對秋收尙及半。上責漱芳妄言，代奸民解說，心術不可問，不宜復居言路，爲世道人心害，宥罪，降禮部主事。四十三年，禮部請以漱芳升授員外郎。故事，郎中、員外郎員缺，選應升授者，擬正、陪上請。至是，獨以漱芳請。上不懌，責尙書永貴擅專邀譽，涉明季黨援朋比之習，奪其職。漱芳久之乃遷員外郎。卒。

范宜賓，漢軍鑲黃旗人，大學士文程後也。以廕生官戶部郎中，歷御史給事中，累遷太常寺少卿。出爲安徽布政使，與巡撫胡文伯不相能，兩江總督高晉以聞。上召宜賓還，授左副都御史。宜賓奏言屬縣蝗見，屢請捕治，文伯執不可。上爲黜文伯，而宜賓亦以捕蝗不力下吏議，當左遷。上以宜賓舊爲御史尚黽勉，命仍爲御史。宜賓疏言藩臬有所陳奏，輒呈稿督撫，當禁飭。上以整飭吏治，要在朝廷綱紀肅清，自無扶同蒙蔽之事，不在設法峻防，置其議不行。及與潄芳同被譴，上以宜賓漢軍世僕，乃敢妄言干譽，特重其罰，奪職，戍新疆。

曹錫寶，字鴻書，一字劍亭，江南上海人。乾隆初，以舉人考授內閣中書，充軍機處章京。資深當擢侍讀，錫寶辭。大學士傅恆知其欲以甲科進，乃不爲請遷。二十二年，成進士，改庶吉士。以母憂歸，病瘍，數年乃愈。三十一年，散館，改刑部主事。再遷郎中。授山東糧道。衞千總寧廷言子惠以索逋殺千總張繼渠，錫寶下部議。上巡山東，召見，命來京以部屬用。以大學士阿桂奏，令入四庫全書館自効。書成，以國子監司業升用。

居三年，上以錫寶補司業無期，特授陝西道監察御史。時協辦大學士和珅執政，其奴劉全恃勢營私，衣服、車馬、居室皆踰制。錫寶將論劾，侍郎南匯吳省欽與錫寶同鄉里，聞其事，和珅方從上熱河行在，馳以告和珅，令全毀其室，衣服、車馬有踰制，皆匿無跡。錫寶疏至，上詰和珅。和珅言平時戒約嚴，或扈從日久漸生事，乞嚴察重懲。乃命留京辦事王大臣召錫寶問狀，又令步軍統領遣官從錫寶至全家察視，無跡，錫寶自承冒昧。上召錫寶詣行在面詰，錫寶奏全倚勢營私，未有實蹟，第爲和珅「杜漸防微」，乃有此奏。復諭軍機大臣、大學士梁國治等覆詢，錫寶又承「杜漸防微」語失當，請治罪。下部議，當左遷。上手詔略言：「平時用人行政，不肯存逆詐億不信之見。若委用臣工不能推誠布公，而猜疑防範，據一時無根之談，遽入人以罪，使天下重足而立、側目而視，斷無此政體。錫寶未察虛實，以書生拘迂之見，託爲正言陳奏。姑寬其罰，改革職留任。」五十七年，卒。

仁宗親政，誅和珅，並籍全家，乃追思錫寶直言，諭曰：「故御史曹錫寶，嘗劾和珅奴劉全倚勢營私，家貲豐厚。彼時和珅聲勢薰灼，舉朝無一人敢於糾劾，而錫寶獨能抗辭執奏，不愧諍臣。今和珅治罪後，並籍全家，貲產至二十餘萬。是錫寶所劾不虛，宜加優獎，以旌直言。錫寶贈副都御史，其子江視贈官予廕。」錫寶，一士從子，再世居臺省，敢言名。家有甕，焚諫草，江嘗乞諸能文者爲詩歌，傳一時云。

謝振定，字一齋，一字薌泉，湖南湘鄉人。乾隆四十五年進士，改庶吉士，散館授編修。五十九年，考選江南道監察御史。巡視南漕，漕艘阻瓜洲，振定禱於神，風轉順漕艘，人稱「謝公風」。六十年，遷兵科給事中。巡視東城，有乘違制車騁於衢者，執而訊之，則和珅妾弟也，語不遜，振定命痛笞之，遂焚其車。曰：「此車豈復堪宰相坐耶？」居數日，給事中王鍾健希和珅意，假他事劾振定，奪職。和珅敗，嘉慶五年，起授禮部主事。遷員外郎，充坐糧廳，監收漕糧，裁革陋規，兌運肅然。十四年，卒。

道光中，振定子興嶢，官河南裕州知州。以卓薦引見，循例奏姓名、里貫。宣宗問：「爾湖南人，乃能爲京師語，何也？」興嶢對言：「臣父振定官御史，臣生長京師。」上曰：「爾乃燒車御史子耶？」因褒勉甚至。明日，語軍機大臣：「朕少聞燒車御史事，昨乃見其子。」命擢興嶢敍州知府。

錢灃，字東注，雲南昆明人。乾隆三十六年進士，改庶吉士，散館授檢討。四十六年，考選江南道監察御史。甘肅冒賑折捐事發，主其事者爲甘肅布政使王亶望，時已遷浙江巡撫，坐誅，總督勒爾謹及諸府縣吏死者數十人，事具亶望傳。陝西巡撫畢沅嘗兩署陝甘總督，獨置不問。灃疏言：「冒賑折捐，固由亶望骫法，但亶望爲布政使時，沅兩署總督，近在同城，豈無聞見？使沅早發其奸，則播惡不至如此之甚；卽陷於刑辟者，亦不至如此之多。臣不敢謂其利令智昏，甘受所餌，惟是瞻徇回護，不肯舉發，甚非大臣居心之道。請比捏結各員治罪。」上爲詰責沅，降秩視三品，事具沅傳。

四十七年，灃疏劾山東巡撫國泰、布政使于易簡吏治廢弛，貪婪無饜，各州縣庫皆虧缺，上命大學士和珅、左都御史劉墉率灃往按。和珅庇國泰，怵灃，灃不爲撓。至山東，發歷城縣庫驗帑銀。故事，帑銀以五十兩爲一鋌，市銀則否。國泰聞使者將至，假市銀補庫。灃按問得其狀，召商還所假，庫爲之空。復按章丘、東平、益都三州縣庫，皆虧缺如灃言。國泰、易簡罪至死，和珅不能護也。上旌灃直言，擢通政司參議。四十八年，遷太常寺少卿。再遷通政司副使。出督湖南學政，灃持正，得士爲盛。五十一年，任滿，命留任。湖北荆州水壞城郭，孝感土豪殺饑民。上責灃在鄰省何不以聞，下部議。諸生或匿喪赴試，又有上違禁書籍者。灃按治未竟，聞親喪去官，以事屬巡撫浦霖。霖遂併劾灃，坐奪職。上命左授六部主事。

五十八年，灃服除，詣京師，授戶部主事。引見，即擢員外郎。復除湖廣道監察御史。時和珅愈專政，大學士阿桂、王杰，尚書董誥、福長安與同爲軍機大臣，不相能，入直恆異處。灃疏言：「我朝設立軍機處，大臣與其職者，皆萃止其中，庸以集思廣益，仰贊高深。地一則勢無所分，居同則情可共見。即各司咨事畫稾，亦有定所。近日惟阿桂每日入止軍機處；和珅或止內右門內直廬，或止隆宗門外近造辦處直廬；王杰、董誥則止於南書房；福長安則止於造辦處。每日召對，聯行而入，退即各還所處。雖亦有時暫至軍機處，而事過輒起。各司咨事畫稾，趨步多歧。皇上乾行之健，離照之明，大小臣工戴德懷刑，浹於肌髓，決不至因此遂啓朋黨角立之漸。然世宗憲皇帝以來，及皇上御極之久，軍機大臣萃止無渙，未嘗纖芥有他。由前律後，不應聽其輕更。內右門內切近禁寢，向因有養心殿帶領引見事，須先一兩刻預備。恩加大臣，不令與各官露立，是以設廬許得暫止。不應於未辨色之前，一大臣入止，而隨從軍機司員亦更入更出。爲日旣久，不能不與內監相狎。萬一有無知如高雲從者，雖立正刑辟，而所絓已多，杜漸宜早。至南書房備幾暇顧問，俟軍機事畢，入直未遲；若隆宗門外直廬及造辦處，則各色應差皆得覘聽於外，大臣於中治事，亦屬過褻。請敕諸大臣仍照舊規同止軍機處，庶匪懈之忱，各申五夜；協恭之雅，共勵一堂。其圓明園治事，和珅、福長安止於如意門外南順牆東向直廬，王杰、董誥止於南書房直廬，並請敕更正。」上爲申誡諸大臣，並命灃稽察軍機處。

和珅素惡灃，至是尤深嗛之。上夙許其持正，度未可遽傾，凡遇勞苦事多委之。灃貧，衣裘薄，宵興晡散，遂得疾。六十年，卒。或謂灃將劾和珅，和珅實酖之。

尹壯圖，字楚珍，雲南昆明人。乾隆三十一年進士，改庶吉士。散館，授禮部主事。再遷郎中。三十九年，考選江南道監察御史，轉京畿道。三遷至內閣學士，兼禮部侍郎。高宗季年，督撫坐譴，或令繳罰項貸罪，壯圖以爲非政體。五十五年，上疏言：「督撫自蹈愆尤，聖恩不即罷斥，罰銀若干萬充公，亦有督撫自請認罰若干萬者。在桀驁者藉口以快其饕餮之私，即清廉者亦不得不望屬員之佽助。日後遇有虧空營私重案，不容不曲爲庇護。是罰銀雖嚴，不惟無以動其愧懼之心，且潛生其玩易之念，請永停此例。如才具平常者，或即罷斥，或用京職，毋許再膺外任。」上諭曰：「壯圖請停罰銀例，不爲無見。朕以督撫一時不能得人，棄瑕錄用，酌示薄懲。但督撫等或有昧良負恩，以措辦官項爲辭，需索屬員；而屬員亦藉此斂派逢迎，此亦不能保其必無。壯圖旣爲此奏，自必確有見聞，令指實覆奏。」壯圖覆奏：「各督撫聲名狼藉，吏治廢弛。臣經過地方，體察官吏賢否，商民半皆蹙額興歎。各省風氣，大抵皆然。請旨簡派滿洲大臣同臣往各省密查虧空。」上復諭曰：「壯圖覆奏，並未指實。至稱經過諸省商民蹙額興歎，竟似居今之世，民不堪命。此聞自何人，見於何處，仍令指實覆奏。」壯圖再覆奏，自承措詞過當，請治罪。上命戶部侍郎慶成偕壯圖赴山西察倉庫，始大同府庫，次山西布政使庫，皆無虧。壯圖請還京治罪。上命慶成偕壯圖再赴直隸、山東、江南諸省。慶成所至，輒游宴數日，乃發倉庫校覈，歷直隸布政使及正定、蘭山、山陽諸府縣，皆無虧。上寄諭壯圖，問途中見商民蹙額興歎狀否。壯圖覆奏，言目見商民樂業，絕無蹙額興歎情事。上又令慶成傳旨，令其指實一二人，毋更含糊支飾。壯圖自承虛誑，奏請治罪。尋復察蘇州布政使庫，亦無虧。還京，下刑部治罪，比挾詐欺公、妄生異議律，坐斬決。上謂壯圖逞臆妄言，亦不妨以謗爲規，不必遽加重罪，命左授內閣侍讀。繼又以侍讀缺少，改禮部主事。

壯圖以母老乞歸。嘉慶四年，仁宗親政，召詣京師。壯圖仍以母老乞歸，上賜其母大緞兩端，加壯圖給事中銜，賜奏事摺匣，命得上章言事。壯圖未行，復上疏請清釐各省陋規，明定科條，上以爲不可行。既歸，疏請拔眞才，儲實用，大要謂：「保舉未定處分，當下吏部嚴立科條；科場或通關節，當將房考落卷送主司搜閱。其尤要者，謂六部滿洲司員稟案，文義多未曉暢，當嚴督令習經書通文理；鄉會試加廣名額，司員先儘科甲挑補。」下軍機大臣議，奏謂惟房考落卷送主司搜閱，事近可行，補入科場條例。

雲南巡撫初彭齡乞養歸，壯圖疏請留，上不允。別疏復申前議，謂滿洲子弟十五六歲前專責習經書通文理，再習騎射繙譯。上謂：「壯圖以前嘗駁飭之事復行瀆陳，更張本朝成法。」下雲南巡撫伊桑阿傳旨申飭。八年，疏言：「天下萬幾，皆皇上獨理。內外諸臣不過浮沉旅進旅退之中，無能匡扶弼亮。請於內之卿貳、翰詹、科道，外之藩、臬、道、府，愼選二十人，輪直內廷。每日奏章諭旨，盡心檢校，有疏忽偏倚之處，許就近詳辨可否。」上責：「壯圖言皆迂闊紕繆，斷不可行。若如所奏，直於軍機大臣外復設內軍機，成何政體？」因及雲南布政使陳孝昇、道員薩榮安方以冒銷軍需被罪，令巡撫那彥寶詰壯圖，何無一言奏及。壯圖言以不得孝昇等確據，未敢入告，仍請議處，上命寬之。十三年，卒。

論曰：高宗中年後，遇有言事者，遣大臣按治，輒命其參與。光鼐既將坐譴，卒得自白，阿桂之賢也。灃劾國泰發庫藏掩覆，論者謂劉墉密與灃商榷，蓋亦有力焉。漱芳、錫寶、壯圖皆不能實其言，大臣怙寵亂政，民迫於饑寒，卒成禍亂。嗚呼，古昔聖王兢兢，重畏民碞，良有以也！

清史稿卷三百二十三

列傳一百十

黃廷桂　鄂彌達　楊廷璋　莊有恭　李侍堯弟奉堯　伍彌泰官保

黃廷桂，字丹崖，漢軍鑲紅旗人。父秉中，官福建巡撫。廷桂，初襲曾祖憲章拖沙喇哈番世職。康熙五十二年，授三等侍衞，遷參領。聖祖幸熱河，屢扈從。世宗在潛邸，知其才，雍正三年，授直隸宣化總兵。五年，擢四川提督。疏言：「四川三面環夷。軍械多敝缺，現飭修補。川馬本不高大，又日繫槽，多羸斃。令在豐樂場後荒山督牧。士卒驕奢，飭服用毋僭官制。歲十月，番入內地傭工，名曰『下壩』，次年夏初始歸，以禁攜婦女，致成羣肆惡，飭攜家屬方許就雇。成都屬德陽、仁壽二縣，南北距數百里，駐一把總；永寧協駐貴州永寧城，中隔河，東隸黔，西隸蜀，兵民歧視，應更定汛守。」命會總督岳鍾琪議行。又奏請嚴捕竊賊及博奕之具，上諭曰：「禁令弗行，咎在不公不明，不在不嚴。法猶藥也，取攻疾而已。過峻厲則傷元氣，徒猛不足貴也。」又奏嚴治建昌降番劫掠，又奏省城設防火堆棚，營置救火兵二十，上並嘉之。六年，請於提標及城守等營各設義塾，上諭曰：「文武不可偏重。少年聰穎，稍通文墨，勢必流爲怯懦，不願爲兵。則營伍所餘，皆魯鈍一流。是非興文，實乃廢武。邀虛名而無實益，將焉用之？」

烏蒙米貼苗婦陸氏爲亂，發永寧、遵義兵援剿。四川雷波土司楊明義陰助陸氏，誘附近結覺、阿路、阿照、平底諸苗劫糧。陸氏既擒，請剿明義，令廷桂率總兵張耀祖率兵往。軍至拉密，擒明義，並獲造謀人卑租及結覺酋雙尺、阿路酋魯佩及阿不羅酋覺逼，斬馘近萬。上諭曰：「覽奏，斬馘何啻獮人弋獸！儻兵退仍復如故，豈有盡行殺戮之理？當詳思善於措置之道。」師復進攻確里密、阿都、阿驢諸苗，殲殪確里密酋利耶。阿都苗擒其酋阿必以獻，阿驢苗降。七年，奏軍事竟，上以効忠奮勇嘉之。尋疏陳苗疆地方諸事，上命籌善後。復奏湖北容美土司田旻如在四川界徵花絲銀，咨湖北察究。上諭曰：「楚、蜀諸土司容美最富強，越分僭禮。應曉以大義，漸令革除。」又奏籌剿瞻對土司，上諭曰：「瞻對雖微，亦不可輕視。凡事概以敬慎出之。」奏請開採黃螂等處銅鉛，以資鼓鑄。上諭曰：「黃螂、雷波與新撫涼山諸夷錯壤，第宜示以靜鎮，胡可興起利端？若聽民開採，流亡無藉之徒必羣相趨赴，釀生事故。速會同巡撫憲德將金竹坪、白蠟山諸地銅鉛礦廠概行封禁。脫至紛紜，黃廷桂、憲德之身家性命不足贖其辜也！」廷桂奏引罪，復以詳愼申戒之。

尋奏捕得妖言罪人楊大銘等，言其渠楊七匿酉陽土司所，已檄令擒獻。上諭曰：「此事尤宜詳愼！朕料酉陽土司未必爲此事。」八年，奏於楊隘嘴獲楊七，非酉陽境內。上諭曰：「朕非有過人技，但較汝等克誠克公耳。人有利害是非之心，遇事接物，非過卽不及。惟公與誠爲對證之藥。」十二月，奏倮亂，發兵攻克金鎖關、黑鐵關、黃草坪諸地，恢復永善。得旨獎許。上嘗諭憲德，令密陳廷桂爲人，奏稱「多疑偏聽，好勝矜人，是其病痛」。上終以實心任事嘉之。

九年，師討噶爾丹策零，分設四川總督，卽以命廷桂，仍兼領提督。奏請將四川常平倉捐穀改銀，上諭曰：「四川本產米地，積貯尙易。遽請開捐，誤矣。且欲改穀作銀，又將銀買穀，更轉輾滋弊，當另議增貯。」十年六月，奏建昌鎭轄竹核，當凉山之中，爲苗疆腹心要地，請於附近各險隘增兵設鎭；上命大學士鄂爾泰詳議。尋議兵力宜合不宜分，蠻巢宜遠不宜近，但使我勢聯絡，不必隨處設防。請於竹核設兵三千，分駐吽姑、格落、魚紅、大赤口、阿都、沙馬、普雄諸地。敕下廷桂行之。

八月，兒斯番爲亂，奏遣總兵趙儒剿捕，上責廷桂從前未料理妥協。十月，廷桂奏言：

「雍正五年兒斯番爲亂，臣檄副將王剛按治。時臣甫到川，地利夷情尙未諳習。今凶鋒旣肆，由臣撫馭無方，已遵旨密諭趙儒凜遵料理。」十二月，擒兒斯酋，並剿定河東各寨勾結諸番。復奏言：「王剛前所懲創，不過兒斯一堡。今仰蒙指示，趙儒督勵將士，一切險巢重地，深林石穴，悉行蕩平。」上深奬之。

十三年，奏：「貴州古州苗亂，四川建昌、永寧俱與連界，已飭將吏加意撫輯。」上諭以「不動聲色，靜鎭愼密」。乾隆元年，裁總督缺，廷桂仍爲提督。二年，授鑾儀使。尋授天津總兵。五年，遷古北口提督。六年，上幸熱河，道古北口，閱兵，營伍整肅，賜廷桂馬，並上用緞。尋授甘肅巡撫。十二年，署陝甘總督。

十三年，授兩江總督。疏言：「江西俗悍，有司因循姑息，動輒喧鬨，飭嚴捕究治。」又言：「南方晴少雨多，各營操練閒曠，令於陰雨時擇公所或寬敞寺宇操練。」上諭曰：「汝至江南，整飭振作，但不可欲速，要之以久可也。」十五年，加太子少保。疏劾「江蘇巡撫雅爾哈善以奏銷錢糧，奉旨訓飭；知縣許惟枚等經徵未完，不及一分，例止罰俸。忽奏請奪官。人必以爲出自上意，居心巧詐」。雅爾哈善下吏議。

十六年，調陝甘總督。時四川復分設總督，十八年，仍以命廷桂。奏四川歲豐穀賤，上命轉輸二十萬石賑淮、揚被水州縣，御製詩紀其事。進吏部尙書，留總督任。四川濱江諸縣引江水溉田。餘多山田，每苦旱。廷桂奏飭通省勘修塘堰，新都、蘆山等十州縣及青神、蓮花壩、樂山平江鄉、三台南明鎮次第修舉，悉成腴壤。二十年，奏請增爐鑄錢，爲通省修城。上諭曰：「有益地方之事，詳妥爲之。」授武英殿大學士，仍領總督事。打箭爐徼外孔撒、麻書兩土司搆釁，金川、綽斯甲布祖麻書，革布什咱、德爾格忒祖孔撒，互攻殺。廷桂偕提督岳鍾琪飭諭解散。

六月，復調陝甘總督。師討阿睦爾撒納，陝、甘當轉輸孔道。廷桂途次以軍中調取營馬，並令州縣採買馬駝，卽飭各驛馬十調五六，得馬數千匹佐軍。尋奏軍中文報，責成沿邊提鎮料理，詔如所請。二十一年四月，命駐肅州督辦軍需。奏言：「各處調解軍馬，口外嚴寒，自安西至哈密，經戈壁十餘站，飼飮不時，每致疲斃。現派專官分站料理，將積貯草豆、經過匹數、住歇時刻、行走膘分，按日呈報。」又奏：「山西解駝，先留安西牧放。陝西解馬，亦先調甘肅飼養。陸續前運，以濟實用。」先後送軍前駝馬七萬餘。又言：「西北兩路軍營向通商販，後因撤兵禁止。巴里坤軍營應用牛羊諸物，專自肅州販往，路遠價昂，難資接濟，請照舊通商。」上命籌濟庫車、阿克蘇糧運。廷桂奏：「夾山一路，可自哈密直趨闢展、吐魯番，其間騾駝通行，水草饒裕，較繞行巴里坤爲近。擬卽運糧貯吐魯番，轉運軍營，往返更加迅速。」又發銀二十萬，解阿克蘇買回城米，運糧十萬儲巴里坤。凡所經畫，屢合上指。十二月，上諭曰：「廷桂於西陲用兵，雖未身歷行陣，而籌辦軍需，每有朕旨未到，旋即奏至，與所規畫不約而同。體國奉公，精詳妥協，而又毫不累民，內地若無兵事，其功最大。」積功自太子太保進少保，自騎都尉進三等忠勤伯，先後賜雙眼孔雀翎、紅寶石帽頂、四團龍補服、白金二萬。二十四年正月，駐涼州，以病劇聞。命額駙福隆安率御醫診視，甫行，廷桂卒。上即命福隆安奠醊，御製詩輓之，賜祭葬，謚文襄。喪還，上復親臨奠醊。二十五年，凱宴成功將士，追念廷桂，復賦詩惜之。尋命圖形紫光閣，御製懷舊詩，列廷桂五督臣首。

孫檢，官副都統。乾隆四十九年，以刻廷桂奏疏，載兩朝批答，被嚴旨申飭。曾孫文煜，自侍衞累擢副都統，調馬蘭鎮總兵。

鄂彌達，鄂濟氏，滿洲正白旗人。初授戶部筆帖式。雍正元年，授吏部主事。累遷郎中。五年，命同廣東巡撫楊文乾等如福建察倉庫。六年，擢貴州布政使。八年，遷廣東巡撫。疏言：「鳥鎗例有禁，瓊州民恃槍禦盜，請戶得藏一，多者罪之。」梧州民陳美倫等謀亂，捕治如法。十年，署廣東總督。疏言：「總督舊駐肇慶，所以控制兩粵。今專督廣東，應請移駐廣州。」饒平武舉余猊等謀亂，捕治如法。尋實授總督。安南民鄧文武等遇風入銅鼓角海面，鄂彌達畀以資，送歸國，國王以伽南、沉香諸物爲謝，卻之，疏聞，上獎其得體。先後疏請移設將吏。又疏請於三水西南鎮建倉貯穀，並以米貴，會城設局平糶。又請升程鄉縣爲直隸州，名曰嘉應。皆報可。十三年，命兼轄廣西，仍駐肇慶。貴州台拱苗亂，鄂彌達發兵令左江總兵王無黨率以赴援，復發兵駐黔、粵界，上諭獎之。

乾隆元年，高宗命近鹽場貧民販鹽毋禁。鄂彌達疏言：「廣東按察使白映棠未遵旨分別，老幼男婦發票，稱四十斤以下不許緝捕，致奸徒借口，成羣販私。」上獎鄂彌達洞悉政體，解映棠任。尋奏：「廣東鹽由場配運省河及潮州廣濟橋轉兌各埠，請令到埠先完餉銀，開倉後繳鹽價。」下部議行。御史薛韞條奏廣西團練鄉勇，並設猺童義學，下鄂彌達議。二年，奏言：「團練鄉勇，不若訓練土司兵，於邊疆有益。猺童義學，韶、連等屬已有成效，應如韞所奏。」尋又疏言：「惠、潮、嘉應三府州民多請州縣給票，移家入川。臣飭州縣不得濫給，並遣吏於界上察驗。」又疏言：「貴州新闢苗疆，總督張廣泗奏設屯軍墾田。臣以今苗畏威安貼，將來生齒漸繁，地少人多，必致生怨。又恐屯軍虐苗激變，請撤屯軍於附近防守，其田仍給苗民。」上諭曰：「所見甚正。廣泗首尾承辦此事，持之甚力，朕則以爲終非長策也。」

四年，調川陝總督。疏言：「榆林邊民歲往鄂爾多斯種地，牛具、籽種、日用皆貸於鄂爾多斯。秋收餘糧，易牛羊皮入內地變價，重息還債。請於出口時視種地多寡，借以官銀，秋收以糧抵，俾免借貸折耗之苦，倉儲亦可漸充。」上從之。又請發司庫銀十萬買穀分貯沿邊，又請修寧夏渠道，並加築沿河長隄。又奏：「安西鎮遠兵駐防哈密，承種屯田，在城兵僅數百。年來商民日增，請視涼州柳林湖例，募流民及營兵子弟墾田，撤兵回城差操。」均如議行。

五年，兩廣總督馬爾泰劾知府袁安煜放債病民，並及鄂彌達縱僕占煤山事。上解鄂彌達任，召詣京師。尋授兵部侍郎。六年，授寧古塔將軍，調荊州。九年，授湖廣總督。疏言：「武、漢濱江城郭民田，賴有隄以障。請於武昌蒿麥灣增築大隄，安陸沙洋大隄增築月隄，襄陽老龍石隄加備歲修銀。」十一年，上以鄂彌達不稱封疆，召詣京師。十五年，授吏部侍郎。十六年，授鑲藍旗漢軍都統。二十年，授刑部尚書，署直隸總督。二十一年，兼管吏部尚書、協辦大學士。二十二年，加太子太保。二十六年，卒，予白金二千治喪，賜祭葬，謚文恭。

楊廷璋，字奉峨，漢軍鑲黃旗人。世襲佐領。雍正七年，自筆帖式授工部主事。再遷郎中。授廣西桂林知府。乾隆二年，擢左江道。十五年，擢按察使。二十年，遷湖南布政使。二十一年，授浙江巡撫。上南巡，諭曰：「西湖水民間藉以溉田。今聞沿湖多占墾，湖身漸壅，田畝虞涸竭。已開墾成熟者，免其清出，不許再侵占。」廷璋因奏：「此類田地多礙水道，請概令開濬歸湖。沿岸栽柳，俾根株盤結，亦可固隄。」又請帑疏濬湖州七十二漊，洩水入太湖，免田地被淹。又奏：「仁和、錢塘、蕭山三縣江塘視海塘例，以二十丈爲準，按段編號立石。仁、錢二縣江塘民房，隄岸外餘二十餘里，視海塘例，每里設堡夫一，建堡分防。」均從之。又請開台州黃巖場沿海地，近場歸竈，近縣歸民。戶以百畝爲率，分限起科，得腴產十萬畝。奏入，嘉許。

二十四年，授閩浙總督。請改設螺洲、大頭崎、烏龍江諸地塘汛。又奏內地商船出洋，嚴給船照。又奏臺灣穀賤，內地歉收，民每偷渡就食。請酌寬米禁，往來臺、廈橫洋船准運米二百石，塘船六十石。自鹿耳門出至廈門入，皆給照察驗。臺灣與生番接壤，前總督楊應琚飭屬勘界，挑溝築土牛以杜私墾。至是，廷璋議彰化、淡水與生番接壤，依山傍溪，挑溝築土牛爲界；並於沿邊設隘寮，分兵駐守。二十六年，同福建巡撫吳士功奏劾提督馬龍圖借用公使錢，並以龍圖已歸欵，請用自首例減等。上責其錯謬，下吏議奪官，士功戍巴里坤，廷璋留任。二十八年，加太子太保。旋授體仁閣大學士，留總督任。二十九年，廷璋入覲。福建水師提督黃仕簡奏廈門商舶出入，官署受陋規。上命尚書舒赫德、侍郎裘曰修往按。具得廷璋令歷任廈門同知代市人葠、珊瑚、珍珠未發價狀，命解任。下吏議奪官，上以廷璋平時尙能任事，授散秩大臣。未幾，授正紅旗漢軍都統、工部尙書。

三十年，命署兩廣總督。三十一年，安南捕盜，竄入小鎭安土司怕懷隘，官兵捕得。廷璋照會安南遣頭人視行誅。安南復報其國隘口盜發，請遣兵堵截。廷璋遣兵守隘。事上聞，具言防邊宜鎭靜。上戒以「邊地夷情，當審度事理，因時制宜。若專務持重，養癰貽害，弊不可勝言也。」夏，崖州安岐黎爲亂，擾客民，廷璋檄鎭道捕治。並奏：「客民編保甲，禁放債。黎民市易設墟場，熟黎令薙髮。民出入黎峒必譏，以杜後患。」上從之。又奏：「小鎭安改設通判。南界接安南，於那波、者賴、者欣三村，建卡設兵。怕懷隘爲小鎭安門戶，設兵巡緝。打面梁與雲南接界，建卡防守。」下部議行。師征緬甸，雲貴總督楊應琚以疾聞，上令廷璋赴永昌佐應琚治軍。三十二年，疏報應琚病愈，仍回廣東任。尋召授刑部尙書。

三十三年，授直隸總督，加太子少保。秋，滹沱水盛漲。廷璋請於正定西南築隄，藁城西北築埽，並以護城。又奏勘任丘濱淀諸地，以楊各莊諸地最低，請改種稻田；文安窪修築隄埝，並於龍潭灣諸地開隄洩水，並從之。三十四年，請撥通倉米十二萬運各災區平糶。又奏：「乾隆二十四年滹沱南徙，舊河淤墊。上年大漲，河行故道。束鹿木丘、傾井諸村遂成巨浸。請裁灣取直，並修築護城隄埝。」報聞。三十六年，復召授刑部尙書。預香山九老會。十二月，卒，年八十四，贈太子太保，賜祭葬，謚勤慤。

莊有恭，字容可，廣東番禺人。乾隆四年一甲一名進士，授修撰，直上書房。後三年，弟有信成進士，引見，有恭以起居注侍直，上問及之，有信選庶吉士。兄弟同請告省親。有恭累遷侍講學士，擢光祿寺卿。以父憂歸，服除，擢內閣學士。遷戶部侍郎。督江蘇學政。充江南鄉試考官，復督江蘇學政。十六年，授江蘇巡撫。十七年，署兩江總督。疏言：「太倉、鎭洋沿海田廬，賴海塘保障。前巡撫高其倬議自寶山湖口港至昭文福山港築土塘三萬四千七百餘丈，僅築湖口港至劉河南岸土、石塘。今年秋令風潮，劉河南賴以無恙。其北頗致損傷，士民自請挑築。惟恐一時難集，工不速竟。應築土塘九千丈有奇，請借庫銀一萬六千兩，令自募夫役，於伏汛前畢工。按畝扣輸，二年淸款。」如所請行。有恭督學政時，浙人丁文彬獻所著文武記、太公望傳等。有恭以爲病狂，置不問。至是，文彬以書上衍聖公孔昭煥，昭煥告巡撫楊應琚以聞。有恭疏請罪，坐罰學政養廉銀十倍。

十九年，御史楊開鼎條奏江南收漕諸弊，敕有恭覆奏。尋疏言：「江南收漕諸弊，以蘇、常、松、鎭、太五屬爲尤甚。已酌定條例，勒石漕倉，遇收漕，飭糧道以下官周巡察訪。開鼎言需索不遂，借詞米不如式，勒令曬晾篩颺。漕糧上供天庾，自應乾圓潔淨。儻不如式，不堪久貯，必致貽誤倉儲。糧戶良頑不等，每次青腰、白臍、潮嫩、雜碎諸米强交；如令更易，卽造作浮言挾制。自應分別察究，不得但責官吏，取悅刁民。」上獎其言公正。

二十一年，丁母憂，命予假百日回籍治喪，於伏汛前至淮安，署江南河道總督。泰興縣有朱呥者，坐主使殺人罪至絞，乞贖罪，有恭許之，臨行疏聞。上責其專擅，令家居待罪。總督尹繼善又言有恭監臨鄉試，察出有賄謀聯號者，復有以鬭蟋蟀致訟者，皆令罰鍰，未奏聞。上命奪有恭官，逮詣京師，下大學士九卿論罪，當絞。上以贓不入己，貰之，令護母喪回籍後赴軍臺効力。

二十四年，調浙江。二十五年，劾杭州將軍伊領阿、副都統劉揚達違例乘轎。上奪伊領阿等官，獎有恭，命議敍。三月，疏言：「紹興南塘、嘉興乍浦塘並屬要工。臣赴山陰勘得宋家樓爲三江、曹娥二水交會，又適當潮汐之衝，爲南塘首險，已改建石塘鞏固。復至蕭山龕、長等山，越南大亹至海寧中小亹、登文堂、葛嶴諸山，勘海寧南門外，西過戴家石橋，東至陳文港，工長五千丈有奇，根址堅實，不須重建。其必當修築者千六百餘丈，內七百七十餘丈殘缺過甚，作爲要工，餘次第興修。自陳文港東至尖山，下有韓家池柴塘四百丈有奇，亦應重築。復循海而北，自海鹽至平湖，徧歷乍浦塘。海鹽東臨大海，南有台駐，北有乍浦諸山，山趾角張。縣城以一面當潮汐，城外石塘，最爲險要，間有沖損，已令隨時修補。」六月，又疏言：「西塘、胡家兜至海寧南門外，潮退沙漲，長十八里。前請辦戴家石橋要工，既有新沙外護，應先就迤東工段趲辦。再審量沙勢，分別緩急。」九月，又疏言：「緩修各工，陳文港十丈，令用魚鱗式逐層整砌。圓通菴前十丈，仍如式堅築。廿里亭西二十五丈，修整坦面，加用排樁，令緊貼塘身。」二十六年十二月，又奏言：「海寧西塘、老鹽倉諸地，經霉、伏兩汛，老沙汕刷，宜先事預防，先後拆鑲二百丈。自霜降後，臣往來察勘，見柴、石兩塘交接處水已臨塘，自此迤西，老沙仍多坍卸。請將接連前工七十丈，從速鑲辦。」均從之。

二十七年，上南巡，臨視老鹽倉、尖山諸地，令修築柴塘，並設竹簍、坦水諸工。九月，疏報海寧塘工竟，上嘉有恭能盡心，命議敍。是秋多雨水漲，有恭以嘉、湖兩府水歸太湖，河道多淤，下流尤壅閼；因請浚烏程、長興境內七十二漊，並遣吏至江南按行三江故道。十月，調江蘇巡撫。上命浙江海塘工程仍責成有恭專司其事，並免學政任內應罰銀。二十九年，擢刑部尚書，留巡撫任。

有恭疏請大修三江水利，略言：「太湖北受荆溪百瀆，南受天目諸山之水，爲吳中巨浸，而分疏之大幹，以三江爲要。三江者，吳淞江、婁江、東江也。東江自宋已湮，明永樂間，別開黃浦，寬廣足當三江之一，今亦謂之東江。三江分流，經吳江、震澤、吳、元和、崑山、新陽、青浦、華亭、上海、太倉、鎭洋、嘉定十二州縣境，其間港浦縱橫，湖蕩參錯。大概觀之，無處不可分洩。然百節之通，不敵一節之塞。太湖出水口，不特寶帶橋一處，如吳江十八港、十七橋，吳縣鮎魚口、大缺口，爲湖水穿運河入江要道，今不無淺阻。又如入吳淞之龐山湖、大斜港、九里湖、澱山湖、淑浦，向來寬深，近以小民貪利，徧植茭蘆，圈築魚蕩，亦多侵佔。劉河，古婁江也。今河形大非昔比，舟楫來往，必艤舟待潮。崑山外濠爲婁江正道，淺狹特甚。蘇州婁門外江面僅寬四五丈，偶遇秋霖，衆水匯集。江身淺窄，先爲潦水所占，俟其稍退，然後湖水得出，爲之傳送，而上游已漫淹矣。東南財賦重地，水利民生大計，若及早爲之，事半功倍。今籌治法，當於運河西凡太湖出水之口，皆爲淸釐占塞，俾分流無阻。其運河東三江故道，惟黃浦現在深通，但於泖口挑去新漲蘆墩，足資宣洩。吳淞江自龐山湖以下，婁江自婁門以下，凡有淺狹阻滯之處，宜濬治寬深，令上流所洩之數，足相容納。其江身所有植蘆插籪及冒占之區，盡數剷除，嗣後仍嚴爲之禁。則水之停蓄有所，傳送以時，並卽以挑河之土加培圩岸。現在牐座去海太近，難於啓閉者，酌量改移，庶渾潮不入，淸水盛强，而海口之淤，亦將不挑而自去。總計所需雖覺浩繁，然散在十二州縣，通力合作，實亦無多。民間聞有此舉，咸樂趨事，願以民力爲之。但分段督修，仍須官董其成；且工費繁多，若待鳩財而後興工，稍稽時日。懇發帑興工，仍於各州縣分年按畝徵還，則民力旣紓，工可速集。」奏入，報可。於是選紳耆，賦工役，先疏橋港，次及河身。茭蘆魚蕩之圈占者，除之；城市民居之不可毀者，別開月河以導之。工始於二十八年十二月，至二十九年三月告竣，用公帑二十二萬有奇。

三十年正月，命協辦大學士，仍暫留巡撫任。南巡，復賜詩褒勉。八月，召詣京師。有恭劾蘇州同知段成功縱役累民，奪官，讞未定。巡撫明德察成功實受賕，詐稱病；按察使朱奎揚、知府孔傳炯皆知之，不以言。上命奪奎揚等官，逮訊。三十一年正月，罷有恭協辦大學士。又遣侍郎四達按治，得有恭授意奎揚等有意從寬狀，並奪有恭官，下刑部獄。軍機大臣會鞫，並追繳學政任內應罰銀。二月，軍機大臣等讞上，有恭罪應斬，諭改監候。八月，命原之。授福建巡撫。三十二年，卒。仍免追繳學政任內應罰銀。

李侍堯，字欽齋，漢軍鑲黃旗人，二等伯李永芳四世孫也。父元亮，官戶部尚書，諡勤恪。侍堯，乾隆初以廕生授印務章京，見知高宗。累遷至正藍旗漢軍副都統。十七年，調熱河副都統。二十年，擢工部侍郎，調戶部。署廣州將軍。劾前將軍錫特庫廢弛馬政，錫特庫下吏議。奏定廣州滿洲、漢軍駐防官制兵額。二十一年，署兩廣總督。奏：「廣東各屬買補倉穀，兼雜上、中、下三等，而報以上價。應碾米，用上穀；應借糶，用中、下穀。」上諭以所言洞悉情弊，諭各省督撫嚴飭州縣買補當碾試，務得上穀。又請禁廣東制錢攙和古錢，並吳三桂僞號錢事。上諭以「前代錢仍聽行用。吳三桂利用僞號錢，令民間檢出，官爲收換，供鼓鑄之用」。又奏廣州駐防出旗漢軍官兵曠米，平糶便民，上從之。二十三年，守備張彬佐禁村民演劇被毆，奏請飭巚。上謂：「未得懲創惡習之意。應先治刁民，後議劣弁，庶刁悍之徒知畏懼。」

二十四年，實授總督。奏：「廣東各國商船所集，請飭銷貨後依期回國，不得住冬；商館毋許私行交易；毋許貸與內地行商貲本；毋許雇內地厮役。」二十五年，又奏：「粵海關各國商船出入，例於正稅船鈔外有各種規禮，應請删除名色，倂爲歸公銀若干。各口僕役飯食、舟車諸費，於此覈銷。」並下部議行。廣西巡撫鄂寶以貴縣僮民韋志剛不法，知縣石崇光察報，避重就輕，請奪官。上以事由崇光察報，命毋奪官；侍堯奏先經面諭崇光體勘，始行察報，上令逮崇光按鞫。又奏志剛實無不法事，崇光猜疑妄報，仍奪崇光官。上以侍堯與鄂寶各懷意見，飭以「秉虛公，除習氣」。

二十六年，召授戶部尚書、正紅旗漢軍都統，襲勳舊佐領。二十八年，授湖廣總督。奏：「湖廣行銷淮鹽，擡價病民，請酌中定價。」命兩淮鹽政高恆赴湖廣會議，奏請按淮商成本，酌加餘息，明定限制，從之。加太子太保。

二十九年，調兩廣總督。右江鎭總兵李星垣坐婪賄得罪，命侍堯按鞫，擬絞。上以侍堯嘗薦星垣，今擬罪輕縱，責侍堯回護，坐降調。以憂還京師。署工部尚書。三十一年，調署刑部。三十二年，回兩廣總督任。襲二等昭信伯。三十四年，師征緬甸，命侍堯傳檄暹羅。時暹羅方爲甘恩敕所據，侍堯以爲不宜傳檄；以己意宣諭暹羅各夷目，密偵緬甸，苟入境，令擒以獻，上韙之。豐順民朱阿姜謀爲亂，督吏捕治。

三十八年，授武英殿大學士，仍留總督任。安南內亂，令廣西鎭、道嚴防。入覲，賜黑狐端罩。四十年，兵部以廣東民糾黨結盟，不數月至五起，當追論武職弛縱罪。侍堯奏言：「武職既協緝，復追論弛縱罪，則規免處分，必致暗爲消弭，兇徒轉得漏網，請寬之。」上從其請，並諭曰：「侍堯此奏，意在挽回積習。然亦惟侍堯向不姑息屬僚，朕所深信，始可爲此言。若他人，未可輕爲倣效也。」

四十二年，雲貴總督圖思德奏緬甸投誠，籲請納貢。上命大學士阿桂往蒞其事，並調侍堯雲貴總督。緬甸頭人孟幹謁侍堯，請緩貢。侍堯偕阿桂奏：「孟幹等語反覆，遵旨斷接濟，絕偵探，示以威德，不予遷就。」上召阿桂還。緬甸歸所留守備蘇爾相，侍堯遣詣京師。緬甸乞遣孟幹等還，侍堯諭令歸所留按察使銜楊重英，上嘉其合機宜。四十三年，奏獲緬甸遣騰越州民入關爲諜，送京師。尋奏：「永昌、普洱界連緬甸，擬每歲派兵五千五百，在張鳳街、三臺山、九龍口諸地防守。」上諭以「揆度邊情，不值如此辦理」。侍堯復請於杉木隴設大汛，撥騰越兵五百；千崖設小汛，撥南甸兵二百，輪駐巡防；並分守虎踞、銅壁等關。從之。四十五年，雲南糧儲道海寧訴侍堯貪縱營私狀，命尚書和珅、侍郎喀寧阿按治。侍堯自承得道府以下餽賂，不諱，上震怒，諭曰：「侍堯身爲大學士，歷任總督，負恩婪索，朕夢想所不到！」奪官，逮詣京師。和珅等奏擬斬監候，奪爵以授其弟奉堯。又下大學士九卿議，改斬決，上心欲寬之，復下各直省督撫議。各督撫多請照初議定罪，獨江蘇巡撫閔鶚元迎上意，奏：「侍堯歷任封疆，幹力有爲。請用議勤議能之例，寬其一綫。」上乃下詔，謂：「罪疑惟輕，朕不爲已甚。」改斬監候。

四十六年，甘肅撒拉爾回蘇四十三爲亂，上遣大學士阿桂視師。特旨予侍堯三品頂戴、孔雀翎，赴甘肅治軍事。甘肅冒賑事發，總督勒爾謹得罪，命侍堯領總督事，會阿桂按治。勒爾謹及前布政使王亶望、布政使王廷贊、蘭州知府蔣全迪皆坐斬。上命諸州縣侵冒二萬以上擬斬決，一萬以下斬候，於是臯蘭知縣程棟等二十人皆坐斬。四十七年，奏：「臯蘭等三十四廳、州、縣虧庫帑八十八萬有奇、倉糧七十四萬有奇，請於現任總督以下各官養廉扣抵歸補。」上命寬免。又請豁免節年民欠三十萬兩。旋命予現任品級頂帶，加太子太保。四十九年，廣東鹽商譚達元訴侍堯任兩廣時，總商沈冀州歛派公費餽送，上命尚書福康安按鞫，請罪侍堯。上責侍堯償繳公費，免其罪。

蘇四十三亂既定，上屢諭侍堯密察新教回民。至是，鹽茶廳回田五等復爲亂，侍堯會固原提督剛塔捕田五。田五自戕，得其孥誅之。無何，田五之徒復攻靖遠。侍堯駐靖遠，令剛塔督兵往，亂久未定。上命大學士阿桂、尚書福康安視師。渭城陷，西安副都統明善戰死，賊據石峯堡。上責侍堯玩延怯懦，奪官，仍在軍効力督餉。侍堯旋督兵赴伏羌。福康安至軍，發侍堯玩愒貽誤諸罪狀。逮熱河行在，王大臣按鞫，擬斬決。上仍令從寬改監候。五十年，諭釋之。署正黃旗漢軍都統。署戶部尚書。

湖北江陵民訴知縣孔毓檀侵賑，命侍堯往按。奏言毓檀未侵賑，但治賑遲緩，坐奪官。命署湖廣總督。奏上年孝感被災饑民劉金立等掠穀，生員梅調元糾衆毆殺金立，並生瘞二十三人。上逮前總督特成額及知縣秦樸等治其罪。未幾，實授。

五十二年，入覲。臺灣民林爽文爲亂，調侍堯閩浙總督，駐蚶江。時前總督常青督兵渡臺灣，侍堯以兵力不足，調廣東、浙江兵濟師。又慮賊據笨港劫糧械，撥繒船分防鹿耳門、鹿仔港。上獎以籌濟有方。亂久未定，上以常青非將才，命福康安爲將軍督師；並寄諭常青全師以歸，待福康安至，再籌進取。侍堯恐常青宣露上旨，人心惶惑，節錄發寄，幷具疏請罪。上大悅，獎以「深合機宜，得大臣體」。賜雙眼孔雀翎。福康安劾提督柴大紀，上責侍堯徇隱。五十三年，侍堯亦奏大紀貪劣諸狀，自請治罪，上寬之。臺灣平，命仍襲伯爵。

建福康安等生祠於臺灣，命侍堯居福康安、海蘭察之次。復命圖形紫光閣，列前二十功臣。侍堯短小精敏，過目成誦。見屬僚，數語卽辨其才否。擁几高坐，語所治肥瘠利害，或及其陰事，若親見。人皆悚懼。屢以貪黷坐法，上終憐其才，爲之曲赦。十月，疾聞，命其子侍衞毓秀往省。旋卒，諡恭毅。

弟奉堯，自官學生襲勳舊佐領，授藍翎侍衞。累遷江南提督。四十五年，襲伯爵。四十六年，調福建陸路提督。以漳、泉累有械鬬，左授馬蘭鎭總兵。五十二年，署直隸提督。山東學政劉權之移家，舟經靜海被盜，下吏議。上以署事未久，且隨扈熱河，寬之。五十三年，侍堯還襲伯爵，加奉堯提督銜。五十四年，卒，諡愼簡。子毓文，乾隆六十年，侍堯督雲、貴與局員通同偸減錢法事發，奪毓秀伯爵，命毓文承襲。

伍彌泰，伍彌氏，蒙古正黃旗人，副將軍三等伯阿喇納子。伍彌泰以雍正二年襲爵。授公中佐領，擢散秩大臣，遷鑲白旗蒙古副都統。乾隆十五年，賜伯號曰誠毅。二十年，授涼州將軍。旋命以將軍銜駐西藏辦事，二十四年，代還，授正藍旗蒙古都統。出爲江寧將軍。二十七年，上以伍彌泰不勝任，召還，仍爲散秩大臣。命協辦伊犂事務。哈薩克越境游牧，師逐之出塞。上以伍彌泰不諳軍務，令隨行學習。二十八年，命往烏魯木齊辦事。

築精河屯堡，上賜名曰綏來。三十一年，代還，署鑲黃蒙古、正白漢軍兩旗都統。授內大臣。三十五年，命往西寧辦事。郭羅克土番劫洞庫爾種人行李，伍彌泰遣兵逐捕，得行李以還。奏聞，上以未痛剿，責伍彌泰怠忽。三十八年，改駐西藏辦事。四十一年，代還，擢理藩院尚書，兼鑲白旗漢軍都統。出爲綏遠城將軍，調西安。四十三年，伊犂將軍伊勒圖請以屯田無眷屬之兵次第撤回，下伍彌泰議。選陝、甘綠營兵三千攜眷屬以往。四十五年，班禪額爾德尼詣京師，命伍彌泰護行，仍還西安。

四十六年，撒拉爾回蘇四十三等爲亂，陷河州。上命伍彌泰選兵千人備徵發。伍彌泰奏提督馬彪已率兵赴河州，擬選滿洲兵千繼往。上以所奏與諭旨合，深嘉之。上命大學士阿桂視師，督軍攻華林山梁，命伍彌泰駐龍尾山爲聲援。回亂旋定，捕得阿渾五。有海潮宗者，嘗出降，彪遣往開諭，遂留從亂。上責伍彌泰等不先奏聞，下吏議奪官，上寬之。

四十八年，授吏部尚書、協辦大學士、鑲白旗蒙古都統，充上書房總諳達。四十九年，上巡江、浙，命留京辦事，授東閣大學士。上以伍彌泰年逾七十，命與大學士嵇璜、蔡新俱日出後入朝，風雪沍寒，免其入直。五十年，預千叟宴。五十一年，卒，贈太子太保，賜祭葬，謚文端。

伍彌泰治事知大體。班禪額爾德尼至京師，王大臣多和南稱弟子。伍彌泰護行，與抗禮。

官保，烏雅氏，滿洲正黃旗人。初授刑部筆帖式，擢堂主事。累遷郎中。乾隆七年，授江南江寧知府。十一年，總督尹繼善奏官保不宜外任，復授刑部員外郎。轉郎中，改御史。擢刑科給事中，巡視臺灣。二十二年，擢鑲黃旗漢軍副都統，往西藏辦事。二十六年，授刑部侍郎。三十年，調工部。三十二年，復往西藏辦事，察知糧務通判吳元澄以庫銀貿易。上以官保初至藏卽察奏，嘉其急公，讞實，論斬。歷正紅旗蒙古、滿洲都統，理藩院，刑、禮、戶諸部尚書。三十四年，協辦大學士。上幸熱河，命留京辦事。三十八年，調吏部。四十一年，以年逾八十乞休，命致仕。卒，賜祭葬，謚文勤。

論曰：廷桂嘗言：「事英主有法。若先有市惠、好名、黨援諸病，上所知，便一事不可行。」其言深中高宗之隱，被眷遇宜矣。侍堯眷遇尤厚，屢坐贓敗，屢屈法貸之。蓋特憐其才，非以其工進獻也。阿爾達、廷璋皆以不謹聞，亦未竟其罪。有恭撫江、浙，治海塘，重水利，有惠於民。其被譴尙非有所私，視侍堯輩故當勝。伍彌泰雖未嘗領疆寄，久於邊徼，恩被延登，在當時亦勞臣也，因附著之。

清史稿卷三百二十四

列傳一百十一

方觀承　富明安　周元理 李湖　李瀚　李世傑

袁守侗 鄭大進　劉峨　陸燿　管幹貞 蔣兆奎　胡季堂

方觀承，字遐穀，安徽桐城人。祖登嶧，官工部主事。父式濟，康熙四十八年進士，官內閣中書。僑居江寧，坐戴名世南山集獄，並戍黑龍江。觀承尚少，寄食淸涼山寺。歲與兄觀永徒步至塞外營養，往來南北，枵腹重趼。數年，祖與父皆沒，益困。然因是具知南北阨塞及民情土俗所宜，厲志勤學，爲平郡王福彭所知。雍正十年，福彭以定邊大將軍率師討準噶爾，奏爲記室。世宗召入對，賜中書銜。師還，授內閣中書。乾隆二年，充軍機處章京。累遷吏部郎中。七年，授直隸淸河道。署總督史貽直奏勘永定河工，上諭之曰：「方觀承不穿鑿而有條理，可與詳酌。」八年，遷按察使。九年，命大學士訥親勘浙江海塘及山東、江南河道，以觀承從。尋擢布政使。十一年，署山東巡撫。十二年，回布政使任。十三年，遷浙江巡撫。十四年，擢直隸總督，兼理河道。十五年，加太子少保。二十年，加太子太保，署陝甘總督。二十一年，回直隸任。

觀承撫山東時，議以安山湖界民承墾升科，奏言：「湖中尚有積水，但二麥布種於水已涸之後，收穫於水未發之先。故雖有水患，民願承墾升科。升科後，官徵民納，例重秋收。秋禾被水，請蠲、請賑、請豁，徒致紛繁。即如南旺湖，亦經臺臣條奏界民承墾。臣從訥親履勘，見卑處水涸，高處如屋如巖，意謂水不能及。臣至山東，方知夏秋間運河及汶水暴漲，賴以分減，運道得保無虞。凡大川所經，衆水所注，其宣洩瀦蓄之區，恆閱數年、數十年，有若閒置，一旦實得其用，未可以目前忘久遠。安山湖亦運河洩水地，應視南旺湖例，夏麥秋禾，分季收租。除去升科名目，應徵、應免，悉從其宜。國利而民亦不病。」又奏：「義倉與社倉同爲積貯，但社倉例惟借種，義倉則借與賑兼行，而尤重在賑。設倉宜在鄉不宜在城，積穀宜在民不宜在官。秋穫告豐，勸導輸納，歲終將穀數奏明，不必開具管收除在。則其數不在官，法可行久。」

撫浙江，海塘引河出中小亹安流，北大亹沙漲成陸。觀承履勘，丈出地三十五萬餘畝，畀民承墾。又以引河既出中小亹，民間失地，以附近村地二萬餘畝撥補。復察各地鹹氣未除，民不能卽耕，令竈戶以未種地交民承佃，使竈戶得租，貧民得地。分疏以聞，上嘉之。

督直隸二十年，治績彰顯。以兼理河道，治水尤著勞勩。直隸五大河，永定河渾流最難治。觀承初上官，卽疏言：「永定河自六工以下，河形高仰，請就舊有北大隄改移下口，庶水行地中，暢下無阻。」上諭以「改移下口不可輕言」。明年春，上臨視永定河隄，御製詩示觀承，大指謂河隄但可培厚，不可加高；略移下口，取易於趨下，亦補偏救弊之策。是夏，永定河南岸三工汙溝奪溜。上以江南河道總督高斌豆瓣集漫口圖示觀承，觀承奏：「豆瓣集爲中河餘水漫溢，故可於水緩處施工。永定河若但堵月隄，溢水無歸路。仍塞漫口，偪溜入引河，復故道。」上韙之。又明年春，疏言：「永定河下口掣溜出冰窖壩口。請卽於坦坡埝尾東北斜穿三角淀，開引河入葉淀，自鳳河轉入大淸河。」廷議以時初過凌汛，慮盛漲挾沙淤淀，令觀承覆奏。奏言：「冰窖壩口掣溜，在上七工尾，低於正河丈二三尺。南距南坦坡，北距北大隄，有漫衍而無衝溢，此地勢之順也。水由壩出，非衝決亦非開放，民情不怨，此人事之順也。凌汛改移，經理有暇，此天時之順也。今日必應改移，不復稍存歧見。至慮盛漲挾沙淤淀，渾水至三十里外，水渙沙停，當無此慮。且臣亦嘗計及，故不使東循龍尾直入鳳河，而引入葉淀，迂其途而廣其地，更可經久無患。」上命尚書舒赫德、河東總督顧琮會勘，如觀承議。自是永定河下口出冰窖。

居二年，復疏言：「永定河下口漸淤。請於北岸六工尾開隄放水，至五道口，導歸沙家淀，仍自鳳河入大清河。」廷議以甫改冰窖下口，何以又請於北岸六工開隄放水，令觀承覆奏。奏言：「冰窖改口後，水勢暢順。上年盛漲，下口十里內淤阻。今請於北岸六工放水，循南埝而行，仍以鳳河爲尾閭，實於現在情形爲便。」自是永定河下口又改自北岸六工入鳳河。旋請以鳳河東隄及韓家埝隸永定河道，又請於下口北埝外更作遙埝，爲勻沙散水之用，並加築鳳河東隄，與遙埝相接。觀承治永定河凡再改下口，相時決機，從之輒利。

河決長垣、東明，命觀承往勘。疏言：「二縣以太行隄爲衞，其地南高北下。河南陽武諸縣水北注，賴此隄捍之。康熙六十年後，屢被衝決。請於隄西開新引河，導水入舊引河東注，卽以所起土別築新隄。」命如所議。觀承疏請治子牙河，自楊家口至閻兒莊，改支河爲正河。復於閻兒莊北循隄濬新引河接黑港舊引河，俱於子牙橋北入正河。疏請治滹沱河，自晉州張岔山口改流，南出寧晉入滏陽河，當順新道。疏請治漳河，自臨漳東南改流趨大名，分支：一出城北，一流入河間。當於河口築壩，斷水南流。疏淤濬河，引水歸故道。皆如議行。又疏濬易州安國河，開渠灌田，賜名曰安河。上以河南巡撫胡寶瑔督民間繕治道路溝洫，令觀承仿行。觀承方令諸州縣以工代賑，修隄埝，濬減河，築疊道，凡三十二州縣。既奉命，奏言：「正定、順德、廣平、大名等地民力易集，近年漳、滏、洺諸水疏通。他處亦先後開工。要使瀝水有歸，農田杜患。」逾年，疏報自大興、宛平東至撫寧，西至易、涿，西南至望都，東南至阜城；復循運河自武清至吳橋，凡二十二州縣，築疊道，開溝渠，諸工皆竟。

直隸北境東自熱河，西至宣化，皆接蒙古界，流民出塞耕蒙古地。永定河改道冰窖之歲，土默特貝子哈木噶巴牙斯呼郎圖議驅民收地。觀承疏言：「貧民無家可歸，即甘受驅逐，而數萬男婦，內地亦難於安置，請簡大臣按治。」上遣侍郎劉綸等往勘，議仍用原定年限，語詳綸傳。是歲，理藩院尚書納延泰議撤多倫諾爾鋪司，毋占蒙古游牧。觀承奏：「多倫諾爾自設鋪司，文移資送郵，解餉得棲止，行旅亦堪投宿，並無礙於游牧。今於南茶棚、上渡、轉山子、水泉子諸地量留屋宇，如或藏匿匪類，責所司究治。」

觀承復請熱河編立煙戶，令有司稽察。附近敖漢、柰曼、翁牛特、土默特諸部，副都統歲周巡。理藩院議商人領票赴恰克圖、庫倫貿易，不得往喀爾喀各旗私與爲市，並禁張家口設肆。觀承疏言：「禁張家口設肆，商人赴恰克圖、庫倫者日少。內地資蒙古馬羊皮革，蒙古亦需內地茶布，有無不能相通，未見其益。請令商人領票赴恰克圖、庫倫，仍許經過喀爾喀各旗相爲交易，但不得久居放債，礙蒙古生計。」御史七十五請於多倫諾爾收稅，觀承奏：「內地茶布自張家口往，毋庸重徵。惟恰克圖、庫倫等地互市，及克什克騰木植，當於多倫諾爾徵稅。」

右衞兵移駐張家口，觀承疏言：「歲支米粟不敷一萬四千餘石。請以宣化、懷來、懷安、蔚、西寧五州縣徵豆改粟米出糶，至張家口糴米，可得八千餘石。又以領催、前鋒、馬兵歲米五之一改折加給，俾兵食有資，而轉輸可省。」兵部議以張家口副將隸察哈爾都統，觀承疏請將邊外七汛隸都統，左衞、懷安仍隸宣化鎭。

漕船自清江至通州，天津爲南北運河樞鍵。二十二年，漕船遲至，上命觀承督民船起剝。觀承於北倉設席囤貯米，令交兌船泊北倉南，起剝船泊北倉北，皆傍東岸。一幫限二里，同時起米不相妨。西岸行空船，計日畢事。疏請發庫帑給脚價，明歲新漕歸款。二十四年，上以北運河水淺，截先到漕艘留米四十萬石貯北倉。觀承疏言：「前幫截留，後幫繼進，爲日無多。請以剝爲截，令先到各幫每船剝若干，使得輕便，餘米仍抵通州交兌。應截五六百船全米，勻爲千船半米。俟河水漲發，繼進之船，浮送無阻。」諭獎其妥協。上以各省錢貴，用山東布政使李渭議，禁富民積錢，家限五十串。觀承奏：「富民積錢，勢不能按戶而察之。與其限所積不能稽所入，請令交易在三十兩以下者許用錢，過是卽用銀，違者收以官價。富民積錢，諭令易銀，違者以十之二入官。至尋常出入，應各從其便。」上問：「成效若何？」觀承言：「富戶錢漸出，市值亦平減。」廷議各省糶米，商人往往藉口昂值，下觀承覈議。觀承疏：「請需米省分具款交產米省分，令有司代購。則牙儈不敢抗地方官教令，操縱自如。」疏並下部議行。

觀承督陝、甘，董理儲糈，送駝馬，運糧茶，上敕以妥速爲要。方冬，疏言哈密至巴里坤大坂積雪，遣兵剷除，請日加麪四兩。在陝、甘四閱月，卽返直隸。觀承蒞政精密，畿輔事繁重，乘輿歲臨幸，往來供張。值西征師行，具營幕芻糧，未嘗少乏，軍興而於民無擾。尤勤於民事，嘗請以永定河淤灘，隄內外留十丈，備栽柳取土，餘畀守隄貧民領耕輸租。又請以永定河葦地改藝秋禾，又以麥田牧羊，奏請申禁。又舉木棉事十六則，爲圖說以進，上爲題詩。溝渠疊道工竟，又請將欒城、柏鄉、內丘、定興、安肅、望都諸縣改築甎城。涿州拒馬河橋圮，令改建石橋。又重建衡水縣西橋，請賜名安濟。政無鉅細，皆殫心力赴之。

二十八年，上命勘天津等處積水，責觀承玩誤，下部議奪官，命寬之。御史吉夢熊、朱續經交章劾觀承，上諭曰：「觀承在直久，存息事寧人之見。前以天津等處積水未消，予以懲儆，而言者動以爲歸過之地。直隸事務殷繁，又值災歉，措置不無竭蹶。言易行難，持論者易地以處，恐未必能如觀承之勉力支持也。」三十年，上南巡，賜詩。三十三年，病瘧，遣醫診視。八月，卒，賜祭葬，謚恪敏。御製懷舊詩，入五督臣中。子維甸，自有傳。

富明安，富察氏，滿洲鑲紅旗人。初授筆帖式。累遷戶部郎中。乾隆十一年，授廣東惠潮嘉道，歷廣東高廉、糧驛，廣西蒼梧諸道，福建、廣西按察使。二十六年，遷江西布政使。請以南昌同知、通判二員定一員爲滿缺，專司繙譯清文。上以江西無駐防滿洲兵，不允。二十八年，命往巴里坤辦事。三十二年，廣東巡撫明山劾富明安官糧驛道浮收倉米，奪官，逮京師鞫治。事白，復官。命署山西布政使。三十三年，護巡撫。劾雁平道時廷靄縱僕擾民，坐奪官。

擢山東巡撫。疏言：「高密百脈湖受五龍河、膠河諸水，夏秋常苦泛溢。請濬引河，引膠河北入膠、萊運河，涸出新地得四百餘頃。」上嘉之。太僕寺少卿范宜賓奏請裁減東省閉壩後驛夫工食，富明安疏言：「水驛夫役終歲在驛，閉壩多在十一月，開壩有早至正月者，中間相距兩月餘，而銅、鉛諸船守凍，尙須守護。節省無多，窒礙轉甚，非政體所宜。」從之。

三十五年，疏言：「小清河行章丘、鄒平、長山、新城、高苑、博興、樂安七縣六百餘里。源出章丘，東至新城、高苑間分支，北爲支脉溝；又東至博興分支，南爲豫備河。至樂安入淄水歸海。比年湖泊淤塞，春夏水漲，民田常被其害。現就樂安境內挑淤培隄，並疏濬南、北支渠，使支幹通流，建瓴而下。博興、樂安可復膏腴。章丘、鄒平、長山、新城、高苑諸縣附近湖泊涸出，有益於民。民咸願出力興工，毋庸動帑。」諭曰：「有利於民，事在應爲，但不可滋弊耳。」

三十六年，又奏：「濟寧西北當運河西岸，受上游曹州境內諸水。以運河勢高，不能洩水入運，遂至間段停積。飭濬舊有五渠，使南匯昭陽湖，並同時修治沂水、涑水、墨河、響水諸渠二十餘處，及運河東岸徒駭、馬頰諸河，洩漲水入海。」上以「知勤民之本」嘉之。三十八年，授閩浙總督，調湖廣。三十九年，京山民嚴金龍父子爲亂，捕得置諸法。卒，贈太子太保，謚恭恪。

周元理，字秉中，浙江仁和人。乾隆三年舉人。十一年，以知縣揀發直隸，補蠡縣。調清苑。以總督方觀承薦，擢廣東萬州知州，改霸州。以修城未竣，留清苑。會有部胥持僞劄馳傳者，察其奸，詰問具服，事上聞，上才之。調易州，擢宣化知府。母憂歸。上屢出巡幸，畿輔當其衝，宮館、驛傳、車馬、芻牧諸役，主辦非其人，往往爲民厲，奏起元理董其事。服闋，補廣平，調天津，又調保定。擢清河道，遷按察使，再遷布政使。三十六年，命從尙書裘曰修、總督楊廷璋勘靑縣、滄州減河。用元理議，請撤閘改用滾水壩，並定每歲測量疏濬，從之。旋授山東巡撫。奏：「小淸河發源章丘長白山，至樂安溜河門入海。章丘至博興，有滸山、淸河諸泊爲納水之區。請先將二泊濬深開廣，遇水發時，有所停蓄，然後聽其入河分注歸海。並於每年農隙，疏濬下游各河。」未半載，擢直隸總督。

三十七年，疏言：「直隸雨多河漲，行潦無歸，行旅多滯。民間隄埝衝決，田廬受患。請用以工作賑例，勘修衝途諸州縣疊道，並濬良鄉茨尾雅河，新城、雄縣盧僧河；修新城、清河、雄、任丘、獻諸縣隄埝。」上遣尚書裘曰修按行直隸河工，元理與合疏言：「直隸諸水，千支萬派。總由三汊河爲入海之道，全資西岸疊道，置橋穿運，而東匯入海河。出口西岸舊有橋十一，今擬添建橋九，俾無壅遏，上游不至受害。格淀隄自當城以下改爲疊道，酌添涵洞，使行水暢順。子牙河下游澄清，不使清河受淤。」詔如所請。雄縣民訴知縣胡錫瑛私鬻倉穀，上遣曰修及侍郎英廉按治得實，論罪。上諭曰：「直隸治賑，周元理奏言有司料理妥實。今有雄縣事，所稱妥實者安在？」下吏議，奪官，命留任。三十八年，加太子少保。

三十九年八月，山東壽張民王倫爲亂，破壽張、堂邑、陽穀，犯東昌及臨清，奪糧艘爲浮橋，欲渡運河。上以畿南地相接，敕守要害。元理馳至故城，令布政使楊景素、總兵萬朝興、副將瑪爾清阿以兵千二百駐臨清西岸遏其衝。大學士舒赫德率禁旅討賊，賊渡西岸犯我師，瑪爾清阿擊敗之。賊潰復合，又爲我師所敗，進奪浮橋。賊退保臨清舊城，元理令朝興督兵助攻，倫自焚死，亂旋定。尋與侍郎兼順天府尹蔣賜棨勘八旗在官荒地，請招佃承墾，八年後起租；沮洳庳下之區，並爲開溝洩水：下部議行。四十年，元理年七十，召至京，御書牓賜之。四十一年，與學政羅源漢請熱河增建學校。四十三年，上命改熱河爲承德府，令元理籌畫。疏請改設州一縣五，增置官吏如制。並請開附近潘家口汛煤窰。四十四年，坐井陘知縣周尙親勒派累民，民上訴，元理請罪民。上命尙書福隆安按治，責元理袒護，奪官，予三品銜，令修正定隆興寺自贖。尋授左副都御史，仍署直隸總督。四十五年，遷兵部左侍郎，擢工部尙書。四十六年，引疾歸。四十七年，卒。令江蘇布政使致祭。

元理爲治舉大體，泛愛兼容。時以有長者行重之，爲方觀承所識拔。時同入薦剡者曰李湖，亦有名。

湖，字又川，江西南昌人。乾隆四年進士。初授山東武城知縣，調郯城。累遷直隸通永道，調淸河道。遷直隸按察使，再遷江蘇布政使。三十六年，擢貴州巡撫，三十七年，調雲南。四十年，總督彰寶以貪婪得罪，責湖隱忍緘默不先劾奏，奪官，予布政使銜，往四川軍營會辦軍需奏銷。四十三年，授湖南巡撫，四十五年，調廣東。湖敏於當官，在貴州規畫鉛運，在雲南釐剔銅政，均如議行。所至以淸嚴爲政。其蒞廣東，以廣東夙多盜，番禺沙灣、茭塘近海爲盜藪，密詗姓名、居址及出入徑途，知羣盜以七月望歸設祀，飭文武吏圍捕。旬日間誅爲首者二百有奇，而釋其脅從，盜風以息。旋條奏申明員弁，責成編船移汛，設施甚備，令行法立，民咸頌之。卒，贈尙書銜，謚恭毅，祀賢良祠。

李瀚，字文瀾，漢軍鑲黃旗人。少孤，母苦節食貧，撫以成立。瀚選入咸安宮肄業。雍正十年舉人，充景山官學教習。乾隆十三年，授山東榮城知縣。二十三年，遷膠州知州。在官八年，民頌其惠，築隄曰李隄，立石紀焉。三十一年，擢武定知府。大水，乘小舟勘賑，幾溺，卒竟其事。徒駭河久塞，請發帑濬治，自是連歲無水患。三十四年，擢兗沂曹道。覈防河諸費，歲節以萬計，而隄益堅。三十六年，擢江西布政使。奏請停編審，上諭曰：「丁銀既攤入地糧，滋生人丁，遵康熙五十二年聖祖恩旨，永不加賦。各省民穀細數，督撫年終奏報。五年編審，不過沿襲虛文，應永行停止。」護巡撫。戶部用湖南布政使吳虎炳議，禁小錢，並及古錢。瀚奏：「收買小錢二千四百餘斤，古錢僅四十餘斤，前代流傳，銷磨殆盡。應援兩江總督高晉奏准例，聽民間行使。如有私鑄古錢，仍與小錢一例查禁。」從之。又奏言：「時憲書按省刊載太陽出入、晝夜、節氣時刻。今江南分江蘇、安徽，湖廣分湖北、湖南，陝西分甘肅，請添註省名，分晰開載。」如所請行。四十年，授雲南巡撫。行至貴州，道卒。

李世傑，字漢三，貴州黔西人。少倜儻，喜騎射。年二十餘，折節改行。乾隆九年，入貲為江蘇常熟黃泗浦巡檢。知縣李永書引與同堂聽訟，縣人稱其平。總督尹繼善、巡撫莊有恭薦卓異，遷金匱主簿。有恭檄充巡捕官，為入貲以知縣留江蘇。二十二年，除泰州知州。始至，訟未結者四百餘案，晝夜據案視事，不五月報結。巡撫陳宏謀荐堪勝知府。二十七年，擢鎮江知府。上命裁京口駐防漢軍，世傑捐廉集貲，人予餉三月、衣一襲，裁者三千人，皆分畀職役。三十年，擢安徽寧池太廣道。丁父憂，服闋，三十六年，授四川鹽驛道。未幾，擢按察使。

師征金川，總督桂林檄世傑駐打箭爐，督約咱路軍需。木果木之敗，副將軍阿桂全師暫退，軍中餉銀數萬巨錠，募運還，無應者。世傑令曰：「委于賊，寧散于民！」從軍貿易者數萬人，爭取立盡。世傑督隊護其後，密檄關吏，見持餉銀入口者皆令還官，鋌酬以給銀五兩，帑獲全。師復進，鑄礮缺炭，檄世傑營辦。世傑令伐樹剳木城卡衞，掘地爲大窖數十，復伐樹而薪焉。不旬月，炭足供鑄。守禦僧格宗發敵伏，俘十六人以還。阿桂以聞，賜孔雀翎。四十年，擢湖北布政使，仍留軍督餉。四十二年，金川平，乃上官。四十四年，擢廣西巡撫。丁母憂。四十六年，命署湖南巡撫，服闋眞除。四十七年，調河南。大學士阿桂督塞青龍岡決口，疏引河，上命占用民田當安頓調濟。世傑尋奏請以北岸涸出地畝，劃給南岸占用民田。四十八年，奏引河新築南隄，捐廉種柳，別疏釐定防護新河將吏官制。

遷四川總督。四川自軍興後，徵調賦斂無藝，倉庫如洗。世傑潔己率屬，休養生息，俾漸復舊觀，上嘗舉世傑功風厲諸省。世傑疏劾酉陽知州吳申，州民入湖廣界爲盜，不即捕治。上諭曰：「四川盜匪，前此大加懲創，地方安靜，乃復有焚殺搶劫之事，皆世傑因循玩愒所釀成。」傳旨申飭。甘肅回復亂，世傑奏遣川北總兵富祿率兵赴援，建昌總兵魁麟防昭化、廣元。上以回亂漸定，諭世傑鎭靜。

五十年，世傑年七十，入覲，與千叟宴。州縣捕金川逃兵不力，例奪官，仍留任，准調不准升。世傑奏請准令捐復，上嚴斥之，下吏議。旋又允陝西巡撫何裕城請，命世傑免議。湖廣饑，告糴於四川，世傑請以近水次諸州縣常平倉穀碾米三十萬石。既，浙江亦告糴，世傑以浙江視湖廣遠，運米濟賑，緩且不及；又請以備應湖廣糴米，撥十萬石先濟浙江。上嘉世傑得封疆大臣體，命議敍。

五十一年，調江南總督。世傑遘疾，乞解任，上不許。秋大雨，河決司家莊。偕安徽巡撫書麟、河道總督李奉翰籌工費，請開捐例。上諭之曰：「戶部庫銀尚存七千餘萬，帑藏充盈，足敷供億。世傑何必爲此鰓鰓言利之舉？捐納未嘗無人才，而庸流因之並進博膴仕。一二年後，得廉俸過於所出，國家並無實際，銓政官方，兩無裨益。此奏不可行。」尋復命大學士阿桂涖工，及冬，工乃竟。五十二年，狼山鎭陳杰疏言各營火藥短少，上命察覈。世傑奏：「鎭屬鹽城等五營硝磺缺額，磺產山西，例二年一次採運。近因運使歲需烟盒，磺銀催解不前，不能如例，以致支絀。」上諭曰：「硝磺軍火要需，向俱採辦足額。以兩江而論，安徽據奏足額，何獨江蘇短缺？兩淮年例，歲不過烟盒七架、大小爆竹一萬，所需能幾？有司採運遲延，以此卸罪。世傑以此率涉支飾，令兩淮鹽政徵瑞會同料理。」世傑尋劾江寧布政使袁鑒於各屬磺價尚未解齊，誤將運使烟盒價牽敍，下吏議。又以河督題報葦蕩營新淤灘地產柴數與案不符，責世傑未察覈；世傑復偕徵瑞奏言硝磺缺額，由採運稽遲，請將歷任布政使議處。上諭曰：「世傑等本當治罪，但以事涉上供，從寬降鑒江寧知府，停世傑養廉三年。」并罷兩淮例進烟盒、爆竹。

復調四川總督。五十三年，巴勒布夷爲亂，據西藏屬聶拉木、濟嚨。上命世傑撥駐防綠營及明正、巴塘、裏塘、德爾革爾諸土司兵赴西藏；而世傑得駐藏大臣慶林牒，已發駐防綠營兵及屯練降番合三千人，令提督成德等率以行。奏入，上命毋發明正、巴塘、裏塘、德爾革爾諸土司兵。世傑奏：「奉諭已令諸土司發兵，諸土司近尚安靜。既調復停，恐番性生疑，仍令備調。」上嘉世傑相機妥辦，不拘泥遵旨，解御佩大小荷包賜之。世傑又奏發米萬三千三百石運西藏，足敷兵食。上褒世傑盡心，命移駐打箭爐。迭疏報成都將軍鄂輝率兵千二百入藏，副將那蘇圖率屯練五百駐打箭爐。尋以巴勒布夷遠遁，諭世傑還成都。五十四年，秋審，四川原定緩決、刑部改情實者凡七案。上責世傑寬縱，以其老，且平日治事覈實，免議。世傑薦川北道明安，引見，上以其年衰，改主事，世傑下吏議。世傑以病請解任，上令侍衞慶成偕醫診視，賜人葠，並令自審病輕則來京，重則回籍。五十五年三月，入覲，授兵部尚書，賜紫禁城乘肩輿。江蘇句容吏侵蝕錢糧漕米，上責世傑在兩江未覺察，命以原品休致回籍。五十九年，卒，年七十九，賜祭葬，謚恭勤。

世傑仕而後學，摘發鈎距，必得要領。上每言其不通文理，然屢褒其能事，禮遇優厚。世傑長子漳州知府華國早卒，上降詔慰勉。其孫舉人再瀛，會試未中式，令一體殿試，授禮部主事。及世傑入爲尚書，再瀛病卒，召其次子知州華封授員外郎，俾奉侍。華封官至兩廣鹽運使。

袁守侗，字執沖，山東長山人。乾隆九年舉人，入貲授內閣中書，充軍機處章京。遷侍讀。再遷吏部郎中。考選江西道御史，授浙江鹽驛道。二十八年，遷廣西按察使。奏言：「煙瘴充軍人皆凶悍，請分撥泗城、鎭安、寧明、東蘭諸地；解役疏脫斬絞重囚，短解問徒，長解問流；各署書役貼寫幫差，濫收滋弊，請量定多寡，分别汰留。」又言：「卓異官，藩、臬、道、府甫到任未三月，停止出結。」部議均從之。三十四年，丁父憂，服闋，命以三品京堂仍充軍機章京，補太僕寺卿。遷吏部侍郎，調刑部。命如雲南按布政使錢度貪婪狀，論如律。三十八年，兼署禮部，命在軍機大臣上學習行走，兼管順天府尹。復命如雲南按保山知縣王錫供給總督彰寶虧空兵糧，論如律。調吏部。又命如貴州按總督圖思德劾鎭遠知府蘇壿貪婪狀，罪至死。暫署貴州巡撫。又如四川按松岡站員冀谷勳侵蝕軍米，論如律。四十一年，遷戶部尙書。復命如四川按富德濫用犒軍銀，卽監詣京師，賜黑狐端罩。

四十二年，調刑部。命如甘肅勘驗捐收監糧。復命偕兩江總督高晉籌堵儀封漫口。四十四年，奏言遵兜袖法築兩壩，以期迴溜分入引河。又與高晉會奏引河頭去口門稍遠，開引溝三百餘丈，直達引河，繪圖奏聞。上以所擬引河向南，恐紆迴不能得勢，於圖內硃筆標識，令向北改直。尋奏壩工蟄陷，兩壩鑲築兜收。遵諭將引河頭西首淤灘切去，俾溝口向西北，開寬，引溜下注。是年四月，授河東河道總督。調直隸總督。四十五年，疏請修築北運河筐兒港減水石壩。四十六年，甘肅監糧舞弊成大獄，上以守侗勘驗不實，下吏議，奪官，命留任。丁母憂，去官。

四十七年，諭勘浚伊家河，疏山東積水。守侗詣勘，奏請自善橋以北抵楊家樓，長七千餘丈，展寬浚深，堵築缺口，拆改礙水橋座，諭速行辦理。尋復授直隸總督。四十八年，卒，贈太子太保，賜祭葬，謚淸慤。

鄭大進，字退谷，廣東揭陽人。乾隆元年進士。授直隸肥鄉知縣。累遷山東濟東道。二十九年，山東淫雨，高唐、茌平諸縣水漲阻道。大進相度宣洩，水不爲患。巡撫崔應階薦其能，遷兩淮鹽運使。三十六年，丁父憂，去官。服除，上召至熱河，命署浙江按察使。尋授湖南按察使。四十年，遷貴州布政使。四十三年，授河南巡撫。四十四年，調湖北。旋署湖廣總督。奏：「安陸、荆州二府濱臨江、漢，以堤爲衞。今夏漲發，鍾祥、潛江、荆門、江陵隄決，已一律修復，惟潛江長一垸地窪沙積，築隄難固，應擇地勢較高處築月隄。鍾祥、永興、保安諸垸地當衝，亦應築月隄，俾水發江寬，不致出險。又有劉家巷隄應併修築。」四十五年，奏：「武昌濱江上游，諸水匯流，繞城而東。江漲衝刷，隄根虛懸。現修武昌城旱，請併修隄，毋使水齧城。」均從之。又奏言：「湖廣邪教爲害，總督班第奏請枷責發落，俾免株連。牧令遂視爲自理詞訟，率不通詳。請自今以後，據實呈院司覈辦，諱匿徇縱者劾之。」上韙其言。

四十六年，授直隸總督。命勘永定河工。奏言：「六工以下河身內舊有民居，乾隆十五年給價遷移。又以下口改流，奏令暫回繳原給房價，減糧田畝，依舊徵收。今勘南、北兩岸，自頭工至六工，邨落已盡遷移。六工以下，水勢遷徙靡常，累將北埝改築展寬。南、北兩堤遙隔五十餘里，其中居民五十餘村，水漲以船爲家，應令遷移。永淸柳坨諸村、東安孫家坨諸村旗、民二百八戶，已勘定地址，令陸續移居。河身較遠之村，仍准暫住。禁築壩修房，以杜占居。」報聞。四十七年二月，賜孔雀翎、黃馬褂。五月，奏保定九龍河經淸苑、安州至任丘入淀，年久積淤。請舊有望都鄕閘、殷家營、高嶺村三閘外，於望都樊村建石閘一，清苑冉村、鄧村、營頭建石閘三。並修整諸舊閘，開濬安州、新安、任丘諸縣河。皆稱旨，加太子少傅。卒，賜祭葬，謚勤恪。

劉峨，字先資，山東單縣人。入貲授知縣。乾隆二十三年，選直隸曲陽知縣。調宛平。盧溝橋有逆旅，多陰戕過客沒其財，峨發其奸。西山煤礦多藏匿亡命，峨散其黨與，先後捕治置諸法。三遷通永道，以母憂歸。起天津道，仍調通永道，以父憂歸。未一年，上命署清河道，服闋眞除。四十五年，遷湖北按察使。石首有寡婦，兄公謀其產，誣之，死於獄。峨治官書發其枉，逮其兄公至，親鞫，論如律。四十六年，遷安徽布政使，調山西。四十八年，擢廣西巡撫。甫兩月，遷直隸總督。輔國公弘晸遣僕至靜海冒佔入官地，事聞，上諭峨：「遇王公以下私遣人干有司，無問是非曲直，卽據實奏聞。」長蘆鹽政徵瑞奏漕艘至楊村，以民船剝運，鹽運遲誤。上謂非特鹽運遲誤，且恐商貨壅滯，令峨赴天津與徵瑞議民船編號輪雇，照例發價，並定赴通回空限期，下部議行。分疏劾中倉監督趙元揩嗾毆民至死，三河知縣王治岐挪用旗租，並論如律。謁避暑山莊祝嘏，賜孔雀翎、黃馬褂。南宮民魏玉凱訴縣人李存仁習邪教，上遣侍郞姜晟會鞫。存仁坐誅，玉凱妄及無辜，論戍。四十九年，上遣尚書金簡會勘盧溝橋下游沙淤，請於中泓五孔抽溝三道。上以抽溝水緩，命中泓五孔全行疏濬。徵瑞請捐銀三十萬造剝船濟運，上以直隸木材少，命湖廣、江西二省分造。峨奏言：「北倉存漕四十餘萬，俟新造剝船到齊，先行運通。」上許之。

五十一年七月，廣平民段文經、元城民徐克展爲亂，夜入大名，戕大名道熊恩紱。峨奏聞，卽督兵馳往捕治，得從亂者王國柱等，自列向習八卦敎，及文經、克展蓄謀爲亂狀。上令峨捕文經、克展，久之未獲，累降旨詰責。十月，河南巡撫畢沅奏於亳州獲克展，檻送京師，而文經終未能得。五十二年，命停峨本年廉俸。山東學政劉權之迎眷屬赴官，途遇盜，峨坐奪官，命留任。

五十三年，命偕山東巡撫長麟等勘議糧艘在德州剝運。五十五年，巡城御史穆克登額等獲建昌盜，自列嘗劫建昌錢鋪，有同爲盜者，繫清苑獄二年未決。上責峨廢弛，遣侍衞慶成逮清苑知縣米復松詣京師，下刑部論罪；奪峨孔雀翎、黃馬褂，降調兵部侍郎。未幾，擢尚書。五十六年，命如河南按虞城民訴縣役事，又如江西按廣豐武弁包漕、崇義民發冢棄骸事，並訊明，論如律。峨至崇義，入深山中勘冢地，江西民稱之。五十七年，從上幸熱河，賜還孔雀翎、黃馬褂。六十年，以疾乞解任，加太子少保，原品休致。卒，賜祭葬，謚恪簡。

陸燿，字青來，江南吳江人。乾隆十七年舉人。十九年，考授內閣中書，充軍機處章京。奉職勤慎，有急務立辦，大學士傅恆深器之。上出巡幸，俱令扈從。累遷戶部郎中。三十五年，出爲雲南大理知府，以親老請改補近省，調山東登州府。三十六年，調濟南府。上書巡撫徐績，請留南漕廣積貯。三十七年，授甘肅西寧道。燿乞績代奏，乞假送母居京師，上命改授運河道。上書河道總督姚立德，言：「兗州、泰安二府泉四百七十八，當濬渠導泉，俾由高趨下，其流不絕。」又言：「運河例歲冬閉壩，春挑濬，天寒晷短，民役俱憊。宜修復南旺、濟寧、臨清月河，並於彭口南岸亦開月河。歲九、十月漕艘商船皆從此行，以其時疏濬運河。」皆用其議。又請修河渠志，成運河備考。

三十九年，壽張民王倫爲亂，去濟寧二百里，有欲閉城者，燿不可，曰：「寇未至閉城，示之怯也。且何忍拒吾民使散逸被賊害且脅誘耶？」乃募鄉兵助守，坐城闉任稽察，事旋定。四十年，擢按察使，燿議以流犯罪輕，請免其解司；四十三年，擢布政使，燿議流外壅積，請停分發：皆從之。燿母老，病狂疾，奏乞解任終養，上許之。四十六年，丁母憂。運河築隄，上以燿習河務，命往山東會運河道沈啓震董其役。四十八年，命署布政使，服闋眞除。

四十九年，擢湖南巡撫。湖南鹽商例有餽，峻卻之，命平鹽價如其數。疏請增嶽麓、城南二書院膏火，又疏請申親老告養例，請敕各督撫不論現任、試用，通飭呈明終養。又奏：「湖南社倉前巡撫劉墉令湘陰等四十五州縣勸捐，得穀十二萬；勸限嚴催，僅耒陽等十五州縣交齊，餘未足數者十七縣，全未交者十三縣。如湘陰、巴陵、武陵諸縣濱臨江湖，地多磽瘠；桂陽、瀘溪、辰谿諸縣介在山僻，民鮮蓋藏；若執前捐數目，責令全完，民間未霑借貸之益，轉受追呼之擾。請凡現在未收者停止催繳。」上允其奏。燿以病請解任。旋卒。

燿自幼立志以古人自期，學兼體用。居官廉儉。入覲，門吏留裝物索貲；燿乃置衣被城外而假於友，覲已還之。初至長沙，總督特昇額以閱兵至，見燿方午食，惟菽乳蔬茹，訝之。燿曰：「天不雨，方齋，故所食止此。」特昇額怒其奴曰：「吾館舍酒肉臭，何不以祈雨告？」還館舍，命悉撤去。

管幹貞，字松崖，江南陽湖人。乾隆三十一年進士，改庶吉士，授編修。考選貴州道御史。巡視西城，訟牒皆親判；周行郊內外，捕治諸不法者。先後命巡漕天津、瓜、儀，凡十二年。累遷至光祿寺卿。幹貞以漕船回空，多守凍打冰，令先通下游，免上游冰下注，益增堅厚，後遂守其法。疏言：「運河以諸湖爲水櫃，誠使節節疏通，雖遇旱潦，可以節宣。否則雨少無籌濟之方，雨多無容水之地。至引黃入運，係一時權宜。苟疏濬得宜，黃河全力下注，運河自不致停沙。」又奏請治駱馬湖，使運河水有所蓄洩，並得旨議行。遷內閣學士。五十三年，擢工部侍郎。

五十四年，授漕運總督。糧艘至天津楊村，每以水淺須起撥，運丁不能給舟值，例由長蘆鹽運使以鬻鹽錢貸運丁，借直隸藩庫銀歸款，運丁分年繳納。其後議停，運丁多不便，幹貞請如舊例。又疏陳江西軍丁疲敝，請籌欵增補，行、月二糧折價；借官銀代償積逋，令分年輸納；寬限清釐屯田，俾藉以調劑。並從之。五十五年，賜孔雀翎、黃馬褂。疏言：「漕艘百餘幫，役夫數萬人，最易藏奸生事。上年新漕，飭嚴立規條，行必按伍，止則支更。親行督察，乃知別有奸人隨運潛行。督飭捕治數十人，交州縣確擬嚴懲。」得旨嘉獎。五十八年，疏言：「蘇州太倉押運官，例抵淮後改委赴通。中途分更，互相推諉。請自水次抵通，始終其事，庶官有專司。」又請河南豁免緩徵，停運減存船隻，就近赴山東受雇撥運。又請各幫水手短缺，責成頭舵工丁以素識誠實之人充補，免聚衆竊盜諸累。皆報可。各省開兌，多至春初，又在在逗遛，遇水淺或河溢，有在河北度歲者。幹貞嚴飭弁丁修艌受兌，復冬兌春開舊制。糧艘起運，每策馬督催，風雨不避。或不歸所乘舟，支帳露宿。儆弁出力，必親慰勞。運丁舟人不用命，立予懲罰。當時或苦其苛急，及回空省費，無絲毫派累，咸大悅服。高宗嘗召見褒其能，謂可亞楊錫紱。五十九年，以疾乞假，命兩江總督書麟攝其事。疾愈，任事如故。

幹貞成進士時，禮部改「貞」爲「珍」，六十年，命仍原名。嘉慶元年，戶部議江、浙白糧全運京倉，以羨米爲耗，浙江運丁如議交運。幹貞以江南餘米較少，執議不行，交部嚴議，奪官。三年，卒。子適羣，官浙江巡撫。

蔣兆奎，字聚五，陝西渭南人。自副貢生補甘肅張掖縣教諭。乾隆三十一年，成進士。三十三年，教諭俸滿，授四川合江知縣。調灌縣，丁憂。師征小金川，攻熱耳，總督富勒渾奏留兆奎從軍，駐達烏圍治餉。旣破熱耳，移餉往。俄，大金川助亂，兆奎知熱耳不足守，復移糧達烏圍。已而，他所糧悉被焚。將軍阿桂才兆奎，使駐日隆治餉，兼司令礮局。旋調署華陽，加知州銜。四川盜號嘓嚕子，擾尤溪。兆奎捕得盜渠，獲首犯。服闋，遷山西澤州同知。擢太原知府。以巡撫農起薦，擢河東鹽運使。五十四年，遷按察使，仍兼理鹽務。尋遷甘肅布政使。五十六年，高宗八旬萬壽，兆奎入祝嘏。時河東商困，兆奎議改鹽課歸地丁，上命如山西同巡撫馮光熊勘議。旋議山西、陝西、河南三省應納正雜課四十八萬餘兩，均入三省行鹽完課納稅百七十一廳州縣地丁，兩加九分有奇，下部議行。五十七年，上以河東鹽價減，銷暢，兩三月內，發販鹽數倍於往年，商民交便。褒兆奎始終承辦，收效甚速，賜孔雀翎。

旋授山西巡撫。五十九年，迎蹕，賜黃馬褂。六十年，以山西錢賤，請停寶晉局鑄錢，從之。嘉慶元年，詔與千叟宴。尋命冊詣京師，仍加恩賚。奏劾汾州知府張力行挾訟事婪索，冀寧道鄧希曾等廻護同官。奪力行官，命兆奎按鞫。又發力行侵帑狀，坐斬。二年，以病乞解任，歸。

四年，高宗崩，兆奎入臨，即授漕運總督。固辭，不許。旋奏言：「整頓漕運，要在卹丁。今陋規盡革，旗丁自可節費；而生齒日繁，諸物昂貴，旗丁應得之項，實不敷用，急須調劑。前讀上諭：『有漕州縣，無不浮收，江、浙尤甚，每石加至七八斗。』歷來交納，視爲固然。今若劃出一斗津貼旗丁，餘悉革除。所出有限，所省已多。不特千萬旗丁藉資濟運，卽交糧億萬花戶皆沾恩無窮。」疏入，上嫌事近加賦，飭與有漕省分各督撫另議調劑。兆奎疏言：「各督撫所議調劑，有名無實。兩江費淳所奏，不敷運費；江蘇擬四升七合，安徽擬二升，焉能有濟？」因力請罷斥。上責兆奎粗率，並諭：「加賦斷不可行。此外如何設策善後，令再覈議。」兆奎奏請：「每船借給銀百兩，於各糧道庫支領，分三年，以旗丁應領之項扣還。山東、河南兩省路途較近，減借五十兩；有漕各省本有輕齎，原應徵米，斗折銀五分。請仍徵本色，按照旗丁米數，分給白糧。無輕齎，請通融勻給。」上以「所擬損民益丁，巧避加賦之名，仍存加賦之實」，遣侍郎鐵保會淳詳察。兆奎又奏：「旗丁運費本有應得之項，惟定在數十百年之前。今物價數倍，費用不敷。近年旗丁尚可支持者，以州縣浮收，向索兌費，並折收行月等米，以之貼補一切經費。今革除漕弊，浮費可省，兌費不能減。臣才識短淺，惟恐貽誤，求上別簡賢員，原從小心敬畏而來，不敢氣質用事。」上即命鐵保代兆奎，召授工部侍郎。

尋授山東巡撫。御前侍衞明安泰山進香，還京師，奏山東有司私餽銀八百，並及途中營汛墩房坍塌。上以詰兆奎，兆奎復奏辯，且稱老病，求去。上怒其忿激，念廉名素著，降三品卿銜休致。七年，卒。

胡季堂，河南光山人，侍郎煦子。初以廕生授順天府通判，改刑部員外郎，遷郎中。出爲甘肅慶陽知府，再遷甘肅按察使，調江蘇。江蘇按察使移駐蘇州，而獄猶在江寧，季堂請更置，報可。乾隆三十九年，擢刑部侍郎，四十四年，遷尚書。季堂屢奉使諸省讞獄，直隸、吉林、江蘇皆一至，山東四至，河南再至。察得唆訟者嚴治之；有誣訴，論如律，不稍貸。初使河南按商丘獄，上諭之曰：「季堂河南人，按本省事尤當秉公持正。勿以事涉大吏，慮將來報復，稍爲瞻顧。」商丘民湯秉五迫孀婦劉爲妻，劉絕食死。其獄已題旌，劉父猶陳訴，並及順刀神拳會民事，察得唆訟者罪之。使山東按平度獄，州民羅有良與人鬭，誤蹴其母死。萊州知府徐大榕原勘無誤，乃坐是奪官，當平反，得旨嘉獎。再使山東，暫署巡撫。山東災，請截本省漕米治賑。還京師，加太子少保，再兼署兵部尚書。

嘉慶三年，授直隸總督，賜孔雀翎。四年，仁宗親政，季堂疏發和珅罪狀。尋請以籍沒其僕呼什圖米麥萬餘石，分借文安、大城被水村民。長新店盜發，上責季堂廢弛，削太子太保，奪孔雀翎。下吏部議，奪官，去頂帶留任。河南內黃知縣陶象柄獲長新店首盜，季堂奏聞。上嘉季堂不邀功，還頂帶；又獲從犯，還孔雀翎。是時川、楚、陝教匪爲亂，五年，季堂奏：「教匪稽誅，臣聞經略額勒登保、參贊德楞泰等由川而楚而陝而甘，數千百里窮追，接戰輒勝。是教匪所恃，不在勢衆而在得間能逃也。川、楚、陝連界，崇山峻嶺，斷澗深溝，在在險阻。教匪竄匿其間，刼掠而食，不煩裹糧；迫民前驅，不煩招集。官兵至，輒翻山越澗而逃。官兵必先運糧，又須探路，諸費周章。卽道路可通，餱糧可繼，而日夜追躡奔走，其勢必疲。是教匪逸而兵勞也。臣愚以爲當先嚴守要隘，俾教匪無路可奔；乃宣上德意，散其脅從，然後臨之以兵，分道進剿。教匪途窮食盡，計日可平。聞陝省有團練鄉勇，或一二村，或數村，聯合築堡爲聲援。川、楚可推而行之，令各守本境，俾自護其田廬婦子。則教匪雖多，驟難肆擾。官兵剿撫兼施，無顧此失彼之慮。」上諭曰：「所論極是。總之能堵方能剿，能剿方能撫，大端不外乎此。」

尋以病乞解任，還太子太保。卒，贈太子太傅，遣御前侍衞豐伸濟倫奠醊，謚莊敏。子鈺，進士，直隸清河道；鏻，湖南鹽法道。

論曰：牧民於平世，自庶而求富，修水利，飭農功，其先務也。觀承殫心力於是，政行畿甸。富明安、元理、瀚皆以此爲急，各著績效。幹貞籌運道，尤重行水。世傑起下僚，介而能恕。燿以學爲政，所施未盡其藴。季堂論治敎匪，後來堅壁清野之議，已發其端。我有先正，言明且清，諸臣所論列，足當之矣。

清史稿卷三百二十五

列傳一百十二

李清時 姚立德　李宏 子奉翰　孫亨特　何煟 子裕城　吳嗣爵

薩載　蘭第錫　韓鑅

李清時，字授侯，福建安溪人，大學士光地從孫。乾隆七年進士，選庶吉士，授編修。十四年，授浙江嘉興知府。上南巡，或議自嘉興至杭州別闢道行民舟，清時於官塘外求得水道相屬，上通吳江平望，下達杭州壩子門，號爲副河。丁父憂，去官。服除，授山東兗州知府。二十二年，擢運河道。

二十六年，河決孫家集，運河由夏鎭至南陽兩隄俱潰，清時督修築。議者或擬用樁埽，費以六十萬計；或擬建石隄，費以三百萬計。清時少時行瀕海間，見築隄捍海爲田者，擲碎石積水中，潮退則以木攔之，塡土其上，堅築成隄；因參用其法，以河東、西兩岸皆水，得土難，令以石壘兩旁，積葑其中，水涸，募夫起土置積葑上，費帑十四萬有奇，而兩隄成。曹縣溢，水瀉入微山湖，出韓莊湖口，閘隘，水不得洩，令於閘北毀石隄，掘地深之以洩水。事上聞，上命於其地建滾水壩，高一丈二尺餘。淸時請減低爲一丈，令湖水落至丈，乃閉閘蓄水。泗水經兗州西流入府河，濟寧城東舊有楊家壩，遏水使入馬場湖，蓄以濟運，遇伏秋水漲不能洩，淹民田，令改壩爲閘，視水盛衰爲啓閉。汶水分流入蜀山、馬踏兩湖，舊制引水使南行少北行多，後乃反之，漕船經袁口、靳口，淺澀不能進。淸時規分水口，令南壩加長，北壩收短，以爲節宣，並減低何家壩，使汶水南弱而北增。蜀山湖出口爲利運、金綫二閘，舊制開金線資南運。淸時令移金綫在利運北，使蜀山湖水先濟北運。壽張境有沙、趙二水，阻運河不得入海。舊於運河東岸建三空五孔橋，又於八里廟建平水三牐，使二水盛漲有所洩。淸時議減低三空五孔橋，又於八里廟增建滾水壩，使漲未盛卽洩，不爲范、濮、壽張、東阿諸縣民田害。總督方觀承行河，用其議，二水始宣暢。衞水自館陶至臨淸與汶會，舊有閘，盛漲不能禦。淸時令於閘南當汶、衞交流處築壩，仍歲加高厚；又議拓四女寺滾水壩。尙書裘曰修行河，用其議，衞河得安流。

二十九年，調江南淮徐道。三十年，擢河東河道總督，賜其母大緞、貂皮。淸時以河隄歲修，司其事者每不度形勢，過高糜帑，而卑薄者不能大有增益，乃飭所司當水漲各具隄高水面尺寸呈報，擇隄最薄者培之。迨伏秋水發，耿家寨稱十四堡，水及舊堤上，賴豫增新築以免。清釐河工徵料諸弊，歲減派料至千餘萬斤。三十一年，運河東岸漫口，自請議處，原之。三十二年七月，授山東巡撫。高苑、博興、樂安三縣被水，清時謂小清河下流隘，故上游溢，檄所司勘驗。遽疾作，乞解任，不許。三十三年，卒。

清時治水善相度情形，窮源竟委。每乘小舟出入荒陂叢澤、支流斷港中，或徒步按行諮訪，必得要領，乃見諸建置。

姚立德，字次功，浙江仁和人。祖三辰，官吏部侍郎。立德以廕生授主事。乾隆十二年，外授江寧通判，遷知直隸景州。州俗，有人市鬻奴婢，牽就牙儈估其值，如牲畜然；親死三日，祭城隍廟獄曰「哭廟」：立德諭禁之，陋俗以革。累遷山東按察使，署河東河道總督。按行工次，見陽武汛十七堡諸地土鬆浮，疏請築半戧，培堤使堅。山東運河兩岸蜀山、南旺、馬場、昭陽、微山諸湖，每伏秋盛漲，水不能容，爲豫籌蓄洩，壩開塞、閘啓閉惟其時。三十九年，實授，加兵部尚書銜。高雲龍者，內監高雲從弟也，立德入雲從言，薦之臨清州爲傔從，坐逮，依結交近侍律論斬，命奪官，仍留任。陽穀民王倫爲亂，立德分守東昌，城圮難守，引運河水繞城壕，恃以爲固；檄發倫先墓，磔其屍。四十四年，儀封河決，屢築屢衝，命奪官，仍留工効力自贖。四十五年，責令回籍。旋發往南河，補淮安裏河同知。四十八年，卒。

李宏，字濟夫，漢軍正藍旗人。監生，入貲授州同。効力河工，授山陽縣外河縣丞。累遷宿虹同知。乾隆十六年，授河庫道。尚書劉統勳劾河員虧帑，事連宏，解職。事白，留工。二十二年，發直隸以河務同知用，總督尹繼善疏請留南河。侍郎夢麟勘治六塘河以下，以宏從。尋復補河庫道，丁父憂，命在任守制。二十七年，調淮徐道。二十九年，擢河東河道總督。奏言：「山東運河資湖水接濟。今秋雨少，飭早閉臨運各閘。」又言：「微山湖蓄水濟運。韓莊湖口閘水深，與滾水壩脊相平，空船足敷浮送，卽應堵閉。泗河會合諸泉，收入獨山湖，僅濟南運。應請於兗州府金口壩截築土偃，俾達馬場湖，俾濟寧上、下河道並資其益。蜀山、馬踏二湖專濟北運，亦須築壩收蓄。」又請增募夫役挑濬沙、趙、漳、衞、汶、泗、韓、馬諸水，均報聞。又奏：「黃河北岸耿家寨埽工爲豫東第一險要，自乾隆九年下埽修防，歲費帑料。去冬於對岸引渠，冀分溜勢。今秋全河暢分入渠，險工淤閉。」得旨嘉奬。

三十年，調江南河道總督。上以宏初自監司擢用，道廳以下多同官，慮有瞻徇，命高晉統理南河，留宏協理河東總河。奏言：「黃河至河南武陟、滎澤始有隄防，丹、沁二水自武陟木欒店匯入，伊、洛、瀍、澗四水自鞏縣洛口匯入，設諸水並漲，兩岸節節均須防守。臣咨飭陝州於黃河出口處，鞏縣於伊、洛、瀍、澗入河處，黃沁同知於沁水入河處，各立水誌，自桃汛迄霜降，長落尺寸，逐日登記具報；如遇陡漲，飛報江南總河，嚴督修防。大丹河至河內縣丹谷口，舊築攔河石壩，令由小丹河歸衞濟運，請不時察驗疏令暢達衞河。輝縣百泉爲衞河之源，蘇門山下匯爲巨浸。南建三斗門，中爲官渠濟運，東西爲民渠灌田。向例重運抵臨清，閉民渠，使泉流盡入官渠。五月後插秧，一日濟運，一日灌田。惟民渠石壩失修，泉水旁洩，應令修砌堅實。」均如議行。上以清口節宣未暢，下河田廬易淹，特定高堰五壩水誌水高一尺，清口壩拆展十丈。三十一年三月，宏奏言：「清口水門因上年霜降後湖水大消，祇留十四丈。桃汛將屆，應預將東壩拆展，使口門寬二十丈，俾洪湖及早騰空，預留容納之地。」上嘉之。夏秋間湖水盛漲，續展至五十三丈。八月，河溢徐州韓家塘。宏與高晉分駐兩壩堵築，逾月工竟。奏言：「平時大展清口，騰空湖面，乃得蕆工迅速。」冬，以湖水漸落，請接築東、西壩，仍留口門二十丈，酌量收束，蓄清抵黃。三十三年，河溢王家田頭，下吏議降調，寬之。三十四年，奏言：「洪澤湖水大，將清口東、西壩遞展宣洩。適黃水驟長，灌入清口。隨閉惠濟、通濟、福興三閘，俾併力敵黃，黃水消退。」報聞。三十六年，卒。

宏嘗以明汶上老人白英立祠戴村，子孫向有廕襲，請旨仍給八品世職，上從之。

李奉翰，宏子。入貲授縣丞，補沂水。累遷江蘇蘇松太道，坐事罷。復入貲還原官，發江南河工効力，奏署河庫道。上以奉翰宏子，習河事，命眞除。四十四年，署江南河道總督。四十五年二月，授河東河道總督。河溢考城芝蔴莊、張家油房，奉翰督吏塞芝蔴莊，工竟。上諭曰：「勉爲之，莫以水弱而弛其敬謹！」旋命仍署江南河道總督。奉翰奏：「張家油房工未竟，較南河睢寧工爲要。請留河東，俾蕆其役。」報可。九月，張家油房工亦竟，上爲欣慰。四十六年正月，調江南河道總督。二月，奏請重定南河汛員額缺，酌增河兵；移改運河閘官、運河汛員，視缺簡要，更定品秩，下大學士九卿議行。七月，河決青龍岡，命偕大學士阿桂馳赴河南會河東河道總督韓鑅督辦東、西兩壩下埽。甫合龍，壩蟄陷，乃與阿桂等議寬濬青龍岡迤下至孔家莊、榮華寺、楊家堂諸地引河，並於黃河下游北岸疏潘家屯、張家莊二引河、蘇家山水綫河、宿遷十字河、桃源顧家莊引河，五道洩水。四十八年春，青龍岡工竟。方壩陷，奉翰督吏搶護，墮入金門，格於纜，傷焉，河工謂兩壩間爲金門，纜所以引埽者，事聞上。四十九年，上南巡，奉翰覲行在，上奬其勤勞，賜騎都尉世職。五十年，坐清口東、西兩壩不早收束，致運道淺阻，降三品頂帶。尋命復之。秋，河水大至，奉翰督吏晝夜塡築，塞李家莊、煙墩頭、司家莊、湯家莊諸漫口。五十四年，調河東河道總督。五十八年，命赴浙江會巡撫吉慶會勘海塘。奏請以范公塘及海寧石壩改築柴盤頭，並於石塘前修補坦水，三官塘柴工後加培土戧，從之。五十九年，漳水溢，臨漳三臺漲發，命馳往勘察。奏：

「漳河兩岸沙土浮鬆，水勢驟長驟落，向無隄堰。上年大雨漫溢，應將下游淤墊處疏濬深通，再將三臺壩基填築，俾歸故道。」上從其議。嘉慶二年正月，加太子太保，授兩江總督，兼領南河事。三年，河決睢寧。四年正月，與河道總督康基田督塞睢州決口，工竟。二月，卒。

李亨特，奉翰次子。入貲授布政司理問，發河東委用，補兗州通判。累遷雲南迤西道。嘉慶初，佐平苗、倮，賜孔雀翎，加按察使銜。累遷調授江蘇按察使。九年，擢河東河道總督。十一年，河南巡撫馬慧裕劾亨特索屬吏賕不得，迫令告養諸狀，上命侍郎托津等往按，奪官，發伊犁。十三年，釋還，令至南河候差委。十四年，以河決荷花塘，追咎亨特不善料理，復發熱河効力。未幾，復釋還，授主事。十五年，選戶部主事，擢直隸永定河道。未幾，復授河東河道總督。十六年，奏南糧到通州剝運不能迅速，請在楊村全數起剝，下倉場侍郎玉寧、戴均元等議駁。上責亨特冒昧，下吏議降調，命留任。十八年秋，河溢睢寧。坐奪官，命留工効力。十九年，河道總督吳璥奏微山湖存水僅一二尺，南陽、昭陽、獨山諸湖淤成平陸，無水可導。上責亨特在官不能預籌，又聞亨特既奪官居濟寧，仍用總河儀制，斥亨特玩誤縱恣，命逮下刑部治罪，籍其家，刑部議發新疆。上命在部荷校半年，發黑龍江効力。二十年，卒於戍所。

何煟，字謙之，浙江山陰人，先世籍湖南靖州。雍正中，入貲授州同，効力江南河工。從大學士河道總督嵇曾筠修浙江尖山海塘，請補杭州東塘同知，避本籍，仍發江南河工。乾隆初，權豐碭通判，授桃源同知。十五年，擢河庫道。十六年，遷兩淮鹽運使，特敕兼管河務，以母憂去官。十九年，尚書劉統勳等奏論河庫帑項不清，奪煟官，擬徒，追償，拘留工次，久乃繳完免罪。二十二年，仍發南河以同知用。從侍郎夢麟疏濬荆山橋河工。從副總河嵇璜治淮、揚河務，超擢淮揚道。二十三年，丁父憂，總督尹繼善奏留在任守制，許之。

二十六年，以郎中內調。會河決中牟楊橋，上命大學士劉統勳等蒞工，以煟從。工竟，留煟駐工防護。旋授開歸陳許道，調山東運河道。三十年，調河南河北道，擢按察使。上以煟習河事，命兼領河工。煟信浮屠說，讞獄輒從輕比，睢州民劉玉樹謀殺人，鞫實，擬斬候，刑部改立決。上責煟寬縱，諮巡撫阿思哈，阿思哈稱其能勝任。其冬，擢布政使，仍兼理河務。兩權巡撫。三十六年，授巡撫，兼河務如故。尋又命兼領山東河道。三十七年，淅川、內鄉被水，正陽、確山風災，疏請撫卹緩徵，上賜詩，褒以「愛民知政」。

三十八年，上巡天津，閱永定河工，煟迎駕，賜孔雀翎、黃馬褂。尋命與工部尚書裘曰修、直隸總督周元理勘永定河上游，疏言：「永定河挾沙而行，散漫無定。水性就下，本無不同；而地有高卑，沙有通塞，情因時而或異。永定河遷徙不定，其情也，非其性也。察其情，導其性，先宣後防，千古極則，雖起神禹，無以易之。永定河下口，蒙皇上指示疏導，既不阻下達之勢，更可免浸潤之虞，其法固當常守。所慮數十年後，妄生異論，別騁新奇，勢且變亂舊章，貽河防巨患。請將聖諭幷議言條欵勒碑垂久遠。」報聞。

三十九年，疏請各州縣常平倉溢額以四千石爲限，餘循例變價。又奏河南漕穀七十九萬、薊米二十九萬，分存各州縣界。鄰省安陽等五州縣限二萬石、近水次祥符等三十五州縣限一萬石。均如所擬。加總督銜，仍領河南巡撫，又進兵部尚書銜。其秋，會勦王倫，事平，道內黃，病作。遣醫往視，未至，卒。煟贈太子太保，祀賢良祠，賜祭葬，謚恭惠。

裕城，煟子，字福天。自貢生入貲授道員。乾隆四十二年，除山東督糧道。調河南河北道。河溢儀封，大學士高晉蒞工，以裕城從。儀封埽工蟄陷，坐奪官，命留任。四十六年，調江南河庫道。裕城侍煟治河，嘗著全河指要，謂：「治河當節宣並用，不當泥河不兩行之說，偏於節束。」並上書當事，指陳南北岸諸險工。未幾，河決青龍岡，注微山湖，衝運河。四十七年七月，河東河道總督韓鑅丁憂，青龍岡工未竟，上特命裕城署理。大學士阿桂視工曲家樓，請自蘭陽至商丘別築新隄。裕城奏：「蘭陽新開引河，其上游素稱險要，必須內有重障，外有挑護。大隄後舊有越隄，相去遠，恐不足恃。請向東添築格隄，臨河近溜處加築挑水壩。」上從之。又奏兗州伊家河在運河八閘之西，以分洩運河及瀕湖諸水，應挑展寬深，上命速興工。又奏伊家河興工後，即往河南勘驗引水子溝；仍往來山東、河南督察；上嘉之，並諭曰：「汝若能不自滿而加以勤學，或可繼汝父也。」伊家河工竟，四十八年，賜孔雀翎。是年，青龍岡工竟，請修築運河隄岸，詣濟寧勘估，奏需帑六十四萬有奇，得旨允行。授河南巡撫。以秋審多失出，降三品頂帶，停支養廉。四十九年，運河隄岸工竟，命議敍。師討石峯堡亂回，道河南，裕城佐軍興，復頂帶、養廉。五十年，調陝西巡撫。朝邑被水，上諭裕城就被水處將淤積泥沙建築河隄。尋奏創建護城隄，下部議行。調江西巡撫，五十二年，奏江西河路二千四百餘里，請以所獲盜舟改設巡船，上嘉之。又奏豐城鎭平隄中段水勢衝激，不足捍禦，請改建石隄，從之。五十五年，調安徽巡撫。命來京祝八旬萬壽，行次合肥，卒。

吳嗣爵，字樹屏，浙江錢塘人。八歲而孤，母錢督之嚴，雍正八年成進士。授禮部主事，大學士張廷玉奏改吏部。再遷郎中。嗣爵彊識，嫻故事。乾隆六年，授常州知府，再授保寧，皆奏留部。旋命視學湖北，調福建。十三年，授淮安知府，遷淮揚道。洪澤湖盛漲，例當開天然壩。嗣爵曰：「開壩減暴漲，如下河州縣生靈何？」持之力，卒無恙。十六年，調兩淮鹽運使。十八年，復授淮揚道，遭母憂，上諭曰：「防河官吏叢弊，故特由運使調用。河工與地方官吏不同，畀假兩月治喪，畢，在任守制。」

擢江蘇按察使。遷布政使，調湖南，未行，奏江寧等三十五州縣積欠應徵口糧，請特旨緩徵。上諭巡撫託恩多，託恩多奏江寧等州縣年豐，不當再請緩徵。上責嗣爵藉緩徵卸過，並爲有司催徵不力地，命發江南河工，以同知用。二十五年，補宿虹同知，仍授淮揚道，移淮徐道。黃河盛漲，逼徐家莊縷隄，嗣爵督吏搶護，命署理河東河道總督。旋坐官運使時商人侵蝕提引公費，坐降調，命改奪官，仍留任。三十四年，奏請修補丁廟、六里、南旺、荆門、戴村諸閘壩，並言：「運河兩岸土工，臨清以北爲民堰，南旺以南爲官隄，自臨清至南旺，官隄、民堰交錯。請凡民堰卑薄殘缺處，督令修築，官隄酌緩急次第培修。」上嘉之。署河南巡撫。三十五年，奏：「南旺湖北高南下，在運河西岸，值分水口之衝。伏秋汶水發，自闞家、常鳴等斗門灌入，祇能收水入湖，不能出水濟運。請於南旺下游土地廟前增建石閘一，以時啓閉。」

三十六年，遷江南河道總督。四十年，奏：「丁家集黃河自北趨南，北岸新灘插入河心，致沖漫南岸民堰五百餘丈。毛城鋪過水較大，下流亦不能容。今收正河頭，測量河脣，濬引渠，築子壩，於北岸旁黃河故道濬引河，來春相機開放，俾河改由北岸東下，不使旁注丁家集諸地。」又奏：「裏河廳運口本設惠濟、通濟、福興三閘，惠濟尤爲淮水入運關鍵，請俟春融修築。」四十一年，又奏淸口通湖引河凡五，爲洪澤湖尾閭，並分別籌濬，運道以濟。尋奏五引河中張家莊、裴家場二河水洩，應濬使寬深，從之。是年，上東巡，嗣爵覲行在，入對，不能興，左右掖以出。改吏部侍郎。四十二年，乞罷，歸。四十四年，卒，年七十有三。子璥，自有傳。

薩載，伊爾根覺羅氏，滿洲正黃旗人。父薩哈岱，官鑲藍旗滿洲副都統。薩載，繙譯舉人，授理藩院筆帖式。累遷江蘇蘇松太道，管蘇州織造。果親王弘瞻短價令製繡緞朝衣，事發，奪官。召還京，予主事銜。尋授薩哈岱蘇州織造，命薩載侍行爲佐。逾年，改授普福，命交兩江總督差委。旋授松江知府。乾隆三十年，加道銜，復署蘇州織造。三十四年，擢江蘇布政使，仍兼織造。三十五年，署巡撫。巡撫永德請以華亭、寶山土塘改建條石，薩載言條石易傾圮。按察使吳壇請裁巡檢弓兵，增州縣捕役，薩載言不便，皆寢其議。三十六年，與總督高晉奏濬海州河道，又奏江蘇社穀積至三十七萬六千餘石，請察驗，報聞。

三十七年，眞除江蘇巡撫。上命察屯田，薩載奏江安糧道屬江淮、興武等六衞，蘇州糧道屬蘇州、太倉等四衞，令淸釐册報，循新例四年一編審；加給江淮、興武二衞屯丁墾田，運丁快丁終歲輓輸，請加給津貼；太倉、鎭海二衞田不隨船，私相售典，循舊例借項贖囘：從之。三十九年，河溢外河廳老壩口，偕河道總督吳嗣爵董工事，未兩旬工竟，議敍。

四十一年，上東巡，覲行在，授江南河道總督。命與高晉察黃河海口淤沙。薩載先至，奏：「海口前在王家港，自雍正時接湧淤灘，長四十餘里；南岸爲新淤尖、爲尖頭洋，北岸爲二泓、三泓、四泓。二泓、四泓寬二十餘丈，潮至深二三丈；三泓寬四十餘丈，潮至深三四丈。河底有高低，河脣又漸遠，淤積已久，難以施工。」上諭曰：「此海口自然之勢，難以人力勝之。」尋與高晉奏請以淸口東、西壩移建平城臺，於陶莊迤上別開引河。是夏，運河及駱馬湖水漲，薩載督吏防護，上嘉其妥協。尋開陶莊引河，四十二年二月，工竟。上諭曰：「朕屢次南巡，臨閱淸、黃交匯處，慮其倒灌，思引向陶莊北流。歷任河臣未有能任此者。昨歲薩載奏請施工，與朕意合。據奏工竟，自此黃河離淸口較遠，旣免黃河倒灌之虞，並收淸水刷沙之益，實爲全河一大關鍵。視齊蘇勒例，予騎都尉世職。」入覲，上命於攔黃壩迤上加築壩爲重門保障，並於舊有木龍三架迤上增設木龍。薩載回任，奏遵上指料理，上嘉之。冬，復奏：「新河河面首尾寬窄不同，請於北灘順水勢抽槽，酌留土格。俟來年水漲放溜衝刷，使河面首尾寬闊相若。」繪圖以進，上覽圖中北岸有新淤，因慮北淤則溜必南趨，識以朱筆，命薩載疏治。四十三年，奏：「高家馬頭新淤已刷動寬深，彭家馬頭新淤前作柴枕土壩。茲於灘面抽槽，候水漲衝刷。」旋署兩江總督。四十四年，奏攔黃壩外舊河露淤灘，請於灘面築束水隄爲新河保障。尋實授兩江總督。先是，高晉奏中河口門淤阻，議移下游李家莊，上命薩載勘奏。薩載請將清口東、西壩移築惠濟祠前，上從之。

四十五年，大學士阿桂奏：「陶莊引河首尾寬而中窄，河身雖已刷深，水勢尚嫌束縛。伏秋汛漲，恐宣洩不及。」命偕薩載勘覆。尋奏請河寬六十餘丈處展十餘丈，河寬不及六十丈處展二十餘丈。又奏：「雲梯關外二套以下河流現行之道，道遠而水淺，請於四泓以下增設閘壩；二套上迤西馬港河舊隄殘缺，應行修復；並於舊無隄處補築新隄，下接北潮河西堰。」上從之。

夏，河溢郭家渡，命薩載與河道總督陳輝祖督護。是歲河水盛漲，初開毛城鋪、蘇家山、峯山頭諸閘，次將清口東西壩全行拆展。薩載奏諸州縣被水，睢寧、泗州爲重，邳州、宿遷、靈壁、五河次之，現在撫恤寧貼。上諭曰：「實在無善策，祇可盡力撫恤，以期補過。」復命引河水入陶莊新河。尋奏豐、碭、銅、沛險工俱次第搶護，下游洪澤、高寶諸湖亦俱平定，俟水落堵築。得旨：「覽奏深慰。」先是，上臨高堰閱洪澤湖甎石諸工，諭薩載石工卑者增高，輒工悉改用石。薩載奏請酌量緩急，分三年修築。八月，丁父憂，命百日滿後仍署兩江總督。四十六年，奏請自李家莊至臨河集北濬引河，上命速爲之。

六月，河溢魏家莊，水大至。薩載奏：「全河奔注，歸入洪澤湖。清口展寬至八十丈，山盱五壩已開智、義二壩；而高堰諸地水勢未消，盈隄推岸。未開三壩及車邏、昭關二壩，或堅守，或酌開，俟察勘後續奏。」上命堅守。尋續奏洪澤湖浪湧山盱五壩，所存仁、禮二壩，掣通過水，續開車邏、昭關二壩。上以各閘壩俱開，下河民田被淹，令察災狀速奏。八月，魏家莊工竟。山東巡撫國泰奏運河積淤，水不能暢行，議於劉老澗壩旁開水口分洩，上命薩載往勘。薩載奏：「運河洩水宜暢，已開駝車頭竹簍壩洩水入駱馬湖，劉老澗九孔石閘亦過水。若議別開水口，不便使無水之區再受水患。」上韙其言。又奏：「微山湖東南兩面水色澄清，沂河及駱馬湖水不使涓滴入運，爲運河騰空去路。永濟橋孔亦無横壩攔截，水勢暢消。」上稱爲有條理，命國泰聽其指授，毋持己見。

十二月，兼署安徽巡撫。四十七年，奏請濬泗州謝家溝，洩睢河及楊疃諸河水入洪澤湖；又承上命濬銅山潘家屯引河。四月，河南青龍岡漫口既堵復蟄，大溜下注。上命寬濬潘家屯、劉老澗諸河，洩水歸海。薩載請開張家莊引河與潘家屯引河分流，使湖洩入黄又多一路。上諭曰：「籌洩水之路，爲今日急務，宜妥爲之。」加太子少保。江蘇巡撫吳壇議開金壇漕河，自丹徒穿句容境分水脊達江寧。薩載奏：「分水脊卽茅山之麓，地峻土堅，勢不能開鑿。請濬七里橋至巷口橋河道，與上、下河道寬深一律。」又請自鎭江錢家港至江寧龍潭濬闢新河，及修濬金山對渡瓜洲城河，上嘉之。又奏請濬漣河，展駱馬湖六塘河、鹽河口門，均如議行。

四十八年正月，服闋，實授兩江總督。河南青龍岡工竟，薩載奏黃河歸故道，入江南境流行迅速，得旨：「欣慰覽之！」上命移建沛縣城。薩載奏請移舊城西南戚山，並修夏鎭文武官署，豐、沛二縣漕倉。四十九年，江西巡撫郝碩坐婪賄得罪，責薩載未奏劾，下吏議，奪官，命留任，罰養廉三年。五十年，漕艘北行，以運中河淺阻，至天津誤期。上責薩載開運中河不知建閘，水勢一洩無餘；又清口東、西壩不能及早收束預爲蓄水，致運道淺阻。降三品頂帶。五十一年，足疾，請解任。遣醫往視，命復原品。尋卒，贈太子太保，賜祭葬，謚誠恪，祀賢良祠。

子薩騰安，襲騎都尉，官至廣西按察使；薩雲安，官雲南迤西道，坐事戍軍臺。

蘭第錫，山西吉州人。乾隆十五年舉人，授鳳臺敎諭。擢順天大興知縣。三十四年，總督楊廷璋請以第錫升補永定河北岸同知，吏部以大興非沿河州縣，議駁，再請，上特許之。再還永定河道。四十八年，署河東河道總督。奏請河隄分界栽柳，並禁近隄取土；又奏儀封六堡、三堡灘面淺狹，水力較悍，請於新隄南築月隄爲障：皆從之。四十九年，奏：「河工綢繆防護，全在平時。隄有深淺，水有變遷，及車馬踐踏，獾鼠洞穴，必朝夕在隄，始能目覩親切。至冬末凌汛，春初桃汛，尤應晝夜巡邏。應令駐工各員移至隄頂，禁勿私下；如有曠誤，文武得互舉。令以隄爲家，庶不至疏防。」均如所請行。五十年，奏：「北岸黃沁等廳、南岸上南等廳舊隄，及蘭儀等廳新隄，各增卑培薄；幷加築舊壩，添作挑水。」上命速行。五十二年，上以第錫署任三年，勤奮妥協，命實授。旋兼兵部侍郎。

河溢睢州十三堡，疏請罪，上以其地原無埽工，原之。工竟，議敍。五十四年，調江南河道總督。河溢睢寧周家樓，疏請罪，上以河水異漲，原之。工竟，議敍。五十六年，奏勘毛城鋪滾水壩、王平莊新挑引河，上獎第錫察驗各工不草率。五十七年，請自淮安移駐清江浦，改建衙署，允之。五十九年，奏豐北汛接築土壩過多，上游水勢不能暢達，有礙曹、單河流去路，自請下吏議奪官，上命留任。嘉慶元年，河溢豐北汛，疏請罪，諭俟工竣覈功過。工竟，賜黃辮荷包，仍以不能先事預防停甄敍。二年，卒。

三年，第錫以河溢當償帑二十萬餘兩。上以第錫尙廉潔，慮不能勝，諮山西巡撫伯麟，伯麟奏第錫遺田舍僅值一百四十餘兩。上獎第錫淸愼，諭道、廳以上及曾任總河各員分別代償。

韓鑅，順天大興人，原籍貴州畢節。入貲授通判，揀發山東，授上河通判。累擢江南淮徐道。乾隆四十六年，授河東河道總督。奏言：「山東運河，賴汶、泗來源及各湖接濟。汶河上游東平戴村等處民堰，對岸沙淤，應鑿灘抽溝，以展河勢。泗河下游卽爲府河，自安居、十里二斗門入運，河淺堰卑，亦當疏治。蜀山、馬踏、馬場、南旺諸湖，現當濟運洩水，堰根顯露，正可取土培堤。」七月，河決祥符焦橋，疏請罪，上原之。工竟，命優敍。未幾，河又決儀封曲家樓、青龍岡、大李家莊、孔家莊，凡溢四口。上令江南河道總督李奉翰赴工會督。水全出青龍岡，而孔家莊等三口皆塞。又命大學士阿桂履勘，又令山東巡撫國泰赴工會督。工垂竟，壩蟄復潰。大學士嵇璜議引河北流復故道，上以諮阿桂、李奉翰及鑅。鑅疏言：「青龍岡始漫，勢甚洶湧，是以倒漾北行，分入沙、趙二河，穿運歸海。未久旋卽斷流，仍行南注。地勢北高南下，若於南岸建堤堵截，欲迴狂瀾使之北注，誠如聖諭必不能行。水性就下，未便輕議更張。」阿桂等所奏亦略同，乃寢璜議，惟以河水北行既已斷流，責鑅何不卽時具奏。

四十七年正月，壩復蟄。上聞運道河以南深通，河以北多淤墊，命鑅往微山湖北運河察勘。二月，赴濟寧，會國泰及巡漕御史毓奇察勘，請自濟寧在城閘至嶧縣黃林莊，築土堰、柴壩、椿埽、橋梁，設水站，置絞關；鑅並請察勘畢，還青龍岡工次。上命鑅往來督察，復勘伊家河、荆山橋諸地水勢，請濬銅山潘家屯引河益使寬深，並濬駱馬湖、六塘河及濟寧南北徒駭、馬頰、伊家等河。時青龍岡壩屢築屢蟄，鑅遵上指迅籌宣洩，使黃水漸消。復還青龍岡工次，會阿桂等於蘭陽三堡改築大隄，濬渠導水出商丘七堡入正河故道。鑅旋以父憂去。四十八年三月，青龍岡工始竟。四十九年，服闋，授工部侍郎。部議鑅任河督時應償帑十四萬餘兩，詔免十之七。五十四年，命會勘通惠、溫榆二河，及朝陽門外護城河。調戶部。五十五年，命往江南會同江南河道總督蘭第錫督防汛。嘉慶三年，調兵部。四年三月，命守護裕陵。六年，以年老休致。九年，卒。

論曰：世業尙矣，於河事尤可徵。前乎此者，嵇曾筠有子璜，高斌有從子高晉。若李氏、何氏、吳氏皆繼之而起，宏及子奉翰、煟及子裕城並有名乾隆朝，嗣爵子璥則下逮嘉慶，奉翰子亨特，貪侈隕績，忝祖父矣。淸時以誠篤名，第錫以廉潔著。靑龍岡塞河決，歷兩載工始竟，阿桂主之，薩載、韓鑅佐之。詳具其始末，見成功之難也。

清史稿卷三百二十六

列傳一百十三

開泰　阿爾泰　桂林　溫福

開泰，烏雅氏，滿洲正黃旗人。雍正二年進士，改庶吉士，授編修。九年，遷侍講。上御門，開泰未入侍班，黜令乾清門行走。十三年，復編修。乾隆元年，遷國子監司業。八年，遷祭酒。督江蘇學政。再遷內閣學士。三遷兵部侍郎，仍留學政任。十年，授湖北巡撫。疏言：「社倉較常平尤近於民，而弊亦易滋。湖北社倉穀麥五十二萬石有奇，散在諸鄉，恐多虧缺。應飭道府按部所至，便宜抽驗。」調江西。十三年，又調湖南。疏言：「戶部咨各省常平倉穀，以雍正舊額爲準。湖南溢額穀五十五萬餘石，令糶價儲庫。臣維雍正舊額七十餘萬石。湖南夙稱產米，乾隆二年至八年，諸省赴湖南購米，先後計百七十五萬有奇。中間又撥運福建、江蘇。若盡糶溢額之穀，遇本省需用或鄰疆告糴，必致倉儲缺額，買補不易。」疏上，以留心積貯嘉之。十五年，有壽掄元者，自言南河同知，赴湖南採木，布政使孫灝諭永州府爲料理。尋得其詐僞狀，開泰以聞，但言灝殊爲未諳。上以灝瞻徇，何得但言未諳，知爲開泰門生，斥其徇庇，下吏部嚴議，議奪官，命留任。尋調貴州。十八年，疏言：「古州募軍屯田，戶上田六畝，中田八畝，下田十畝。今食指日多，生計艱難，請准屯戶入伍充兵。」許之。擢湖廣總督，加太子少傅。

二十年，調四川。金川土司莎羅奔與革布什咱土司色楞敦多布初爲婚媾，繼乃相怨搆兵。旁近綽斯甲布、鄂克什、雜谷、巴旺、丹壩、明正、章谷、小金川諸土司皆不直莎羅奔。二十三年，莎羅奔攻吉地。吉地，色楞敦多布所居寨也。開泰與提督岳鍾琪檄游擊楊青、都司夏尚德等率兵分屯章谷、泰寧，令鄂克什、雜谷援革布什咱，攻金川，莎羅奔引退。尋復攻破吉地，色楞敦多布走泰寧求援，開泰復檄諸土司出兵助之，調雜谷土練千人分屯丹壩、章谷、泰寧，發黎、雅、峨邊兵屯打箭爐，諭郎卡撤兵。郎卡，莎羅奔從子，爲副酋，主兵事者也。事聞，上謂：「番目相攻，於打箭爐何與？」疑郎卡擾邊，命開泰具實覆奏。開泰尋疏報章谷、巴旺土兵擊敗金川，莎羅奔焚吉地走，盡復革布什咱境，留綽斯甲布、明正兩土司兵分守之，使色楞敦多布歸寨。上諭曰：「番民挾仇攻擊，不必繩以內地官法。宜以番攻番，處以靜鎮。」旋加太子太保。二十四年，松潘鎮總兵楊朝棟入覲，開泰與鍾琪奏朝棟衰老，難期勝任。上責開泰何以不先奏，下吏部議，奪官，命仍留任。

二十七年，莎羅奔死，郎卡應襲。例，土司承襲，鄰封諸土司具結。開泰以郎卡與諸土司皆不協，令毋取結，疏聞，上許之，命嚴諭郎卡知恩守法。未幾，郎卡侵丹壩，取所屬瑪讓，開泰檄綽斯甲布往援，使守備溫欽等赴金川詰責。上諭曰：「郎卡狼子野心，卽使詰責伏罪，豈肯永守約束？諸土司援兵旣集，能協力剿除，分據其地，轉可相安；若諸部不能幷力剿除，而郎卡怙惡不悛，亦非開泰、岳鍾琪四川綠營兵能任其事，應臨時奏請進止。」二十八年六月，開泰奏九土司大舉擊破金川。上聞郎卡使人詣成都，開泰許進謁，撫慰之，而陰令九土司進兵，諭曰：「郎卡於綽斯甲布等屢肆欺凌，衆土司合力報復。開泰旣聞其事，惟應明白宣示，諭令悉銳往攻；而於郎卡來人嚴爲拒絕，且諭以爾結怨鄰境，誰肯甘心？斷不能曲爲庇護。如此，則郎卡旣不敢逞强，綽斯甲布等亦可洩忿。乃旣用譎以籠絡郎卡，又隱爲各土司援助，郎卡素狡黠，豈能掩其耳目？殊非駕馭邊夷之道。」命奪官，以頭等侍衞赴伊犁辦事。尋卒。

阿爾泰，伊爾根覺羅氏，滿洲正黃旗人。雍正間，以副榜貢生授宗人府筆帖式。乾隆中，屢遷至山東巡撫。以山東產山綢，疏請令民間就山坡隙地廣植桲欏，免其升科。歲大水，阿爾泰先後濬兗州、沂州支渠三十有九，曹州、單縣順隄河二百餘里；培南旺、蜀山湖民埝；導章丘珍珠、麻塘二泉，新城五龍河溉民田；並及高苑、博興、惠民諸縣近水地，皆令蓺稻。築洸河隄至於馬場湖，以衞濟寧州城，析白馬湖引入獨山湖以疏泗水，開汶上稻田數百頃。濟東諸州縣瀕徒駭、馬頰兩河，支流相貫注，及哨馬營、四女寺支河，皆次第疏治。濬衞河自德州至於館陶凡三百餘里。洩壽張積水自沙、趙二河入運，洩東平積水入會泉、大清諸河，洩濟南、東昌諸州縣積水。開支河三十餘，循官道為壕，引水自壕入支河，自支河入徒駭、大清諸河。漳、汶合流，開引河，增子埝，以防盛漲。阿爾泰撫山東七年，治水利有績，擢四川總督，加太子太保。

阿爾泰至四川，議平治道路：陸道北訖廣元，西達松潘，東抵夔州，護其傾敧，補其缺落，兼葺大渡河瀘定橋；水道自萬縣入湖廣境，鑿治險灘凡一百有奇。議以牧廠餘地招佃爲田。議置義倉，捐穀千餘石以倡。議開南川金佛山礦礦。議築都江大堰。議松潘、雜谷、打箭爐三廳置倉儲麥稞，備邊儲。上皆從其請。

初，征金川，以頭人郎卡出降，罷兵。三十一年，復爲亂，掠丹壩、巴旺。阿爾泰策以番攻番，令旁近綽斯甲布諸土司攻之。秋出行邊，至雜谷腦。郎卡使請還所侵丹壩碉卡。復與提督董天弼進至康巴達，郎卡出謁，阿爾泰許如所請，並畀以新印。疏聞，上戒毋遷就苟安。三十五年，小金川頭人僧格桑掠鄂克什，阿爾泰赴達木巴宗，僧格桑出謁，還侵地。尋授武英殿大學士，仍領總督。三十六年，召還京，入閣治事。既，復令出領總督。金川頭人索諾木攻革布什咱，僧格桑亦圍達木巴宗，侵明正土司。阿爾泰疏言：「兩金川相比，如議出師，需兵既多，糜餉亦鉅。茲令董天弼臨之以兵，仍使游擊宋元俊宣諭索諾木。」上責阿爾泰議非是，決策用兵，令定邊右副將軍溫福視師，佐以侍郎桂林，諭斥阿爾泰掩飾偸安，奪大學士、總督，留軍治餉，以桂林代爲總督。師克約咱，上以阿爾泰籌大礮利軍行，予散秩大臣銜。

三十七年，與總兵宋元俊劾桂林覆軍諱敗，上爲罷桂林，卽命阿爾泰攝總督。俄移督湖廣。阿爾泰疏言：「各路轉餉，當招商承運。西路去內地近，南路山險途長，商不肯應募，當增運値。火藥已運罄，當令雲南、陝西協助。」上謂：「阿爾泰專領轉餉，何不早籌畫？今福隆安、阿桂皆至南路，始以一奏塞責。」命毋往湖廣，仍以散秩大臣留軍督餉。未幾，阿桂疏言軍至卡丫，無五日之糧；又言綽斯甲布轉餉將一月猶未至。阿爾泰亦自陳請奪職從軍。上責其倚老負恩，始終不肯以國事爲念，命逮問。

阿爾泰初至四川，上以天壇立燈竿，下四川求楠木。阿爾泰附運木材以進，言出養廉採獻。旣乃私語人，謂他日且以此負累。語聞上，上心慊之。至是，詔罪狀阿爾泰，猶及此事，斥爲昧良飾詐。川東道托隆入見，發阿爾泰贓私，下繼任總督富勒渾嚴鞫。三十八年，獄具，擬斬，上命賜自盡。

桂林，伊爾根覺羅氏，滿洲鑲藍旗人，兩廣總督鶴年子。桂林自廩生入貲爲工部主事。累遷山西按察使。乾隆三十六年三月，擢戶部侍郎、軍機處行走。九月，命佐定邊右副將軍溫福討金川。十一月，授四川總督。小金川頭人在卡外投文餽土宜，桂林卻不受，檄罪狀其酋僧格桑。旋督兵收約咱，進克其東山梁大小碉五、石卡二十餘。疏請添調黔、陝兵五千益師，上許益陝、甘兵三千。桂林旋督總兵宋元俊攻卡丫，進據墨爾多山梁。上嘉其措置合宜，手詔謂：「無意中用汝，竟能得力。亦賴在軍機處半年，日聆朕訓也。」

三十七年，克卡丫，復破克郭松、甲木、噶爾金。進克噶爾金後山梁，分兵攻東山梁，襲阿仰，自墨龍溝進取達烏圍。是時大金川酋索諾木攻陷革布什咱，屯兵其地。桂林議乘索諾木兵力未備、革布什咱人心未定，與元俊分兵五道並進，并約將軍溫福合擊，密令革布什咱降酋旺勒丹等約其戚加琿爾爲內應，遂收革布什咱寨落七十餘里。旋令元俊及守備陳定國率綽斯甲布土兵屯甲爾龍壩，進攻默資溝、吉地，斷其水道，進攻丹東。上獎桂林甚合機宜，促元俊乘勝深入取索諾木。

桂林遣裨將自東山梁墨壟溝越嶺進攻，別遣兵出間道，自札哇窠山梁縋崖設伏師。既度東山梁墨壟溝，札哇窠伏兵亦起，賊敗竄，克大碉一、石卡二十一。別遣參將常泰環攻黨哩，都司李天貴等攻沙衝，革布什咱頭人爲內應，賊盡殲。黨哩、沙衝地並復。總兵英泰等復攻克達烏官寨。上嘉其功，賜御用玉韘。再進攻克格烏巴桑及那隆山嶺。元俊別攻克丹東及覺拉喇嘛寺，誅賊渠三百、番衆百三十餘。革布什咱地盡復，桂林檄定國將所調綽斯甲布兵駐界上聽調。上以革布什咱既復，正當乘勝進剿金川，攻其無備，責桂林失算。

桂林復督兵攻達烏東岸山梁，參將薛琮戰沒，琮驍將，深入糧盡。桂林既失期不會師，又不以時遣援，軍盡覆，疏請治罪，述戰狀不敢盡。元俊與散秩大臣阿爾泰劾其虛誑，並言桂林在卡丫建屋宇以居，迫屬僚供應，與副都統鐵保、提督汪騰龍等終日酣飲，諸將罕得見；密令騰龍畀總兵王萬邦白金五百，贖被掠官兵，希圖掩飾。上奪桂林職，命額駙、尚書、公福隆安馳往按治，尋奏所劾皆虛，惟官兵傷損不即察奏屬實；至贖被掠官兵，乃在軍戶部郎中汪承霈聞巴旺、布拉克底土兵歸失道，官兵告桂林，發白金五百交騰龍備賞，事爲元俊搆陷，請分別治罪。上以桂林在軍日親麴蘗，止圖安逸，不能與士卒同甘苦，致北山梁傷損多兵，不得爲無罪，命戍伊犁。三十八年七月，予三等侍衞銜，仍詣軍前督糧運。四十年，授頭等侍衞。尋授四川提督，遷兩廣總督。卒，加太子太保銜，謚壯敏。

溫福，字履綏，費莫氏，滿洲鑲紅旗人，文華殿大學士溫達孫也。自繙譯舉人授兵部筆帖式。乾隆初，累遷戶部郎中。外擢湖南布政使，歷四年，移貴州布政使，亦四年。坐平遠民閧訟庭，按治草率，奪職，戍烏里雅蘇臺。二十三年，起內閣侍讀學士。從定邊將軍兆惠討霍集占，戰葉爾羌，鎗傷額。擢內閣學士，遷倉場侍郎，予雲騎尉世職。外授福建巡撫，內遷吏部侍郎，軍機處行走，進理藩院尚書。

三十六年，師征金川，授定邊右副將軍，以侍郎桂林佐之，共討賊。溫福自汶川出西路，桂林自打箭鑪出南路。時小金川頭人澤旺子僧格桑割地乞援於大金川頭人索諾木，索諾木潛遣兵助之。上命先剿小金川，且勿聲大金川罪。溫福至打箭鑪，分兵三道入：溫福出巴朗拉，提督董天弼自甲金達援達木巴宗，總督阿爾泰自約咱攻僧格桑。十一月，擢武英殿大學士。十二月，至巴朗拉，戰三晝夜，賊敗去。三十七年正月，取達木巴宗。進攻斯底葉安，而分軍出別斯滿、瑪爾瓦爾濟，兩路夾擊，進克資哩。再進克東瑪，再進克路頂宗及喀木色爾，取諸碉寨。再進得博爾根山梁，並攻克得瑪覺烏寨落，攻公雅山。十二月，授定邊將軍，以阿桂、豐昇額副之。進克明郭宗，再進克底木達。底木達者，僧格桑父澤旺所居寨也。師至，俘澤旺，檻致京師，誅於市，而僧格桑奔大金川。溫福檄索諾木令縛獻僧格桑，不應。

上將進討大金川，溫福等疏言：「前此張廣泗征金川，十路、七路分合不常，實祗有六路，皆以抵勒烏圍、噶爾依爲主。一爲卡撒正路，自美諾至噶爾依，約五程，爲傅恆進兵路；一爲丹壩，自維州橋經番地抵勒烏圍，約二十餘程，中有穆津岡天險，爲岳鍾琪進兵路；一地名僧格桑，自美諾抵噶爾依，六七程，卽總兵馬良柱所行路；一爲革布什咱，一爲馬爾邦，皆距噶爾依六七程，險狹難行；一爲綽斯甲布寨至勒烏圍三程，至噶爾依亦三程，均隔大河，碉寨林立，難攻。此外又有俄坡一路，從綽斯甲布寨至勒烏圍，僅二程，路較平。今當由卡撒正路進兵，其俄坡一路，旣有綽斯甲布土司願出兵復其侵地，可爲犄角。其餘各路，分兵牽制，使不能兼顧。」於是溫福自功噶爾拉入，阿桂自當噶爾拉入，豐昇額自綽斯甲布入。溫福性剛愎，不廣咨方略，惟襲訥親、張廣泗故事，以碉卡攻碉卡，修築千計。所將兵二萬餘，强半散在各碉卡。每逾數日當奏事，卽督兵攻碉。士卒多傷亡，咨怨無鬬志。溫福日置酒高會，參贊伍岱歎曰：「焉有爲帥若此而能制勝者？」因密疏聞上，溫福亦疏劾伍岱。上命豐昇額及額駙色布騰巴勒珠爾按治。溫福又言色布騰巴勒珠爾朋比傾陷，上爲奪伍岱職，令色布騰巴勒珠爾逮詣熱河行在，獄成，戍伍岱伊犂。

三十八年春，溫福師至功噶爾拉，賊阻險，不得進，別取道攻昔嶺，駐軍木果木；令提督董天弼分軍屯底木達。木果木、底木達皆故小金川地，索諾木陰使小金川頭人煽諸降番使復叛。諸降番以師久頓不進，遂蠭起應之。先攻底木達，天弼死之，次劫糧臺，潛襲木果木。溫福不嚴備山後要隘，賊突薄大營，奪礮局，斷汲道。時大營兵尚萬餘，運糧役數千，爭避入大營，溫福堅閉壘門不納，轟而潰，聲如壞堤，於是軍心益震。賊四面蹂入，溫福中槍死，各卡兵望風潰散。參贊海蘭察聞警赴援，殿餘兵自間道出。小金川地盡陷。上初聞溫福死，詔予一等伯爵，世襲罔替，祀昭忠祠。既，劉秉恬、海蘭察、富勒渾各疏言溫福僨事狀，命奪伯爵，予三等輕車都尉世職。四十一年，命併罷之。子勒保、永保，皆有傳。

論曰：金川再亂，開泰、阿爾泰皆主以番攻番，遲迴坐誤。桂林有宋元俊不能用，反齮齕之，擁兵不進。阿爾泰與元俊劾桂林，此其意以軍國爲重，不屑屑阿貴近、疏卑遠，宜若可成功，乃坐蜚語敗。溫福銳進，似勝開泰輩，乃又剛愎，有董天弼不能用，予兵至少，令僻處軍後，卒致僨潰，徒以身殉，豈不惜哉？

清史稿卷三百二十七

列傳一百十四

劉藻　楊應琚子重英　蘇爾相　明瑞

劉藻，字素存，山東菏澤人。初名玉麟，以舉人授觀城教諭，乾隆元年，薦舉博學鴻詞，試一等，授檢討，更名。累遷左僉都御史。圓明園工興，疏言：「園工不過少加補葺，視前代飾臺榭之觀者度越何啻萬萬？臣愚以爲奢靡之漸，不可稍開。乞皇上愼始慮終，爲天地惜物力，爲國家培元氣，來歲諸工酌量停減。」上嘉納。遷通政使。六年，擢內閣學士。督江蘇學政。尋以高郵諸生求賑而鬨，左授宗人府府丞。藻居揚州候代，有吳之黼者，以文求教，藻行，餽糟魚，受之，中途發視，得白金四百，藻畀兩淮運使朱續晫還之黼。上聞，諭曰：「如此方不愧四知！」旋乞養歸。孝賢皇后及長皇子定安親王喪，藻詣闕入見。會大學士張廷玉乞歸失上指，因奬藻，謂其知君臣休戚相關大義，以媿廷玉，加藻內閣學士銜，賜人葠二斤，命歸養母。母喪終，二十一年，授陝西布政使。二十二年，擢雲南巡撫。加太子少保，兼領貴州巡撫。二十九年，例行大計，巡撫圖爾炳阿未至，藻疏請先期舉行，上嘉之，旋授雲貴總督。三十年，疏言：「年來木梳野匪與緬甸所屬木邦搆釁，又與耿馬土司毗連。自木邦至滾弄江，應設卡防守，請於各土司就近派撥。」詔如所請。

三十一年，移湖廣總督，未行，尋奏：「副將趙宏榜等赴孟連、耿馬勦逐莽匪，鎮臣烏爾登額赴滾弄江口。臣於普洱、思茅各隘調度。」又奏言：「由小猛崙進攻九龍江、橄欖壩諸寨，多斬獲。惟參將何瓊詔、遊擊明浩派赴整控江防禦，冒昧渡江，遇賊敗沒。」尋奏瓊詔等未死，請治貪功輕進之罪，上以「瓊詔、明浩等遇賊敗逃，又復妄言敗沒。此法所難宥，藻反稱冒昧貪功輕進，何憒憒乃爾」？詔言：「藻本書生，軍行機宜，非其所習，朕不責以所不能。至調度賞罰，並可力爲籌辦，乃舛謬若此，豈堪復勝總督之任？」因左授湖北巡撫，命楊應琚往代。復諭：「應琚未至，藻當實力經理。若自以爲五日京兆，致誤事機，必重治其罪！」部議奪職，留雲南効力。藻聞上怒，惶迫自殺，巡撫常鈞疏報。上令應琚至普洱，爲求醫治療，傷平，傳旨逮問。常鈞旋奏藻死，上復詔責其張皇畏葸，旅櫬歸葬，不得聽其家立碑書歷官事實。

三十二年，巡撫鄂寧奏言：「緬甸本莽瑞體之後。乾隆十八年，木梳頭目甕籍牙逐其酋莽打喇而自立。夷人遂呼緬甸爲木梳，或呼緬，或呼莽，非二種也。」

楊應琚，字佩之，漢軍正白旗人，廣東巡撫文乾子。應琚起家任子。乾隆初，自員外郎出爲河東道，調西寧道。巡撫黃廷桂薦其才，高宗曰：「若能進於誠而擴充之，正未可量也。」累遷至兩廣總督。先後疏請練水師，籌軍食，修灘水、陡河堤壩，貯柳、桂、慶、梧餘鹽，皆如所請行。暹羅貢使毆傷通事，其國王鞫實，擬罰鍰，遣使牒禮部。應琚曰：「屬國陪臣無上交。」好語諭遣之，稱旨。二十二年，移閩浙總督。二十三年，加太子太保。

二十四年，移陝甘總督。疏言伊犁底定，宜先屯田，留兵五千墾特諾果爾、長吉、羅克倫。復以陝、甘非一督能治，請更西安總督爲川陝總督，四川總督爲巡撫，甘肅巡撫爲總督，上遂命應琚督甘肅，陝西提鎮受節制，進太子太師。嘗募巴爾楚克回戶治多蘭溝渠，墾喀喇沙爾以西各臺，又增置兵備道、總兵，分駐阿克蘇、葉爾羌二城，遂爲重鎮。應琚奏辦屯墾，遣兵購畜，部署紛煩；至是，疏自言其非，請因利乘便規久遠。帝嘉納，下其疏示中外。二十九年，移駐肅州，拜東閣大學士。

三十一年，緬甸大入邊，滇事棘。緬酋莽達拉自爲木梳長所篡，擊敗貴家木邦，貴酋宮裏雁奔孟連。時應琚子重穀爲永昌知府，誘殺之，木酋亦走。緬益橫，入犯思茅。上移應琚雲貴總督視師。應琚至楚雄，緬人漸退，師乘間收復。應琚往孟艮、整賣正經界，集流亡，釐戶口，定賦稅，而令召丙、叭先俸分據之，請賞給三品指揮使。上以爲能，賜珍物，官其孫茂齡藍翎侍衞。又使人誘致孟密、孟養、蠻暮令獻地，實則地懸緬境，內附特空言。諸將希應琚指，爭謂緬勢孤，易攻取。應琚初猶弗聽，曰：「吾官至一品，年踰七十，復何所求，而以貪功開邊釁乎？」副將趙宏榜慫恿之，遂下道、鎮、府、州合議，亦謂寇勢大，邊釁不可開，總兵烏爾登額阻尤力，應琚滋不懌。

永昌知府陳大呂懼更初議，應琚迺往永昌受降，並爲文檄緬，侈言水陸軍五十萬陳境上，不降卽進討。緬遂大發兵溯金沙江而上。其時宏榜頓新街，卻走。應琚聞警卽遘疾，上命楊廷璋往代，遣侍衞福靈安攜御醫往診；並諭其子江蘇按察使重英、寶慶知府重穀省視。比廷璋至而疾已愈，乃令諸軍進擊，總兵朱崙出鐵壁關，攻楞木，不克，寇勢益張。提督李時升告急，應琚不報。緬陽議款，遂以楞木大捷入告，而緬已漸入戶臘撒。

時總兵劉德成擁兵干崖，飲酒高會，時升屢趣罔應。應琚遣緬寧通判富森持令箭督戰，德成始抵蠻達。緬懼擊其後，潛引去，應琚仍以捷聞。緬甸復入猛卯，參將哈國興等引還，砲械多遺失，應琚又報捷；並傳令朱崙兼剿撫，陰示以和蒇事，緬果乞和。踰歲，奏言：「緬甸酋弟卜坑率聶渺遮乞歘附，懇予蠻暮、新街互市。」上察其僞，數訶責。嗣木邦告警，國興軍抵蠻暮，寇歘退，應琚又以復新街奏。上視所進地圖，疑寇旣屢敗，何以尙據內地土司境，降旨駁詰。會福靈安先被命廉軍事，具言宏榜諸人失守狀，應琚亦劾德成等遲留不進，於是俱逮問，而以楊寧爲提督，且以應琚不勝任，召明瑞代統其軍。明瑞至，首發其欺罔罪，謂誤木緬別爲一事尤妄誕，鄂寧亦糾其掩敗爲勝。應琚恐，迺上言大舉征緬，調湖廣、川、滇軍五萬，五路並進，請敕暹羅夾攻，朝論皆斥之。未幾，詔逮問，賜死。重穀亦坐笞殺人，棄市。

重英初至雲南，隱以監軍自居，嗣爲鄂寧所劾，命以知府從軍。明年，軍士患飢，緬嗛詐媾和，參贊珠魯訥遣重英往報，被執。上以重英且降緬，下其子長齡獄。已，緬歸俘卒，賫貝葉書，附重英書乞罷兵，拒弗納。四十一年，緬出都司蘇爾相議和，仍弗許。五十三年，緬聞暹羅受封，乃款關求貢，並還重英。重英陷緬後，獨居佛寺踰二十年，未改中國衣冠。上大悅，進道員，釋長齡出獄，比以蘇武之節，御製蘇楊論旌之。俄，病卒。

蘇爾相，甘肅靈州人。自行伍從征緬甸、金川有勞，累遷雲南奇兵營都司。三十五年，雲貴總督彰寶以緬甸表貢久不至，遣爾相齎檄往諭，被留，迫使上書阿桂申表貢之議。上謂爾相且降緬，命甘肅疆吏執爾相妻孥致京師，子一、女二死於獄，妻死於道。四十一年，緬始送爾相還。上命阿桂傳諭，令其詣京師，引見，授游擊，賜詩亦比以蘇武。累遷騰越鎮總兵，兼署雲南提督。卒。

明瑞，字筠亭，富察氏，滿洲鑲黃旗人，承恩公富文子。自官學生襲爵。乾隆二十一年，師征阿睦爾撒納，明瑞以副都統銜授領隊大臣，有功，擢戶部侍郎，授參贊大臣，於公爵加「毅勇」字，號承恩毅勇公。二十四年，師征霍集占，復有功，賜雙眼花翎，加雲騎尉世職。師還，圖形紫光閣，擢正白旗漢軍都統。二十七年，出爲伊犂將軍，進加騎都尉世職。

三十年二月，烏什回爲亂，駐烏什副都統素誠自戕，亂回推小伯克賴黑木圖拉爲渠，拒守。明瑞遣副都統觀音保往討，而帥師繼其後。烏什回二千餘出禦，明瑞與觀音保力戰破之，奪砲台七。賊入城，師合圍。明瑞疏陳素誠狂縱激變，及參贊納世通虐回民，阻援師，副都統弁塔哈掩敗妄奏諸狀，上令尚書阿桂至軍，按誅納世通、弁塔哈。賊夜襲我軍，我軍詗知之，預爲備，射賴黑木圖拉殪，賊擁其父額色木圖拉爲渠。明瑞以兵六百餘夜攜雲梯薄其城，不克，則毀其堞，且斷汲道。賊待阿富汗援不至，乃縛獻額色木圖拉等四十二人降，明瑞悉斬之，其脅從及婦稚萬餘送伊犂。烏什平。上以明瑞得渠魁，未詳鞫爲亂狀，亂回至圍急始縛獻首惡，不可輕宥，所措置皆不當，與阿桂同下部議，奪職，命留任。旋條上善後事，如所請。

是時緬甸爲亂犯邊，總督劉藻戰屢敗，自殺。大學士楊應琚代爲總督，師久無功，賜死。三十二年二月，命明瑞以雲貴總督兼兵部尚書，經略軍務。明瑞議大軍出永昌、騰越攻宛頂、木邦爲正兵，遣參贊額爾登額出北路，自猛密攻老官屯，會於阿瓦。十一月，至宛頂，進攻木邦，賊遁，留參贊珠魯訥、按察使楊重英守之，率兵萬餘渡錫箔江攻蠻結。寇二萬，立十六寨，寨外浚溝，溝外又環以木栅，列象陣爲伏兵。明瑞統兵居中，領隊大臣扎拉豐阿、李全據東山梁，觀音保、長青據西山梁。賊突陣西出，觀音保、長青力戰，明瑞督中軍進，殺賊二百餘，賊退保栅。明瑞令分兵爲十二隊，身先陷陣，目傷，猶指揮不少挫。賊陣中羣象反奔，我兵毁栅進，無不一當百。有貴州兵王連者，舞籐牌躍入陣，衆從之，縱横擊殺，馘二千餘，俘三十有四，賊遁走。捷聞，上大悦，封一等誠嘉毅勇公，賜黄帶、寶石頂、四團龍補服，原襲承恩公畀其弟奎林。扎拉豐阿、觀音保勸明瑞乘勝罷兵，明瑞不可。

師復進，十二月，次革龍，地逼天生橋渡口，賊踞山巔立栅。明瑞令别軍出大道，若將奪渡口，而督軍從間道繞至天生橋上游，乘霧徑渡，進據山梁。賊驚潰，俘馘二千餘。復進至象孔，糧垂罄，欲退，慮額爾登額師已入，聞猛籠土司糧富，且地近猛密，冀通北路軍消息，乃移軍猛籠。賊尾我軍後，至章子壩，我軍且戰且行。明瑞及觀音保等殿，日行不三十里，至猛籠已歲除，土司避匿，發窖粟二萬餘石。駐三日，復引軍趨猛密，人持數升粟，焚其餘積。賊躡我軍行，至夕駐營，初相距十餘里。賊詗我軍飢疲，經蠻化，我軍屯山巔，賊即營山半。明瑞謂諸將曰：「賊輕我甚，不一死戰，無噍類矣！賊識我軍號。明旦我軍傳號，若將起行，則盡出營伏箐待。」明旦賊聞聲，蟻附上山。我軍突出發槍砲，賊反走，乘之，斬四千有奇。自此每夜遙屯二十里外，明瑞令休兵六日。賊柵於要道，我軍攻之不能拔，得波竜人引自桂家銀廠舊址出。上聞明瑞深入，命全師速出。詔未達，三十三年正月，賊攻木邦，副都統珠魯訥師潰自戕，執重英以去。額爾登額出猛密，阻於老官屯，月餘引還。繞從小隴川緩行，巡撫鄂寧檄援，不應，於是明瑞軍援絕，而賊自木邦、老官屯兩道並集。二月，至小猛育，賊麕聚五萬餘。我軍食罄，殺馬贏以食；火藥亦竭，槍礮不能發。明瑞令諸將達興阿、本進忠分隊潰圍出，而自爲殿，血戰萬寇中。扎拉豐阿、觀音保皆死。明瑞負創行二十餘里，手截辮髮授其僕歸報，而縊於樹下，其僕以木葉掩尸去。

事聞，上震悼，賜祭葬，謚果烈。建旌勇祠京師，諸將死事者扎拉豐阿、觀音保、李全、王廷玉，命並祀，珠魯訥以自戕不與。額爾登額及提督譚五格坐失機陷帥，逮詣京師，上廷鞫，用大逆律磔額爾登額，囚其父及女，並族屬戍新疆；譚五格亦棄市，而以其明日祭明瑞及扎拉豐阿、觀音保，上親臨奠。

明瑞無子，以奎林子惠倫爲嗣，襲爵。自侍衞累遷奉宸院卿。嘉慶初，剿教匪湖北，自荆門、宜城逐賊入南漳山中，賜玉搬指、荷包；復逐賊至長坪，射賊渠，殪，餘賊兢集，中鎗死，賜白金三千。

論曰：藻起詞科，以廉被主知，陟歷中外。應琚持節臨邊，著聲績。要皆不習軍旅，措注失條理，事敗身殉。明瑞深入，度敵不可勝，遣諸軍徐出，而躬自血戰，誓死不反顧，功雖不成，忠義凜烈，足以讋敵矣！

清史稿卷三百二十八

列傳一百十五

常青　藍元枚　蔡攀龍梁朝桂　普吉保　丁朝雄　鄂輝　舒亮

常青，佟佳氏，滿洲正藍旗人。父安圖，官至江西巡撫。常青自寧郡王府長史累遷察哈爾都統，杭州、福州將軍。乾隆五十一年，署閩浙總督。諸羅縣民楊光勳與其弟爭家業，糾衆立會，縣吏捕治不服，常青令按察使李永祺往按。上以臺灣在海外，不可輕縱，諭勿使蔓延疎脫。尋實授閩浙總督。十二月，林爽文亂起，陷彰化，知縣俞峻死之。常青檄水師提督黃仕簡自鹿耳門進，副將丁朝雄從海壇鎮總兵郝壯猷自淡水進，都司馬元勳屯鹿仔港，分道部署；復如泉州會陸路提督任承恩調度，令金門鎮總兵羅英笈詣廈門彈壓。尋復令承恩自鹿耳門繼進。五十二年，奏賊陷諸羅。臺灣鎮總兵柴大紀堵剿，賊勢稍沮。爽文漳州人，其徒率漳籍。移會兩廣督臣防範，上責其張皇。授李侍堯閩浙總督，而移常青湖廣。

既又命常靑渡臺視師，四月，至臺灣。劾仕簡、承恩遷延觀望，擁兵自衞；壯猷守鳳山，賊至，棄城走。諭逮承恩，罷仕簡候命，而誅壯猷，遂授常靑爲將軍。賊攻府城，常靑督諸軍禦戰，有所俘馘；賊攻桶盤棧，令遊擊蔡攀龍等分駐力禦。奏入，上以常靑年逾七十，能如此勇往督戰，手詔嘉獎，授其子刑部筆帖式喜明三等侍衞，馳驛往省，並賜御用搬指。旋奏爽文還大里杙舊巢，其徒莊大田等萬餘人分擾南路，擬先南剿大田，乃北取爽文。上韙之，下部優敍。旋奏剿賊南潭，殲賊六百餘；爽文之徒莊錫舍出降，擒僞軍師番婦金娘，請檻車送京師，上命授錫舍守備。又奏進剿鳳山，出城未十里，賊三面並進，官兵奮勇擊退；賊勢蔓延，請厚集兵力，遣大臣督戰。上命陝甘總督福康安往視師。旋奏：「賊犯府城，爲丁朝雄擊退。官軍攻莊大田於南潭，殺賊二百餘。大營距府城未遠，勢相犄角，無後顧之虞。」得旨嘉獎，賜雙眼孔雀翎。旋迭奏鹽水港、笨港均爲賊據，糧道既斷，諸羅勢甚危；令總兵魏大斌赴援，戰賊失利，又令遊擊田藍玉援大斌。上以兵分力薄，飭常靑調度失當。又諭：「常靑駐軍桶盤棧，距南潭不過五里，不將賊目莊大田先行剿除，乃結營自守。肘腋之間，任其逼處。」

八月，命福康安爲將軍，督諸將海蘭察、普爾普等大出師討爽文。諭常靑，謂：「非責其師無功，特以年已七十，軍旅非所素習。福康安未至，仍當相機進剿。」旋奏：「賊自南潭來攻，侍衞烏什哈達等擊敗之。因雨後路滑，收兵；又進攻南潭，焚草寮數百間，以天晚，山徑偪仄，不便深入。」寮謂賊所居草屋也。上以其屢稱遇雨路仄收兵，傳旨嚴飭。上又聞賊詗知軍中暑濕多病，常青機事不密，又不督兵深入，屢詰責。旋奏總兵梁朝桂剿賊多斬獲，提督柴大紀報諸羅圍急，令副將蔡攀龍赴援。上諭令親援大紀，待福康安至，合軍進攻。旋奏同江寧將軍永慶等在竹篙厝等處殲賊甚衆；山猪毛社義民尤矯捷，獲礮一，生擒賊目張招。又奏總兵普吉保克月眉莊，距諸羅五里，令與大紀并力固守；又令諸生劉宗榮等給番社土目札諭防賊竄匿。屢得旨嘉許。

福康安渡臺灣。上授常青福州將軍，留辦善後，令從將軍職戴單眼孔雀翎。福康安劾大紀貪劣狀，上責常青徇隱，奪職，交福康安嚴鞫。福康安旋以常青自承徇隱，請交部治罪，上特宥之。召詣京師，署鑲紅旗蒙古都統。五十四年，授禮部尚書、鑲藍旗漢軍都統。五十八年，卒，謚恭簡。子喜明，官至徐州鎮總兵。

常青初視師，福州將軍恆瑞，水陸二提督任承恩、黃仕簡皆在行，戰無功。承恩、仕簡以誤軍機坐斬，臺灣平，赦出獄。仕簡至狼山鎮總兵，承恩亦至副將，恆瑞自有傳。

藍元枚，字簡侯，福建漳浦人，提督廷珍孫。父日寵，官福建銅山營水師參將。元枚襲三等輕車都尉世職。乾隆三十一年，命發廣東，以外海水師參將用，補海門營參將。累遷總兵，歷臺灣、金門、蘇松三鎭。四十九年，授江南提督。五十二年正月，臺灣民林爽文爲亂，命元枚馳驛往泉州，署福建陸路提督，駐蚶江策應。至福州，奏言：「師渡臺灣，亂民潰散，慮入內山與生番勾結。」上諭令速捕治，俾盡根株。水師提督黃仕簡率兵討爽文，坐逗留奪官，以命元枚，並賜孔雀翎，授參贊，趣率兵渡鹿仔港，會總督常靑進討。六月，元枚率兵次鹿仔港，與總兵普吉保師會，卽夜，師分道自柴坑仔、大武隴入，殺賊甚衆。上嘉之，賜雙眼孔雀翎。

元枚所將止浙江兵二千，奏請益師，上命總督李侍堯發福建兵二千、廣東兵三千益元枚。時總兵柴大紀堅守諸羅，元枚使告大紀，期會兵攻斗六門。戰阿棟社，戰埤頭莊、大肚溪，屢殺賊。復進攻西螺，焚條圳塘、中浦厝諸地賊莊。元枚族人啓能等七十九人自賊中出，使爲導。元枚奏聞，並言如察出啓能等已從賊，當立誅。上嘉其公當，賜緙絲蟒袍、上佩荷包，並諭：「啓能等旣來歸，前此已否從賊，不須追詰。」諸羅被圍已兩月，大紀屢就告急，上屢趣元枚赴援，諭：「廷珍平朱一貴，七日而事定。元枚當效法其祖，毋負委任。」七月，元枚病作。八月，賊自竹子脚、大肚溪、柴坑仔三道來攻。元枚力疾出戰，病益劇，越十日，卒於軍，贈太子太保，發白金千兩治喪，賜祭葬，謚襄毅。元枚謚同廷珍，時稱小襄毅以別之。

蔡攀龍，福建同安人。自行伍屢遷至福建澎湖右營遊擊。乾隆五十一年，林爽文爲亂，巡撫徐嗣曾檄詣軍。五十二年，賊破鳳山，總兵柴大紀令督兵捕治。賊攻臺灣府城，攀龍出戰，屢破賊。賊屯西園莊，攀龍率諸將瑚圖里、丁朝雄分道攻之，殺賊三百。賊復攻府城，總督常青令攀龍率諸將孫全謀、黃象新等禦戰。賊乘東、南二門，攀龍等力戰，殺賊數百，奪九節礮。論功，擢北路協副將，賜孔雀翎。賊復至，攀龍督戰，復殺賊三百餘，予强勝巴圖魯名號。七月，常青令攀龍援柴大紀諸羅，上命授海壇鎮總兵。攀龍師至鹽水港，分八隊以進。雨大至，賊乘雨合圍，諸將貴林、楊起麟、杭富皆戰死。會大紀以師來迎，攀龍及全謀兵不及千人，偕運餉民三千人入諸羅，復出城殺賊。總督李侍堯聞攀龍兵達諸羅，未知貴林等戰死狀，謂諸羅圍已解，入告。上擢攀龍陸路提督，參贊軍務，貴林、起麟、全謀並遷官。俄，侍堯復疏陳，上命卹戰死諸將。

福康安既解嘉義圍，疏劾大紀，因言攀龍軍嘉義西門外，並無出城殺賊事，自請奪職，擬請令還海壇本任。上謂攀龍屢戰有功，其過尚可寬。五十三年，逮大紀治罪，移攀龍水師提督。師攻大武隴，令攀龍駐灣裏溪。爽文旣擒，其弟勇及賊渠莊大田猶窺伺府城，攻灣裏溪，圖斷府城道。福康安遣攀龍分道進攻，頗有斬獲。事平，圖形紫光閣，列前二十功臣，上自爲贊，許爲臺灣戰將中巨擘。師還，諸將言攀龍平庸，福康安亦言未能勝任，左遷江南狼山鎭總兵。嘉慶三年，卒。

梁朝桂，甘肅中衞人。乾隆三十七年，以中衞營外委從征金川，先後攻克路頂宗、布朗郭宗及功噶爾拉、丫口、昔嶺、阿喀木雅。三十九年，克溯普，進攻喇穆喇穆山梁，奪日丫口。四十年，剿勒吉爾博寨，先登被創。四月，攻木思工噶克山，潛師入，盡克其城碉，據康薩爾至丫口山。十月，克西里山。錄功，賜孔雀翎。累遷陝西潼關協副將。金川平，列五十功臣，圖形紫光閣。累遷甘肅肅州鎭總兵。坐事罷。復起，自福建福寧鎭移廣東高廉鎭。

五十二年，臺灣林爽文爲亂，莊大田應之，別爲南路賊。朝桂率兵敗大田於蔦松，斬馘二百餘。賊衆數千犯大營，擊却之，斃賊三百。將軍常青慮南路賊北擾諸羅，檄朝桂堵禦，連敗之南潭、中洲、十三里莊，殲數百人。九月，常青移師北路剿爽文，以朝桂守臺灣府城，賊來犯，擊走之。其冬，援參贊恆瑞於鹽水港，燬賊寮，賜號奮勇巴圖魯；復同恆瑞自鹿仔草進剿鎭平莊，受創，力戰敗賊。時提督柴大紀被圍諸羅急，朝桂欲馳援，恆瑞不聽，大紀以聞，帝令將軍福康安察奏。會福康安抵鹿仔港，檄朝桂仍駐守鹽水港及鹿仔草。

五十三年春，就擢福建陸路提督。檄剿麻豆莊、大武隴屯賊，通郡城要道。大田時據大武隴拒守，朝桂自茅港尾繞至阿里港迎截；復赴打狗、竹仔各港口截其走路。大田力不支，自牛莊竄極南之郎嶠，負山阻海。福康安自風港進至柴城，分六隊直逼海岸，與朝桂環攻之，大田及他賊目四十餘悉就擒。臺灣平，再圖形紫光閣。金門巡洋艦被劫，以朝桂不能戢盜，移廣西。再移湖廣。卒。

普吉保，札庫塔氏，滿洲正黃旗人。乾隆三十年，以藍翎侍衞從軍征烏什，有功，補三等侍衞。三十七年，從參贊大臣舒常攻日旁，有功。三十九年，從副將軍豐昇額攻凱立葉山，進抵迪噶拉穆札山。賊分三隊，普吉保偕侍衞瑪爾占等夾攻，斃賊無算，賜銜捷巴圖魯名號。四十年，攻噶爾丹寺諸地，連破木城、石碉。上獎普吉保勇往，累擢福建汀州鎭總兵。林爽文爲亂，總督常青檄普吉保會剿，五十二年，率水師渡臺灣，迭破賊鹿仔港、八卦山，上嘉其奮勉。爽文見師至，退守斗六門、大里杙。普吉保以師進，爽文攻諸羅，赴援，抵笨港，率遊擊海亮等殲賊數百，燬賊莊七，得旨嘉奬，賜玉搬指、荷包、蟒袍。笨港潰賊糾衆截我兵，普吉保擊斬甚衆。嗣以駐兵元長莊、月眉莊不進，旨嚴飭。尋攻大埔林，收復斗六門。爽文竄內山，普吉保從諸將徒步陟山搜捕。五十三年，以兵扼科仔坑口，合圍，俘爽文。南路莊大田亦就擒。臺灣平，圖形紫光閣。普吉保初克鹿仔港，以福康安疏薦，授臺灣總兵。明年，上念臺灣初定，盧普吉保不能勝，命解任。尋授廣西左江鎭，坐責把總黎振乾投水死，戍伊犂。卒。

丁朝雄，字伯宜，江蘇通州人。自行伍累擢福建臺灣水師副將。乾隆五十一年，以任滿赴部引見，至省城，聞林爽文亂起。朝雄策東港與鳳山犄角，爽文所必爭，白總督常青，請兵屯東港，斷其糧道。常青不能用，遣朝雄還臺灣，佐海壇鎭總兵郝壯猷討爽文。

五十二年春，壯猷偕朝雄率兵二千餘擊賊，馘三百，俘二十五。日將暮，賊復來攻，朝雄復殺賊百餘，賊始去。攻鳳山，朝雄乘東門，首諸軍入，鳳山遂復。黃仕簡檄朝雄守安平海口。賊攻府城，朝雄偕知府楊廷樺督兵民力禦。賊攻桶盤棧，朝雄爲前鋒，出戰，臺灣道永福、同知楊廷理率兵民繼，復殺賊百餘，賊敗走。冬，朝雄偕遊擊倪賓率兵千二百、義民二千餘攻東港。東港賊數萬，其渠吳豹以海岸淺，度舟不能至，不爲備。朝雄遣諜以水注賊礮，乘雨至水漲，遣兵民分道登岸殺賊，俘豹。以兵寡不能克，報常青請益兵。常青令駐港口護餉道。既，令攻竹仔港，燬賊舟。

五十三年春，復攻東港，仍遣諜以水注賊礮，督兵攻渡口，賊驚竄，逐三十餘里，乃倚山而軍。賊夜來犯，朝雄戒勿動；及曉，賊倦，掩擊，大破之。爽文遣其徒來援，朝雄築壘困之。賊潰圍出，設伏斷其歸路，而自將追之，大破賊，遂復東港。福康安上其功，授海壇鎮總兵。旣，福康安劾柴大紀受陋規，言朝雄爲安平協副將時亦有此，當奪職戍軍臺，上以朝雄攻東港戰有功，命留任。林鬍舵、林明灼者，海盜渠也，五十四年，朝雄巡洋至汜澳，破盜巢，得鬍舵等；而明灼拒殺參將張殿魁。上責總督伍拉納，伍拉納以屬朝雄，督舟師出海，遇諸大麥洋，俟其近，發大礮，斃數酋，明灼窮蹙，躍入海，官軍鈎致，俘以歸。

五十五年，追論朝雄在臺灣失察天地會邪教，當奪職；上諳伍拉納朝雄在官狀，伍拉納言朝雄督水師捕盜有勞，命還任。五十八年，攝水師提督。五十九年，入覲，至淸江浦，病篤。乞罷歸，卒於上海舟中。

鄂輝，碧魯氏，滿洲正白旗人。自前鋒分發四川試用守備。七遷建昌鎭總兵。從大學士阿桂定蘭州回亂，予法什尙阿巴圖魯名號。再遷成都將軍。乾隆五十二年，署四川總督。將軍福康安討臺灣亂民林爽文，上命鄂輝率四川屯練降番濟師。尋授參贊，從渡海援嘉義。鄂輝屯東莊溪橋，攻克牛稠山竹柵，嘉義圍解。逐賊至大排竹，殲之。師攻斗六門，賊自山下撲，鄂輝督兵衝截，賊奔逸，攻克大埔林、大埔尾二莊，賊潰。爽文自所居大里杙奔內山番界，鄂輝逐之至集埔。五十三年春，詷知爽文所匿地曰東勢角，福康安督鄂輝及舒亮追捕，自歸仔頭至麻著社，分軍，鄂輝自撲仔離東山路進，舒亮直取東勢角。是役遂俘爽文，亂乃定。上命臺灣嘉義立諸將帥生祠，鄂輝與焉。師還，圖形紫光閣，賜雙眼孔雀翎、雲騎尉世職。鄂輝朝熱河行在。

廓爾喀侵西藏，據濟嚨、聶拉木諸地。上促鄂輝還四川，與提督成德帥師赴援，又命侍郎巴忠往按。巴忠先嘗爲駐藏大臣，習藏事，示意噶布倫，令賂廓爾喀返侵地。鄂輝等遂與議和，疏陳善後事。尋授四川總督。五十六年，廓爾喀渝盟，復侵濟嚨、聶拉木諸地。上命將軍福康安督師討廓爾喀，責鄂輝誤用巴忠議致復生事，奪官，予副都統銜駐藏，聽福康安指揮，福康安令督餉。工部尙書和琳劾鄂輝得廓爾喀貢表不以上聞，命奪副都統銜，逮赴前藏荷校示罰。五十八年，命還京師，授拜唐阿。加員外郎銜，遷熱河總管。

嘉慶初，命以侍衞詣荆州從剿敎匪，戰有功，以都統銜加太子少保，授湖南提督。屢破賊，與額勒登保等攻克石隆山，斬賊渠石柳鄧，封三等男。二年，擢雲貴總督。三年，卒，謚恪靖，祀賢良祠。四年，追論在湖北軍中受餽白金四千，罷祀。

舒亮，蘇佳氏，滿洲正白旗人。自前鋒累遷參領。師征金川，舒亮從副都統齊里克齊率健銳營爲裨將。攻穆谷，舒亮伏山下待賊，殺賊甚衆。攻卡角，賊匿山溝，舒亮於密箐中望見火光，以火器就擊之，賊驚潰。以功，累遷鑲黃旗滿洲副都統。從克噶拉依，賜穆騰額巴圖魯名號。師還，圖形紫光閣。乾隆四十六年，大學士阿桂討撒拉爾亂回蘇四十三，舒亮從。初至，破賊華林山。賊掘濠設卡以自固。阿桂令海蘭察自山西攻賊卡，舒亮自南山進，當賊鋒，賊競出，射舒亮，傷左股，舒亮拔箭裹創，復戰，奪賊卡四，殺賊百餘。又與海蘭察詗賊不備，以土囊塡濠渡軍，殲守濠賊，復奪十餘卡。蘇四十三旣誅，復剿華林寺餘匪。事平，還京師。

林爽文之亂，福康安出視師，舒亮以正黃旗護軍統領爲領隊大臣。至臺灣，福康安軍道笨港救嘉義，令舒亮出別道分賊勢。賊方據北大肚山拒我，舒亮迎擊，敗之，連破南大肚、王田、瀨湑、半山、坑子諸莊，遂克烏日莊。會福康安軍夾擊，解嘉義圍。五十三年，爽文竄匿東勢角。福康安督舒亮等追逮，令舒亮直取東勢角，山徑峻險，將卒皆步上，殺賊二千餘。爽文復走老衢崎，舒亮督諸軍急進，獲之，亂遂定。

上以臺灣遠在海外，主客民雜處，風俗素悍，命於府城及嘉義立諸將帥生祠，示威德。祠成，命並及在事疆吏，首福康安，次海蘭察、李侍堯、普爾普、鄂輝、徐嗣曾，而以舒亮殿焉。尋授鑲紅旗蒙古都統。師還，命監爽文及其徒賴大等生致京師。賴大道病，舒亮令誅之，不稱上意，命仍爲護軍統領。敍功，予雲騎尉世職，再圖形紫光閣。出爲荆州、黑龍江將軍。在黑龍江，坐私市貂皮，奪官，削世職。

川、陝、楚教匪起，命以三等侍衞從軍。嘉慶元年，戰襄陽，再戰劉家集，屢俘斬賊渠。攻當陽，先登，額中鎗，奮進，殺賊千餘，獲其酋，遂克當陽，賜孔雀翎，授鑲藍旗漢軍副都統。賊自鍾祥分竄唐、鄧，設伏呂堰驛，西竄賊殲焉；乃合兵逐東竄賊，戰草店，復中鎗，賚銀絲盒、荷包。旋以縱賊渡滾河，奪孔雀翎、巴圖魯。二年，坐賊渡漢江，降三品頂戴。三年，復以總督勒保劾勦賊不力，奪官，以兵丁留軍。尋卒。

論曰：林爽文亂起，常青及福州將軍恆瑞並水陸二提督，躬率師東渡，徘徊坐誤。高宗爵柴大紀，誅郝壯猷，欲以激勵諸將；繼以元枚代，功未竟而卒，終煩禁旅，始克底定。承平久，水陸諸軍不足用，不得獨爲大紀罪也。鄂輝、舒亮從福康安出師，與攀龍、朝雄皆有戰績；然大紀力保危城，當時聲譽遠出諸將上。功名之際，有幸有不幸，固如是夫！

清史稿卷三百二十九

列傳一百十六

宋元俊 薛琮 張芝元 董天弼 柴大紀

宋元俊，字甸芳，江南懷遠人。以武進士授四川成都營守備，遷懷遠營都司。乾隆二十年，孔撒、麻書兩土司搆釁，金川、綽斯甲布兩土司乘隙爲亂，元俊爲撫定，集孔撒、麻書、金川、綽斯甲布、革布什咱、綽沃、白立、章谷、瞻對諸土司斷曲直，使頂經立誓。累遷阜和營游擊。

二十九年，金川土司郎卡侵丹壩、綽斯甲布兩土司，諸土司請兵，署總督阿桂、提督岳鍾琪奏令元俊偕署副將長清諭各土司合兵進剿。移漳臘營參將，坐事左遷。三十五年，小金川土司澤旺之子僧格桑掠鄂克什，阿桂檄元俊宣諭僧格桑還侵地及所掠番民。復補阜和營游擊。三十六年，革布什咱頭人結郎卡子索諸木據革布什咱官寨，戕土司策楞多布丹，總督阿爾泰復令元俊往宣諭。小金川圍鄂克什、達木巴宗，侵明正土司，據納頂寨，元俊與參將薛琮、都司李天佑率兵討之，收納頂寨，進攻索布大寨。琮率兵自山梁潛度，元俊與天佑渡河夾擊，獲石卡十八，屢戰皆捷，明正土司碉寨七百餘盡復。

師入小金川境，取噶中拉、莫如納、扎功拉等地，進克納咱。阿爾泰及侍郎桂林以聞，擢松潘鎮總兵。師攻甲木，賊據喇嘛寺爲固。元俊及守備陳定國攻破之，盡收所屬城、卡、碉、寨，據墨爾多山梁。師復進，天佑、定國攻西山梁，元俊同侍衞六十一、參將巴克坦布等自喇嘛寺繞攻郭松，參領普寧自西山麓沿河攻甲木，侍衞哈青阿及琮自東山麓攻卡丫。師行以夜半，戰自卯至巳，卡丫、郭松、甲木皆克。賜元俊孔雀翎。

三十七年，師攻革布什咱，元俊請於桂林，分兵爲五道：一自郭宗濟野宗攻木巴拉博租；一自章谷渡河夾攻，俾賊前後受敵，兩軍旣合，先據默資溝，截金川來路，進取吉地官寨；一自巴旺之高石、嘉舉諸山，分道攻薩瑪多監藏布覺，取吉地；一自茂紐攻沙衝；一自喀勒塔爾攻黨哩，會兵取丹東。策定，元俊及游擊吳錦江等自章谷渡河據格藏橋，哈青阿、天佑出郭宗濟野宗，兩隊軍夾攻，賊驚潰，遂克木巴拉博租、薩瑪多監藏布覺諸地。進克吉地官寨及默資溝。參將常泰等克黨哩，都司李天貴等克沙衝，元俊復克丹東。復革布什咱地三百餘里，民戶二千餘。

桂林遣陳定國調綽斯甲布兵駐軍界上，備調遣。上責桂林不令元俊乘勝取金川。元俊旋與散秩大臣阿爾泰劾桂林欺誑及諸罪狀，上爲奪桂林職，令阿爾泰署四川總督，命額駙、尚書、公福隆安按治。未至，詔元俊督兵赴綽斯甲布率土兵進攻金川。元俊奏：「自戰失利，士氣消沮，現在兵力不足幷按兩金川。請敕調湖南、湖北、山西、甘肅兵二萬，分三道進軍，計兩月可竟事。」上以元俊請益師，未免張皇，令福隆安會阿爾泰、阿桂與元俊詳悉覈計。上諭軍機大臣，謂：「元俊能治事，熟番情；但其人似狡猾好事，當留意駕馭。」

尋，福隆安疏陳所劾桂林狀不實，上以方進兵，元俊熟番情，諸事不必窮究；惟言：「桂林以白金畀金川贖被掠官兵罪最重，今汪承霈自承出其意。承霈以曹司從軍，不當與其事。當詰汪騰龍，成信讞。」福隆安復疏言：「騰龍以金囑王萬邦待巴旺、布拉底克歸迷道官兵予金爲賞，元俊誘萬邦令具札言桂林使贖被掠官兵。事爲元俊陷。」上乃怒，責元俊奸狡負恩，命奪職逮問，籍其家。參贊阿桂疏言：「元俊在川日久，熟番情，爲近邊土司所信服。諸將能馭番無出其右。臣遇事多與詢商，冀收指臂之效。乞恩仍留軍中，俾奮勉出力，使詐使貪，原所不廢；如剛愎逞私，卽據實嚴劾。」上命留總兵，還所籍財產。元俊同副都統永平、博靈阿等潛赴墨壟溝，進至郡峰。乘月督軍登山薄賊卡，正大霧，我師騰躍入卡，克山梁三道、碉卡二十有四，進克格魯克石。金川酋圖佔丹壩官寨，綽斯甲布土司發兵往助，阿桂奏令元俊增兵往剿，未行，卒于軍。

元俊在邊久，善馭諸土司。往時賚諸土司繒帛輒竄敝，元俊必以善者，諸土司皆喜。元俊出行邊，諸土司率妻子出謁，畀以茶、菸、簪珥，視若家人。稍不循法度，卽訶譴，皆悚息聽命。打箭鑪徼外夾壩出沒，元俊至，無敢犯行李者。諸番小有動靜，爭來告，以故元俊諸所措置皆中窾要。其得罪，上亦知其枉。旣卒，其子猶戍邊。四十一年，金川平。元俊部將張芝元請於阿桂，謂元俊有功無罪，徒以忤專閫被羅織，語甚切。阿桂爲疏請，赦其子還。

薛琮，陝西咸寧人。父翼鳳，河南南陽鎭總兵。琮以廕生入巡捕營。累遷四川漳臘營參將。阿爾泰討金川，以琮從。克納頂、邊谷諸碉寨。溫福代阿爾泰視師，攻巴朗拉，琮戰最力。又克卡丫，取通甲木。攻阿仰東山，總督桂林與都統鐵保、提督汪騰龍將兵取墨壟溝，令琮將三千人自甲木、噶爾金後繞山道應大軍夾擊。桂林中道引還卡丫，又檄鐵保、騰龍令退。琮深入，糧盡，待桂林不至。桂林令都司廣著赴援。賊據高峯曰博六古通，險阻，廣著師不得度。琮督兵直進，燬柵十餘，奪碉七十餘。賊力拒，琮督兵仰攻，中槍，沒於陣，軍盡覆，同死者都司張淸士、陳定國等二十五人。阿桂破翁古爾壟，立祠戰地祀琮等。

琮在諸將中號能戰，元俊與最厚。嘗與期旦日會師，孰後至當斬。琮至後二刻，元俊遣騎持刀呼取薛參將頭。琮望見笑曰：「琮頭當與賊，不與公也！」奮前奪數碉反。元俊猶爲琮請罪，以功論贖乃已。及桂林誤琮戰沒，元俊憤激論劾，卒以是得罪。

張芝元，四川清溪人。以千總從副將軍明亮征金川有功，積官至越嶲營參將。金川會以番僧詗軍事，芝元言於明亮曰：「軍事每爲賊知，非去其諜，滅賊無日矣。」會大風雪，明亮命芝元率數十人僞若以他事出者，宿番僧寺中。芝元故通番語，與僧飲甚歡，僧醉眠，芝元出寺聚柴焚之，僧皆死。賊諜斷，因招降其衆。尋從成都將軍特成額駐兵江卡，捕夾壩，圍本肯賊寨，焚其碉，殲賊甚衆，擢懋功協副將。臺灣林爽文爲亂，芝元率屯練降番佐軍。參贊海蘭察等分攻大埔林、中林、大埔尾三莊，芝元爲策應。賊據小半天山，將軍福康安等自前山進，芝元與領隊大臣普爾普領兵別爲一隊，夜半先發，繞大山夾攻賊後。黎明，諸軍同抵山麓，攀援上，賊力拒，芝元先登，拔其柵，斬獲無算，幷堵賊去路。未幾，爽文就擒。臺灣平，擢建昌鎮總兵，圖形紫光閣，列前二十功臣。尋調松潘鎮總兵。廓爾喀掠西藏濟嚨、聶拉木，上命芝元率屯練降番往討之。芝元至，値大雪，山谷皆滿。芝元手大刀指揮，士卒皆感激用命，賊敗走。廓爾喀再叛，芝元偕提督成德督兵攻聶拉木，守拍甲嶺隘口斷賊援，聶拉木遂下；乘勝攻濟嚨，復克之，賊懼，乞降。未幾，卒。五十八年，論平定廓爾喀功，再圖形紫光閣，列後十五功臣。

芝元少以小校事元俊，後乃雪元俊枉。人以是多芝元，亦益賢元俊能知人也。

董天弼，字霖蒼，順天大興人。自武進士授四川提標前營守備。乾隆初，師征金川，天弼在軍有功。累遷維州協副將。金川酋郎卡攻丹壩土司，天弼偕游擊宋元俊諭郎卡歸所掠，毀所築碉，兵罷，遷松潘鎮總兵。旋擢四川提督。郭羅克部劫西藏入貢喇嘛，上命天弼按治，未得其渠，詔責其苟且。三十五年，小金川土司澤旺子僧格桑爲亂，攻鄂克什土司色達克拉，圍其寨。天弼督兵駐達木巴宗，檄僧格桑斂兵退色達克拉，以其寨糧盡，乞徙達木巴宗。天弼與總督阿爾泰議留兵戍焉。

三十六年，僧格桑復圍達木巴宗，並略木耳宗、巴朗拉諸地。天弼自打箭鑪出邊，徵省標及松潘、維州諸鎮協兵，行至眠龍岡，賊已得巴朗拉，築碉卡爲久守計，且斷我兵路。天弼議襲山神溝以解達木巴宗圍，尋將四百人自山神溝至德爾密，克碉七，賊竄走；再進取畢旺拉，賊乘霧來犯，土兵驚潰，德爾密、畢旺拉皆陷。天弼疏請罪，上以天弼所將兵本少，總督阿爾泰不預策應援，宥其罪，諭以「當奮勉。再不努力，獲罪滋重矣」。天弼復將五百人自木坪陟堯磧，順山攻甲金達對面山梁，取碉二。天弼以鄂克什牛廠當要道，分兵殲守廠賊，駐軍其地；乘勝上下截擊，木坪、鄂克什諸土司錯壤，要隘皆爲我軍有。未幾，賊復襲據牛廠。上以阿爾泰師久無功，奪官。因責：「天弼始終貽誤，與阿爾泰同罪，奪官，留軍中充伍。如更退縮，正軍法。」尋命下成都獄。詔未至，天弼以甲金達山峻不可上，求間道，得溝在兩崖間。會大風雪，天弼率兵自溝中潛度，遂至達木巴宗，擊僧格桑色達克拉；潰圍出，並克木耳宗，迎溫福師與會。上聞，命貸死，留軍中。阿桂令天弼監火藥軍械。三十七年，師克資哩，阿桂令天弼將五百人駐焉。尋予副將銜，授重慶鎮總兵。命督兵赴曾頭溝，進至梭磨，梭磨土婦請以千人從。事聞，賜花翎。天弼督兵攻堪卓溝，自間道出納雲達，深入賊境五十餘里，克山梁三，破碉卡三十餘、木城三。迎溫福師會於布朗郭宗，克大板昭、木丫寨，得碉三十六、卡十六。上以溫福已得布朗郭宗進克底木達，天弼所克不過空寨，疏語頗鋪張，手敕戒之。尋授領隊大臣。

三十八年，復爲四川提督。時小金川已定，溫福督師進討大金川，令天弼以五百人守底木達。溫福進駐木果木，號大營；底木達當賊來路，爲要隘。溫福檄三百人益大營，又去其後援。時溫福以軍屢勝，不以賊爲意。金川頭人七圖葛拉爾思甲布等以千餘人詐降，溫福使與厮養雜處，因誘諸降人爲變，諗底木達兵弱無後援，六月乙丑朔，潛自山後擁衆攻底木達，天弼率所部二百人抽刀力戰，至夜半，賊以鳥槍數百環擊，殺之。越九日，劫大營，溫福亦死焉。上先命天弼駐丹壩，旋命移駐布朗郭宗，軍中傳賊來犯。時天弼方屯美諾，上命奪官逮治。總督劉秉恬疏言：「天弼自美諾馳赴底木達，途遇賊，右脅中槍死。」仍以貽誤軍事籍其家，戍其子舉人聯轂伊犂。金川既平，獲七圖葛拉爾思甲布，傳送熱河行在，廷訊，具言天弼死事時力戰狀，乃赦聯轂還，授內閣中書。

柴大紀，浙江江山人。自武進士授福建守備。累擢至海壇鎮總兵，移臺灣鎮。乾隆五十一年十一月，林爽文亂起。爽文漳州人，徙彰化，所居村曰大里杙。時姦民相聚，號天地會，漳州人莊煙爲之魁，爽文與相結，謀爲變。臺灣知府孫景燧馳詣彰化，督知縣俞峻、副將赫生額、游擊耿世文捕治，焚數小村以怵之。爽文因民怨，夜糾其徒來襲，赫生額等皆戰死。明日，遂破彰化，景燧亦殉焉。傍攻諸羅、鳳山，皆陷。大紀時以總兵守府城，賊分道來攻，大紀出駐鹽埕橋禦之，擊沉賊舟數十，馘千餘。

五十二年春，水師提督黃仕簡、陸路提督任承恩先後赴援。大紀出攻諸羅，克之，即移軍守諸羅。旋以守府城功，賜花翎。上以仕簡、承恩師久無功，授總督常青將軍，渡臺灣視師。爽文攻諸羅，自二月至四月凡十至，大紀督游擊楊起麟、守備邱能成等出戰，殺賊數千。爽文之徒張愼徽僞降，大紀察其詐，置諸法。臺灣諸府縣皆編竹爲城，不耐攻，大紀以忠義率兵民誓堅守。上嘉大紀勞，賜荷包、奶餅，下部議敍。六月，授福建陸路提督，仍兼領臺灣總兵。鹽水港者，諸羅通府城糧道也，賊來攻，大紀力禦之。上促常青赴援，予大紀壯健巴圖魯名號，參贊軍務。八月，上以常青衰老不能辦賊，命福康安爲將軍，仍令大紀參贊；而常青令總兵魏大斌援諸羅，賊邀諸途，退駐鹿仔草；復令總兵蔡攀龍援諸羅，大紀出戰，迎入城共守。上移大紀水師提督，而以陸路提督授攀龍。十一月，加大紀太子少保。上以諸羅被圍久，縣民困守，奮力向義，更縣名爲嘉義。賊攻城益急，上密諭大紀：「不必堅執與城存亡，如遇事急，可率兵力戰，出城再圖進取。」大紀疏言：「諸羅居臺灣南北之中，縣城四周積土植竹，環以深壕，壕上爲短垣，置礮，防衞堅固。一旦棄之而去，爲賊所得，慮賊勢益張，鹽水港運道亦不能守。且城廂內外居民及各莊避難入城者共四萬餘人，助餉協守，以至於今。不忍將此數萬生靈付逆賊毒手！惟有竭力保守，以待援兵。」上手詔謂：「所奏忠肝義胆，披覽爲之墮淚！大紀被圍日久，心志益堅，勉勵兵民，忍飢固守，惟知以國事民生爲重。古之名將，何以加之？」因封爲一等義勇伯，世襲罔替，並命浙江巡撫琅玕予其家白金萬，促福康安赴援。

十二月，福康安師至，嘉義圍解，大紀出迎，自以功高拜爵賞，又在圍城中，倥偬不具櫜鞬禮，福康安銜之，遂劾大紀詭詐，深染綠營習氣，不可倚任。上諭謂：「大紀駐守嘉義，賊百計攻圍，督率兵民，力爲捍衞。朕諭以力不能支，不妨全師而出。大紀堅持定見，竭力固守，不忍以數萬生靈委之於賊。朕閱其疏，爲之墮淚。福康安乃不能以朕之心爲心乎？大紀嘗奏賊以車載槍礮攻城，今福康安言得賊攻城大車，又委棄槍礮，爲我軍所得，足見大紀前奏不虛。大紀又奏縣城食盡，地瓜、花生俱罄，以油粃充食。當時義民助餉，未必遽至於此。但大紀望援心急，以食油粃爲詞。普吉保、恆瑞兩軍尙復觀望不進，若云猶有餘粟，則兩路赴援更緩。此時縣城存亡未可知，安怪大紀過甚其詞耶？大紀屢荷褒嘉，在福康安前禮節或有不謹，致爲所憎，直揭其短。福康安當體朕心，略短取長，方得公忠體國之道。」侍郎德成自浙江奉使還，受福康安指，訐大紀。上命福康安、李侍堯、徐嗣曾、琅玕按治，福康安臨致書軍機大臣，言：「大紀縱兵激民爲變，其守嘉義，皆義民之力。大紀聞命，欲引兵以退，義民不令出城，乃罷。」事聞，上諭謂：「守諸羅一事，朕不忍以爲大紀罪，至其他聲名狼藉、縱兵激變諸狀，自當按治。」命奪大紀職，逮問。福康安尋以大紀縱弛貪黷、貽誤軍機，議斬，送京師。上命軍機大臣覆讞，大紀訴寃苦，並言德成有意周內，迫嘉義民證其罪，下廷訊，大紀猶力辯。五十三年七月辛巳，命如福康安議棄市，其子發伊犂爲奴。

論曰：元俊、天弼在邊久，熟情僞，習形勢，諸番仰其威惠。元俊阨於桂林，激而欲自白，不得直；微阿桂右之，罪且不測。天爵又見嫉於溫福，驅至寡之兵以投方張之寇，既死猶尙以爲罪。若大紀有功無罪，爲福康安所不容。高宗手詔，可謂曲折而詳盡矣，乃終不能貸其死。軍旅之際，捐肝腦，冒鋒刃，求尺寸之效，困於娼嫉，功不成而死於敵，若功成矣，而又死於法。嗚呼，可哀也已！

清史稿卷三百三十

列傳一百十七

福康安　孫士毅　明亮

福康安，字瑤林，富察氏，滿洲鑲黃旗人，大學士傅恆子也。初以雲騎尉世職授三等侍衞。再遷頭等侍衞。擢戶部侍郎、鑲黃旗滿洲副都統。師征金川，以溫福爲定邊將軍，阿桂、豐昇額爲副將軍，高宗命福康安齎印往授之，即授領隊大臣。乾隆三十八年夏，至軍，阿桂方攻當噶爾拉山，留福康安自佐。木果木師敗，溫福死事，復命阿桂爲定西將軍，分道再舉。攻喇穆喇穆，福康安督兵克其西各碉，與海蘭察合軍，克羅博瓦山；北攻，克得斯東寨。賊夜乘雪陟山，襲副將常祿保營，福康安聞槍聲，督兵赴援，擊之退。賊屯山麓，乘雨築兩碉，福康安夜率兵八百冒雨踰碉入，殺賊，毀其碉，上手詔嘉其勇。進克色淜普山，破堅碉數十，殲賊數百。又與額森特、海蘭察合軍，攻下色淜普山南賊碉，遂盡破喇穆喇穆諸碉卡，並取日則丫口。再進克嘉德古碉，攻遜克爾宗西北寨。賊潛襲我軍後，福康安擊之退。賊以距勒烏圍近，屢夜出擊我師，福康安與戰屢勝。

阿桂慮賊守隘不時下，改道自日爾巴當噶路入；檄福康安攻下達爾扎克山諸碉。再進，攻格魯克古，率兵裹糧，夜踰溝攀崖，自山隙入當噶海寨，克陡烏當噶大碉、桑噶斯瑪特木城石卡。再進，克勒吉爾博寨。阿桂令福康安將千人從海蘭察赴宜喜，自甲索進攻得楞山，焚薩克薩古大小寨數百，渡河取斯年木咱爾、斯聶斯羅市二寨。再進，次榮噶爾博山。擢內大臣，賜號嘉勇巴圖魯。再進，至章噶。福康安偕額森特攻巴木圖，登直古腦山，拔木城、碉寨五十，焚冷角寺，遂克勒烏圍。

阿桂令取道達烏圍進攻噶拉依，分其軍爲七隊，福康安率第一隊，奪達沙布果碉、當噶克底、綽爾丹諸寨爲木柵，斷科思果木走雅瑪朋道。進克達噶木碉二，阿穰曲前峯碉木城各二十。焚奔布魯木護起寨。取舍勒圖租魯傍碉一、寨二，格什格章寨一，薩爾歪碉寨三，阿結占寨二。陟科布曲山梁，盡得科布曲諸寨。四十一年春，再進，克舍齊、雍中二寺。自拉古爾河出噶拉依之右，移礮擊其寨。噶拉依既下，金川平。論功，封福康安三等嘉勇男。師還，郊勞，賜御用鞍轡馬一。飲至，賜緞十二端、白金五百。圖形紫光閣，賜雙眼花翎。

授正白旗滿洲都統，出爲吉林、盛京將軍。

授雲貴總督。南掌貢象，自陳爲交趾所侵，乞以餘象易礮。福康安諭以國家法制有定，還其象，不予礮。疏入，上深韙之。移四川總督，兼署成都將軍。四川莠民爲寇盜，號嘓匪，命福康安捕治。逾年，福康安疏言盜已徐戢，陳善後諸事。擢御前大臣，加太子太保。召還京，署工部尚書。授兵部尚書、總管內務府大臣。

四十九年，甘肅回田五等立新教，糾衆爲亂。授參贊大臣，從將軍阿桂討賊。旋授陝甘總督。師至隆德，田五之徒馬文熹出降。攻雙峴賊卡，賊拒戰，阿桂令海蘭察設伏，福康安往來督戰，殲賊數千，遂破石峯堡，擒其渠。以功，進封嘉勇侯。轉戶、吏二部尚書，協辦大學士。

五十二年，臺灣林爽文爲亂，命福康安爲將軍，而以海蘭察爲參贊大臣，督師討之。時諸羅被圍久，福建水師提督柴大紀堅守。上褒大紀，改諸羅爲嘉義，以旌其功。陸路提督蔡攀龍督兵赴援，圍未解。福康安師至，道新埤，援嘉義，與賊戰崙仔頂，克僫長等十餘莊。會日暮，雨大至，福康安令駐師土山巔，賊經山下，昏黑無所見，發銃仰擊。福康安戒諸軍士毋動。既曙，雨霽，海蘭察已自他道入，師與會，圍解。進一等嘉勇公，賜紅寶石帽頂、四團龍補服。

大紀以方在圍中，謁福康安未具櫜鞬禮，福康安銜之，疏論大紀骩法、牟利諸罪狀，並及攀龍陳戰狀不實。上以大紀困危城久，攀龍亦有勞，意右之，詔謂「二人或稍涉自滿，在福康安前禮節不謹，爲所憎，遂直揭其短」，戒福康安宜存大臣體。然大紀卒以是坐死。時論寃大紀，亦深非福康安嫉能，不若傅恆遠也。福康安復劾攀龍，左遷；而福州將軍恆瑞師逗遛不進，福康安與有連，力庇之，詔亦斥其私。

福康安既解嘉義圍，令海蘭察督兵追捕爽文，檻致京師；復得副賊莊大田。臺灣平，賜黃腰帶、紫韁、金黃辮珊瑚朝珠。命臺灣、嘉義皆建生祠塑像，再圖形紫光閣。疏請募熟番補屯丁，並陳善後諸事，要在習戎事，除奸民，清吏治，肅郵政，上悉從之。旋授閩浙總督。

五十四年，安南阮惠攻黎城，孫士毅師退。上移福康安兩廣總督，詔未至，福康安疏請往蒞其事。上獎福康安忠，謂：「大臣視國如家，休戚相關，當若此也。」惠更名光平，乞輸款，福康安爲疏陳，請罷兵，上允之。御史和琳劾湖北按察使李天培爲福康安致木材，令湖廣糧船運京師，福康安疏請罪。上手詔謂阮光平方入朝，特寬之；命奪職留任，仍罰總督俸三年、公俸十年。五十五年，福康安率光平朝京師，以獲盜免罰總督俸。

五十六年，廓爾喀侵後藏，命福康安爲將軍，仍以海蘭察爲參贊大臣，督師討之，免罰公俸。五十七年三月，福康安師出青海，初春草未盛，馬瘠，糧不給，督諸軍速進。行四十日，至前藏，自第理浪古如絨轄、聶拉木，察地勢，疾行向宗喀，至轄布基。諸道兵未集，督所部分六隊，趨擦木，潛登山，奪賊前後二碉，殲賊渠三、賊二百餘，擒十餘。進次瑪噶爾轄爾甲山梁，賊渠手紅旗，擁衆登，令設伏誘賊進，至山半，伏起橫擊，搴旗賊盡殪。進攻濟隴，濟隴當賊要隘，大碉負險，旁列諸碉卡，相與爲犄角；乃分兵先翦其旁諸碉卡，併力攻大碉，縛大木爲梯，督兵附碉登，毀壘。戰自辰至亥，克其寨，斬六百，擒二百。捷聞，上爲賦誌喜詩書扇，並解御用佩囊以賜。

六月，自濟隴入廓爾喀境，進克索勒拉山。度熱索橋，東越峨綠山，自上游潛渡。越密里山，攻旺噶爾，克作木古拉巴載山梁。攻噶勒拉、堆補木諸山，破甲爾古拉、集木集兩要寨。轉戰深入七百餘里，六戰皆捷。上詔褒福康安勞，授武英殿大學士。福康安恃勝，軍稍怠，督兵冒雨進；賊爲伏以待，台斐英阿戰死。廓爾喀使請和，福康安允之。廓爾喀歸所掠後藏金瓦寶器，令大頭人噶木第馬達特塔巴等齎表進象、馬及樂工一部，上許受其降。師還，加賜福康安一等輕車都統畀其子德麟，授領侍衞內大臣，視王公親軍校例，置六品頂戴藍翎三缺，官其傔從。復圖形紫光閣，大學士阿桂讓福康安居首。

福康安初征金川，與海蘭察合軍討亂回，同爲參贊；及征臺灣、定廓爾喀，皆專將，海蘭察爲參贊，師有功，受殊賞。上手詔謂：「福康安能克陽布，俘拉特納巴都爾、巴都爾薩，當酬以王爵。今以受降班師，不克副初願。然福康安孝賢皇后姪，大學士傅恆子，進封爲王，天下或議朕厚於后族，富察氏亦慮過盛無益。今如此蕆事，較蕩平廓爾喀倍爲欣慰。」陽布，廓爾喀都城；拉特納巴都爾等，其渠名也。五十八年，疏陳西藏善後十八事，詔從之。安南國王阮光平卒，上慮其國且亂，命福康安如廣西。福康安母卒於京師，令在任守制。福康安途中病，命御醫往視。福康安疏言：「安南無事，乞還京師，冀得廬墓數日。」詔許之，加封嘉勇忠銳公。移四川總督。旋又率金川土司入覲。恆秀時爲吉林將軍，以采參虧庫帑累民，命福康安蒞讞，擬罪輕，上責福康安袒戚誼。復移雲貴總督。方寒，賜御服黑狐大腿褂。

六十年，貴州苗石柳鄧，湖南苗吳半生、石三保等爲亂，命福康安討之。柳鄧圍正大營、嗅腦營、松桃廳三城，福康安師至，力戰，次第解三城圍，賜三眼花翎。福康安率貴州兵破老虎巖賊寨，詗得柳鄧蹤迹。和琳時爲四川總督，將四川兵來會，攻滿華寨，焚賊寨四十。柳鄧入湖北，投三保，三保方圍永綏廳，福康安督兵赴援。師當渡，賊築卡拒守。分兵出上流，縛筏，縱民牧牛，設伏；待賊至掠牛，伏起，奪賊船，所縛筏亦順流至，師盡濟。攻石花寨，越得拉山戰，殺賊甚衆，令總兵花連布間道援永綏，師從之，戰三日，圍解。

進次竹子山，賊屯蘭草坪西北崖，以板爲寨，樹旗東南山闕；乃設伏對山，仍督兵若將自山闕入。賊來戰，伏兵發礮，賊潰，退保鄉木陀山；再進，克之。山西爲登高坡，與黃瓜山對，分兵出五道，冒風雨克黃瓜山，焚寨五十六；攻葅蔴寨，奪大小喇耳山，焚寨四十。吳半生、三保悉衆拒戰，分兵攻雷公山，阻其援兵，擊破西梁上中下三寨。再進至大烏草河，循河克沙兜寨、盤基坳山；戰於板登塞，再戰於雷公灘，賊屢敗。取右哨營，渡河，於羣山中越險，進克馬蝗衢等大小寨五十。至狗腦坡，山益險，兵皆附葛藤，冒矢石，行陟其巔，破賊寨；再進，克蝦蟆峒、烏龍巖。攻茶它，降者七十餘寨。上移福康安閩浙總督，進封貝子。再進，克巖碧山，焚巴溝等二十餘寨。再進攻魔手寨山，總兵花連布將廣西兵克苗寨四十，賜貂尾褂。圍高多寨，吳半生窮蹙出降。上官福康安子德麟副都統，在御前侍衞上行走。再進攻鴨保寨，鴨保右天星寨，爲賊中奇險處，督兵自雪中求道，進取木城七、石卡五，克垂藤、董羅諸寨，賜御服黃裏玄狐端罩。旋克大小天星寨。進攻㯿木營，乘風雪夜進，拔地良、八荆、桃花諸寨。自平隴復乾州，盡克擒頭坡、騾馬峒諸隘，焚其寨三百。嘉慶元年，再進，克吉吉寨、大隴峒等寨。戰於高吉陀，再戰於兩岔溪，屢敗賊。賊襲㯿木營，攻擒頭坡，皆以有備敗走。克結石岡，焚牧牛坪等大小寨七十。進克官道溪，再進攻大麻營石城，至廖家衝，奪山巔石卡。夜間，道出連峯坳，奪山梁七。上褒福康安，命贈傅恆貝子。

福康安染瘴病作，猶督兵進，五月，卒於軍。仁宗製詩以誄，命加郡王銜，從傅恆配太廟，諡文襄。子德麟，襲貝勒，遞降至未入八分公，世襲罔替。

福康安受高宗殊寵，師有功。在軍中習奢侈，犒軍金幣輒巨萬，治餉吏承意指，糜濫滋甚。仁宗旣親政，屢下詔戒諸將帥毋濫賞，必斥福康安。德麟迎喪歸，將吏具賻四萬有奇，責令輸八萬。德麟旋坐雩壇視牲誤班，降貝子。

孫士毅，字智治，一字補山，浙江仁和人。少穎異，力學。乾隆二十六年進士，以知縣歸班待銓。二十七年，高宗南巡，召試，授內閣中書，充軍機章京。遷侍讀。大學士傅恆督師討緬甸，以士毅典章奏。敍勞，遷戶部郎中。擢大理寺少卿。出爲廣西布政使。擢雲南巡撫。總督李侍堯以贓敗，士毅坐不先舉劾，奪職，遣戍伊犂，籍其家，不名一錢。上嘉其廉，命纂校四庫全書，授翰林院編修。書成，擢太常寺少卿。復出爲山東布政使。擢廣西巡撫，移廣東。初上官，疏言：「廣東海洋交錯，奸宄易藏。惟有潔以持身，嚴以察吏，不敢因循諱飾。」上諭以勉效李湖，湖爲廣東巡撫，以風厲有聲爲上所深賞也。

尋署兩廣總督。陝甘總督福康安議練兵，詔下雲、貴、四川、兩廣、福建諸行省令仿行。士毅疏請廣東練水陸兵二萬八千五百三十二人，廣西練兵一萬一千二百九十六人，選人材精壯、技藝嫺習，責督、撫、提、鎭實心訓練；請嚴立科條，以懲積習。上諭曰：「此可徐徐爲之，而必以實。」尋還巡撫任。廣東民悍，多逋賦，州縣吏當上計，或以私財應，冀課最，民益延抗爲得計。士毅詳覈積逋，遣幹按治逋賦最多諸州縣，自乾隆四十年後，具册督追。州縣吏以私財應計政者，察無他私弊，以督追所得償之。上奬其能，惟謂：「州縣吏職催科，乃以不能振作，民多逋賦。以私財應計政，不罪其詿已爲寬典；若以督追所得償之，將何以示儆？令續徵逋賦當悉入官。」茭塘者，羣盜所聚，拒捕傷官。士毅擒其渠，戮以徇。上復嘉其能，賜花翎。兩廣總督富勒渾縱其僕受賕，事聞，下士毅按治得實，富勒渾坐譴。上以士毅持正，即遷兩廣總督。富勒渾疏論廣東鹺政，請增運艘，按季徵餉價，復三十九埠運商清積逋。士毅受事，疏言：「增運艘，當去封押之擾，定經久之規，俾新舊船戶皆各樂從；按季徵餉價，當復舊例，歲終奏銷；三十九埠運商以逋課黜，中鉛山、南康、上猶、英德四埠當先復，清積逋當自三十九埠始。」皆下部議行。

五十二年，臺灣林爽文爲亂，士毅詣潮州戒備。師行，遣兵助剿，芻茭、器械皆立辦，加太子太保，賜雙眼翎、一等輕車都尉世職。五十三年，臺灣平，圖形紫光閣。會安南國王黎維祁爲其臣阮惠所逐，其母、妻叩關告變。士毅以聞，督兵詣龍州防鎭南關，帝嘉其識輕重、知大體，命自廣西入安南，別遣雲南提督烏大經自蒙自進。阮惠遣將拒於壽昌江，又分兵屯嘉觀。士毅師至，擊破惠所遣將，渡壽昌江，再進至市球江，惠守備甚設。士毅令陽於下游爲浮橋，若將渡；密遣總兵張朝龍自上游渡，出賊後，賊恇擾。士毅勒兵乘筏渡，賊棄寨走；縱擊，賊自投江中死，尸蔽江。游擊張純等亦擊破惠屯嘉觀軍，副將慶成等設伏擒惠將。師再進至富良江，江南卽黎城，惠令盡收戰艦泊南岸拒守。士毅縛筏載兵，令提督許世亨將二百人夜過江，掠小舟數十，更番渡兵。黎明，兵渡者二千餘。惠軍以舟遁，張純追及之，分焚其舟，盡殲之，遂復黎城，阮惠走富春。維祁至軍中，士毅承旨封爲安南國王。捷聞，封一等謀勇公，賜紅寶石頂。士毅辭，不許。命班師，士毅猶豫未卽行。

五十四年春正月，阮惠率其徒攻黎城，維祁亦挈其孥潛遁。士毅引兵退，渡市球江，駐江北。惠軍追至，總兵李化龍殿，度浮橋，墮水死；浮橋斷，提督許世亨等皆戰死。士毅還入鎭南關，維祁與母子偕至，置諸南寧。上以士毅不遵詔班師，有此挫折，罷封爵，並撤紅寶石頂、雙眼花翎，解總督任，以福康安代之。方惠追我師至富良江，士毅欲復渡江與決戰，世亨力諫，謂損大臣、傷國體，令千總薛忠挽其轡而退。至是具疏自劾，令駐鎭南關治事。惠尋遣使求內附，福康安至，與士毅嚴斥之。既，以黎氏孱亂，不堪復立國，遂偕奏安南不必用兵狀，帝從其議。尋召士毅還京師，授兵部尙書，充軍機大臣，直南書房。是年冬，命署四川總督，逾歲眞除。未幾，兩江總督書麟坐高郵書吏僞印冒徵被譴，以士毅代之，諭以江南吏治廢弛久，當黽勉整飭，毋徇隱。徐州王平莊河決，築毛城鋪隄堰，賑被水諸州縣，俱稱旨。五十六年，召授吏部尚書、協辦大學士。

廓爾喀用兵，命攝四川總督，督餉。士毅自打箭爐出駐察木多，師已入後藏，復馳詣前藏，饋運無匱。以勞，復賜雙眼花翎。五十七年，廓爾喀平，再圖形紫光閣。旋授文淵閣大學士，兼禮部尚書。偕福康安、和琳駐前藏謀善後。福康安率金川土司入覲，命士毅再權四川總督。福康安移雲貴總督，以和琳代之。上令士毅留四川董理討廓爾喀之役軍需奏銷，士毅乞留福康安、和琳會覈，上不許。

六十年春，湖南苗爲亂，入四川秀山境，士毅督兵駐守擊賊。嘉慶元年，湖北敎匪爲亂，侵四川酉陽境。士毅移軍來鳳，戰屢勝，封三等男。賊屯茶園溪，大雨旬日，詗無備。夜擊賊，人持短兵坌湧入，千總張超執長矛先登，斬其魁，追奔四十餘里。賊退據旗鼓寨，士毅移軍從之。六月，卒於軍中，贈公爵，謚文靖。以其孫均襲伯爵。

士毅故善和珅，病篤，遺書請入旗，高宗特許之，命均入漢軍正白旗，授散秩大臣。尋以幼罷。十一年，自陳廢疾，請以同祖弟玉墀襲爵，仁宗諭曰：「士毅克黎城，皇考命班師。士毅意在貪功，遲延失事，兵潰入關。所奏多有虛飾。朕體皇考遺意，未予追求。今均旣病廢，士毅原授伯爵當裁撤，并令均出旗歸原籍。」

明亮，富察氏，滿洲鑲黃旗人，都統廣成子，亦孝賢高皇后姪也。初以諸生尙履親王允祹女，爲多羅額駙，授整儀尉。累遷鑾儀衞鑾儀使。乾隆三十年，授伊犂領隊大臣，從征烏什亂回。再移寧古塔副都統。從征緬甸，有功。

三十六年，兩金川爲亂，命以護軍統領佐四川總督桂林出師。明年，桂林師出墨壟溝，敗績，明亮未以聞，上責其隱，奪職。旋授頭等侍衞銜，令從軍自効。時阿桂以參贊大臣代將，令明亮仍出墨壟溝，潛襲甲爾木，奪第一山梁。地高寒，不俟令引還，阿桂奏劾，降二等侍衞銜。復攻甲爾木，乘雪陟其中峯，克所築碉卡，授二等侍衞。尋攻㐨登梅列，斷賊糧道，遷頭等侍衞，加副都統銜。復自都恭進破噶察、丹嘉諸寨，與阿桂會於僧格宗。阿桂授副將軍，命明亮爲領隊大臣。再進，自僧格宗渡河，東攻美諾，令侍衞德赫布等爲前隊，明亮繼，逐賊至美都喇嘛寺，圍美諾，戰一晝夜，克之。小金川悉定。

進討大金川，溫福出西路，豐昇額出北路，而阿桂出南路，明亮爲參贊。三十八年正月，師次當噶爾拉山，亙二十餘里，賊築十四碉拒守。明亮攻克第五、第四兩碉。居數月，溫福師敗，僧格宗、美諾皆陷。從阿桂斂師退駐翁古爾壟，擢廣州將軍。十月，師再舉，阿桂出西路，授明亮定邊右副將軍，出南路，當一面。自思紐順河取得里、得木甲諸寨，襲破宅壟，復取僧格宗，與阿桂會美諾。小金川復定，賜御用黑狐冠。三十九年正月，與阿桂策定進軍道，明亮自巴旺、布拉克底土司進次馬奈。馬奈山峻險，河南有地曰斯第，爲賊寨障。明亮夜攻馬奈，遣參贊大臣富德自駱駝溝出寨後夾攻，戰二日，克之。再進，次絨布寨。分兵授領隊大臣奎林，以皮船渡河，取斯第山梁木城二。再進攻卡卡角，其前地曰庚額特，山負河而立，危峯護其右，勢絕險，山腰徑隘，賊夾以巨碉。屢攻不能下，於其右築五碉衞餉道。攻穆谷諸寨，賊拒守益力，而奎林軍以乏水移駐深嘉卜。明亮詗得泉，使富德、奎林移軍就之。分道攻斯第，賊前後並至，斷我軍爲數部，戰甚力，侍衞阿爾都陟險焚賊卡，乃破圍出。明亮策攻正地，深入不遇賊，慮阻險設伏，未卽進。阿桂令改出北路，與參贊大臣舒常合軍攻宜喜，進克達爾圖山梁。賊築十八碉，迭戰克其十五，復自木克什進次帶石，東取谷爾提，西攻沙壩山，焚碉卡二百餘。賊據隘斷我軍道，別得道出。

四十年四月，阿桂令參贊大臣海蘭察助攻宜喜，分兵十餘道攻賊碉。明亮與海蘭察、舒常巡行督戰，克薩克薩谷山梁，達爾圖、得楞、沙壩山諸賊皆潰，並得日旁諸寨，授內大臣。再進克基木斯丹當噶山，海蘭察還佐阿桂。明亮軍進次扎烏古，攻碉未卽下，令奎林以礮擊賊，破石眞噶，北取琅谷，移師駐其地。阿桂已克勒烏圍，進攻噶拉依，令明亮攻碾占。未即下，明亮疏請簡精銳佐阿桂併力出西路。上不謂然，詔切責，乃自琅谷進攻納木迪。阿桂遣駐美諾兵千餘助明亮。明亮策賊守納木迪，扎烏古備必疏，遣奎林出間道襲破之。自日斯滿至阿爾古山梁，上下二十餘里，諸碉卡盡下，納木迪賊焚寨走。再進攻日斯滿先取得耳谷，斷賊後路；令和隆武等夾擊，大破賊，還攻碾占。碾占爲乃當山巓，其北曰阿爾占，其南曰甲雜。明亮襲破阿爾占，夜督兵縋下峭壁，陟山梁，盡破諸碉寨，遂攻乃當，賊潰遁。圍甲雜，缺一面當水，賊走，師乘之，皆墮水死。阿桂軍臨噶拉依，明亮取獨松趨正地，降馬爾邦，令奎林等軍於巴布朗谷。督兵與阿桂軍會，偕阿桂疏報噶拉依圍合。四十一年春，命封一等襄勇伯，賜雙眼花翎。師克噶拉依，金川平。時議以成都將軍駐雅州總邊政，以授明亮。明亮以雅州地隘，請還駐成都，陳善後諸事，皆從之。夏，師還，上郊勞，賜銀幣、鞍馬。冬，復率諸土司入覲，命在軍機處行走。四十三年，改授四川提督。四十五年，復率諸土司入覲。

四十六年，甘肅撒拉爾回亂，攻蘭州。明亮將四川兵自鞏昌入甘肅，合軍討賊。上幸木蘭，覲行在，改授烏魯木齊都統。員外郎開泰罪譴，命永遠枷號；明亮徇協領富通請釋之，未以聞。四十八年，移伊犂將軍，而富通當引見，開泰懼失庇，投水死。事聞，上逮明亮詣京師，獄成，罪絞待決。四十九年，甘肅固原回復亂，大學士阿桂出視師，命釋明亮，賜藍翎侍衞從軍。亂定，授頭等侍衞。累遷鑲紅旗蒙古都統。五十五年，授刑部尚書。五十六年，出爲黑龍江將軍。五十八年，移伊犂將軍。六十年，復入爲正紅旗漢軍都統。坐在黑龍江令兵輸貂予賤値，奪職，留烏魯木齊自効。

貴州苗石柳鄧、湖北苗石三保等爲亂，嘉慶元年，命明亮出佐湖南軍，授頭等侍衞，旋以副都統銜署廣州將軍。賊久據孝感，署湖廣總督永保討之未克，明亮將三千五百人以往，至潼川鋪，賊出戰，分兵伏黃金廟，攻賊壘，伏起，賊礮裂，斂入城。明亮令積柴城門外縱火，賊突出，皆墮壕，三日火始燼，城遂破，賜輕車都尉世職。攻鍾祥，得賊渠張家瑞等。戰於雙溝，屯呂堰，賊至，擊敗之。再進攻平隴，破養牛塘、剛息衝諸隘。圍石隆，奮戰，斬石柳鄧，獲其孥，封二等襄勇伯，賜雙眼花翎。

是時教匪起，延及四川、陝西、湖北三省，命明亮督兵赴四川，與總督宜緜合軍討賊。二年，明亮自永綏入四川，與宜緜軍合。轉戰，焚金峨寺，破重石子、香爐坪，克分水嶺、火石嶺諸卡。賊渠王三槐出戰，大破之，三槐中槍逸，賊死者萬餘人。復戰精忠寺，俘三槐母。襄陽賊渠姚之富、齊王氏等竄四川，與三槐及達州賊渠徐添德合，勢復張。之富等據開縣南天洞，明亮擊破之，逐賊，戰於大涼山。雲陽賊渠高名貴應賊，明亮與宜緜策擒名貴，殲其從。賊攻白帝城，明亮循江下宜昌，賊來犯，擊破之。逐賊至獨樹，會湖廣總督景安師至，合擊，逼賊入南漳山中。度賊且渡漢北入河南境，令總兵長春屯穀城爲備；督兵出隆中，賊北走，擊之潰，賜紫韁。

賊屢敗，不能北渡，乃自房縣入陝西境。明亮逐賊，屢戰皆捷，先後殺六千餘人。賊走紫陽，明亮師次白河峽，之富等與諸賊渠張漢潮、高均德分道竄走，明亮逐漢潮、均德入漢中。上責明亮不當置羣盜而但逐漢潮、均德，奪爵及雙眼花翎、紫韁。之富等亦渡江與均德合走漢陰，其徒入城固、南鄭，乃奪職，逮詣京師。旋以軍事急，命留軍自効。督兵逐之富、齊王氏自山陽至鄖西，急擊之，之富、齊王氏皆投崖死，賜副都統銜、花翎。命捕治均德。

師進次西鄉，漢潮與諸賊渠詹世爵、李槐合萬餘人，自竹谿至平利、太平，明亮追及於池子山，戰，馘世爵、槐，而漢潮還走南鄉，復攻陷西鄉、石泉，命奪花翎。漢潮入河南境，攻盧氏，明亮赴援，漢潮復走陝西，攻五郎廳。四年，上授勒保經略大臣，授明亮副都統、參贊大臣，逐漢潮入漢中。勒保弟永保先以孝感、鍾祥勦賊無功坐譴，嫉明亮；至是起署陝西巡撫，與明亮不相能，漢潮往來奔竄，不以師應。上徵勒保還，命明亮代將，遷正紅旗漢軍都統。明亮劾永保軍久駐不進，永保言明亮有手札尼其移軍。上爲奪明亮職，逮詣京師，明亮方追賊入子午谷，戰於張家坪，殲漢潮。師還，就逮，罪斬待決。

五年，上追錄前功，以領催詣湖北從陝甘總督松筠討賊，旋授藍翎侍衞、領隊大臣。敗賊石花街，遷二等侍衞。再敗賊斑竹園、遠安鎭，命以五品銜授宜昌鎭總兵。賊窺荆、襄，明亮與戰敗之。賊欲西走陝，明亮守七星關，賊復折而東，戰於朱家嘴，大破賊，進秩視三品。賊復入陝西境，明亮與巡撫倭什布合擊之，賊還南竄。上命赴四川討賊，明亮以陝西賊渠高二、馬五等將至竹谿，馳赴迎擊。上責明亮不卽赴四川，復左授藍翎侍衞。明亮已擊破高二、馬五，復擢三等侍衞、領隊大臣。還師湖北，戰於壽陽坪，破賊渠徐添德，戰於獅子巖、佘家河，破賊渠苟文明，復授宜昌鎭總兵。時湖北賊漸定，上念明亮老，召還，授二等侍衞。

七年，自副都統外授烏魯木齊都統。三省敎匪平，行賞，封一等男。九年，內授都統，遷兵部尚書。十年，進一等子。十四年，加太子少保，進三等伯。十五年，賜雙眼花翎，命協辦大學士。十六年，以輿夫聚博，上聞，不以實奏，左授副都統。十七年，出爲西安將軍。十八年，內授都統、左都御史。十九年，復授兵部尚書、協辦大學士。二十二年，授武英殿大學士，進太子太保。二十四年，進三等侯。道光元年，致仕，食全俸。二年，卒，年八十七。宣宗親臨奠，賜陀羅經被。謚文襄，祀賢良祠。

論曰：福康安起戚里，然亦自知兵。征廓爾喀，賊守隘，命前軍更番與戰，而設伏隘側，前軍敗退，賊逐出隘，伏起，賊駭走，我軍躡之入隘。福康安策騎督戰，諸軍悉度隘，遂夷賊屯。其才略多類此。士毅入安南，度重險，𡨥入其庭。是時諸將多驕侈，士毅獨廉，蓋亦有不可沒者。明亮知兵過福康安，廉侔士毅，師屢有功，輒有齮之者，未能竟其績。立朝既久，躬享上壽，進受封拜，非倖致也！

清史稿卷三百三十一

列傳一百十八

海蘭察 子安祿　奎林 珠勒格德　和隆武　額森特　普爾普

海蘭察，多拉爾氏，滿洲鑲黃旗人，世居黑龍江。乾隆二十年，以索倫馬甲從征準噶爾。輝特台吉巴雅爾既降，復從阿睦爾撒納叛，師索之急，遁入塔爾巴哈台山中，海蘭察力追及之，射墜馬，生獲以歸，敍功，賜號額爾克巴圖魯。累擢頭等侍衞，予騎都尉兼雲騎尉世職，圖形紫光閣。三十二年，以記名副都統從征緬甸，師出虎踞關，海蘭察率輕騎先驅，至罕塔，遇賊，殪三人，俘七人，遂攻老官屯，馘二百；設伏，殲賊四百，賊自猛密出襲我師，援擊却之。三十三年，再出師，度萬仞關，敗賊戛鳩江，燬江岸賊居，授鑲黃旗蒙古副都統。師薄老官屯，攻賊於錫箔，毀其木柵，賊來攻，急擊之，追戮其强半，縛二人以歸。既還師，命留軍防邊。移鑲白旗蒙古副都統。

三十六年，師征金川，命自雲南赴四川與師會。三十七年六月，參贊大臣豐昇額方攻美美寨，賊禦戰甚力。海蘭察師至，合力奮擊，克之；乘勝毀賊寨十三，克木城，師屯其旁山岡，築卡以守。七月，敗賊策卜丹。八月，賊出貢噶山左，謀截糧，海蘭察設四伏，斬級百餘。十月，進攻路頂宗及喀木色爾，破碉卡三百餘，殲賊數百，詔嘉獎，擢正紅旗蒙古都統。十一月，進至格實迪，自色木僧格山後取瑪覺烏大寨，仰攻布喇克及扎喀爾寨，得碉卡九十。十二月，進攻明郭宗，突入寨門，焚轉經樓，直搗美諾。

小金川既定，進討大金川，授參贊大臣，從將軍溫福出西路，自功噶爾拉入。三十八年二月，趨昔嶺，道經蘇克奈，奪卡二，據木果木後山，與領隊大臣額森特軍合戰，得碉卡五，鑿冰開道，一日而至固木卜爾山。山接昔嶺麓，昔嶺多賊碉，當道碉凡十，我師遇賊碉，若山峯縱橫並列，往往爲之次第，便指目。海蘭察與額森特計分兵爲六隊，力攻第九、第十二碉，先下，進取第七、第八兩碉，力戰冰雪中。及暮，陽撤兵，賊下追，伏起，殪二百人。第五碉尤堅厚，海蘭察運礮轟擊，晝夜無稍休，碉乃破。移軍攻達扎克角山梁，奪獲得斯東寨。上按地圖示諸將形勢，海蘭察復移軍攻功噶爾拉山口。五月，還攻昔嶺，造礮臺高與山齊，痛殲守賊。六月，後路賊攻陷底木達，進據登春。海蘭察還禦，戰正力，俄聞木果木大營有警，疾馳。次日大營陷，將軍溫福歿於陣。海蘭察令領隊大臣富興整兵出，而爲之殿。夜牛，至功噶爾拉總兵牛天畀營，度功噶爾拉亦不可守，合軍引退，令額森特等爲前導，與富興、普爾普及天畀殿。是日暮，屯崇德。次日至美諾，與領隊博清額、五岱、和隆武合軍，馳奏請罪。上諭以「鎮靜，鼓士氣，圖恢復」。與五岱共守美諾，賊屢來攻，均戰退。

時當新敗，綠營兵多潰散。海蘭察請遣回怯卒，毋使搖亂新兵，上從其請。尋調知阿桂方駐軍當噶爾拉，乃分兵千人，令額森特自南山往迎；又令普爾普將三百人巡鄂克什諸隘口。七月，賊大至，美諾、明郭宗俱失守，海蘭察退保日隆。上責其不能禦賊，命阿桂按治。阿桂至日隆，奏：「海蘭察當兵潰時，前後攔截，未與懦卒同潰。惟平日不能申明軍律，咎不能辭。」命左授領隊大臣，停俸。十月，命以阿桂爲定西將軍，謀再舉，海蘭察偕領隊常清等將八千人自達木巴宗北山取道分三路進，奪別斯滿大小十餘寨。復與富興等攻取帛噶爾角克、底木達、布朗郭宗諸寨，師復克美諾。上嘉海蘭察奮勉，命支俸。

三十九年正月，阿桂令海蘭察將五千人自明郭宗進谷噶山擊賊，又令與保寧將二千人自喇穆喇穆橫梁繞八十餘里，攻登古山。登古山在諸山最峻，羅博瓦山與對峙，亦賊中奇險處。二月，令普爾普順山梁進，海蘭察出山後，自石罅躍登，搏賊酣戰；額森特、保寧至，合力擊賊，賊少却；復分隊冒死衝突，射之，殪數十人，餘賊負矢遁。乃還取羅博瓦前山，攻第三、第四峯，而額森特攻第二峯，普爾普攻第一峯，俱克之。上諭羅博瓦爲賊險要門戶，海蘭察力攻功最，授內大臣。

三月，從第四峯下，進攻得斯東寨，克之。四月，賊乘霧雨於山坡立兩碉，海蘭察率兵毀之。五月，於喇穆喇穆山後築柵，賊屢自林中來犯，與額森特合擊，賊披靡走。六月，攻色淜普岡，賊設大碉六，互相應。額森特克左兩碉，烏什哈達克右一碉，海蘭察獨克中三碉及附近卡寨。七月，抵色淜普，南崖石壁陡滑，督兵手足攀援上，殲東西峯守碉賊殆盡。又自喇穆喇穆山麓乘勝攻日則丫口，取碉卡百餘，賊堅守該布達什諾木城。師循山溝，海蘭察出其左，額森特出其右，官達色出中路，三道並進，遂逼遜克爾宗。上嘉海蘭察爲諸將倡，屢克險要，賜號綽爾和羅科巴圖魯，並賚白金三百。

八月，偕額森特自遜克爾宗峯脊分左右翼仰攻，登碉頂，縱火燬碉卡二百餘；又旁出遜克爾宗西，逼賊寨，督兵踴躍進。賊穴地匿，不敢出。九月，取遜克爾宗水碉，斷賊汲道。乘勝攻官寨，賊鎗石如雨，督兵奮進，額森特取其右第一寨；海蘭察左頰傷，裹創力戰，克第二寨。軍中目賊渠所居大寨爲「官寨」，亦曰「正寨」，示與他碉卡別也。上以海蘭察傷甫平，卽督兵攻奪堅碉，手敕嘉獎。十月，克默格爾山梁及密拉噶拉木，得大寨一、石碉四，山後凱立葉官寨亦下，復授參贊大臣。又自默格爾西進攻布拉克森及格思巴爾，焚寨落數百，於是凱立葉附近碉卡皆盡。命在御前侍衞上行走。

十一月，夜度山溝，進格魯克古丫口，崖礀壁立，督兵猱登，天明，登者六百人，賊幷力拒，奪二碉，循山梁下攻桑噶斯瑪特；別遣兵自陡烏當噶山進克沙木拉渠什爾德諸寨，復督兵攻克革什戎岡及作固頂。賊寨橫越諸山，下溝上梁，鼓勇徑度，盡克諸碉寨，與丹壩軍合。十二月，抵桑噶斯瑪特山，賊於碉外設木城爲護。師自柵隙發矢，或拔柵木撞之，城立毀。四十年正月，自康薩爾分路進剿，據山溝碉寨。二月，克甲爾納沿河諸寨。進攻勒吉爾博寨，海蘭察克山麓碉二。賊自噶爾丹寺來援，擊敗之。四月，將軍阿桂令往宜喜，會明亮詷兵入道，約期合攻。上賜緞二端。

尋分兵千人偕福康安赴宜喜，先取甲索賊碉，進攻得楞山岡，皆下，焚薩克薩谷大小寨落數百，西北兩路兵合。五月，攻上、下巴木通大碉，並克色爾外、安吉、達佳布諸寨，焚噶爾丹寺。六月，自榮噶爾博山梁攻巴占寨落，賊恃險拒攻，未下；紆道繞舍圖枉卡以入。海蘭察督兵進據昆色爾山梁，克果克多碉，進至拉枯喇嘛寺。再進經菑則大海，又攻章噶上下十餘寨，盡克之。合諸路兵逼勒烏圍，海蘭察自托古魯踰溝直上山梁。八月，取隆斯得寨三，分地設伏，遂克勒烏圍。

九月，整軍進攻噶拉依。初自達思里正路入，慮賊防密，改自達烏達圍進。海蘭察繞至莫魯古上，連奪噶克底、綽爾丹諸寨，又克西里山梁並科布曲諸碉。十月，攻達噶，自中路入，分兵張兩翼出旁徑，克兩堅碉，下攻雅瑪朋寨。閏十月，據黃草坪，築柵斷賊援。賊起木城，海蘭察督兵陟山，自上壓下，克之。十一月，分道攻奔布魯木，夜迫山下，焚賊木城，遂據西里正寨。又克舍勒固租魯寨四。進攻雅瑪朋正寨，從中路設伏，偕普爾普等盡克附近寨落。十二月，克勒隈勒木通石碉，築柵至科布曲。海蘭察冒鎗石進，乘勝克索隆古、得木巴爾、們都斯諸寨。賊又於布哈爾下積木設伏拒師，海蘭察分兵三道並進，立時攻破，遂取奇石磯；又遣兵悉收庫爾納、額木里多諸寨，及巴斯科官寨。四十一年正月，克舍齊、雍中兩寺。海蘭察屯兵噶拉依河岸，扼要隘。尋偕福康安、普爾普等截噶拉依右路，克大石卡，移礮進擊扎木什克寨。二月，大金川酋索諾木就縛，金川平，封海蘭察一等超勇侯，賜雙眼花翎。師還，郊勞，賜御用鞍轡馬一。飲至，賜緞二十端、白金千。圖形紫光閣，列前五十功臣。授領侍衞內大臣。補公中佐領。

四十六年三月，甘肅撒拉爾回蘇四十三爭立新教爲亂，破河州，據華林山。命大學士阿桂視師，疏請以海蘭察自佐。上已命爲領隊，馳驛詣軍前。四月，抵蘭州，督兵攻龍尾山，賊伏穴中守。阿桂至，令海蘭察盡護諸軍。五月，偕明亮、額森特等分左右翼陟山殺賊。復踰水磨溝，猝上華林山，賊駭，傾穴出；師陽退，賊來逐，還兵擊之，殲賊甚衆。賊被創鉅，望見海蘭察乘馬出陣，輒先驚竄。閏五月，將阿拉山馬兵繞出華林山江南潛伏，候賊至，突出壕殺賊；又督屯練兵取賊卡四，步戰中鎗傷。上憫其勞，諭阿桂撫慰。賊據大卡負嵎，海蘭察單騎至五泉山審度，還向華林山暫伏壕中，詗賊還，急起猛攻，遂克之。入賊營，焚所居板屋。賊退保華林寺，督兵逼寺立柵，殲賊衆，馘渠傳示各回民。賊平，上諭獎海蘭察功，官其子安祿三等侍衞。四十九年四月，甘肅回復私起新教，聚衆滋事。命尚書福康安視師，授海蘭察參贊大臣。賊屯靜寧底店，海蘭察督巴圖魯侍衞等進逼賊巢，設伏痛殲之，遂破石峯堡，擒賊渠張文慶等。擢安祿二等侍衞，予騎都尉世職。

五十二年，臺灣林爽文爲亂，命將軍福康安視師，仍授海蘭察參贊大臣。十月，渡鹿仔港，登岸後三日，率巴圖魯二十人至彰化八卦山察地勢。賊方於山上築卡，海蘭察躍馬登，賊擁至，發箭殪數賊，餘驚遁。上以其能用少擊衆，諭獎之。十一月，自笨港開道，同福康安援嘉義，分隊五，沿途搜剿，自崙仔頂、崙仔尾逼至牛稠山，賊萬餘阻溪守。海蘭察越溪徑上山梁，攻克賊柵，賊遁，追至大排竹，盡焚賊寮，嘉義圍解。上嘉海蘭察身先士卒，勇略過人，進二等超勇公，賜紅寶石頂、四團龍補褂。

十二月，勦城西大崙莊及海岸賊，又焚城東興化店、員林賊莊，督兵直勦北路。時賊屯中林，尤剽悍，海蘭察冒鎗石馳勦，克之。大埔林、大埔尾諸莊賊俱潰。收斗六門，抵水沙連，賊已遁。尋蹤搜捕，見賊渠方乘馬執幟，射墜馬，獲以歸。進攻大里杙，林爽文起事地也，殲賊目數十、賊黨二百。林爽文逃入番社，卽自內山平呰仔逐賊至集集埔。賊呰前阻大溪，海蘭察策馬逕渡，盡殲呰中賊，追十餘里，至浩淮角，焚草寮千。進剿小半天山寨，海蘭察徧歷東勢角山峯獅子頭、打鐵寮、鰕骨、合歡諸社，至極北炭窰，捕治餘賊。五十三年正月，得爽文於老衢崎，檻送京師。上念海蘭察功，解佩囊賜之。二月，還兵至南路，自彎裏社至極南瑯嶠，執賊渠莊大田，磔於市。臺灣平，賜紫韁、金黃辮珊瑚朝珠，再圖形紫光閣。

五十六年，廓爾喀侵後藏，仍以福康安為將軍，海蘭察為參贊大臣，率巴圖魯侍衞及索倫兵千人往討。出西寧，明年三月，抵後藏。閏四月，抵第哩浪古。與福康安分往絨轄、聶拉木察地勢，定策自濟嚨進兵。海蘭察偕阿滿泰出中路，賊兩碉前後相輔，師奪前碉，賊守後碉不出；督兵毀旁垣入，短兵接，殺賊目三、賊兵二百，進屯擦木。乘勝克瑪噶爾轄爾甲山梁，賊渠率衆陟山，我兵暫伏，賊至山半，橫擊之，賊且戰且退，海蘭察疾馳下擊賊，斬賊渠七、賊二百餘，俘三十。海蘭察馬足中鎗，上聞，戒以「接仗時宜持重，毋輕冒險」。

師進攻濟嚨官寨，海蘭察與台斐英阿督索倫兵往來衝擊，自丑至亥，克之，斬賊六百，俘二百。自濟嚨進至索喇拉山，山下有石卡。師直攻之，賊棄卡奔。逐至熱索橋，賊撤橋，攻之不及。海蘭察密令阿滿泰等東越峨綠山，自上流潛渡，賊駭奔，墜河者甚衆。師悉渡，遂據熱索橋，進至密哩頂，越崇山數重，抵旺噶爾，深入八百七十里，不見賊。旺噶爾西南有大川橫亙，北曰旺堆，南曰協布魯，迤東爲克堆寨，賊各築卡以守。師至旺堆，賊扼河抵禦，不得渡，乃留兵牽賊；密從上游縛木以濟，出賊不意，直薄克堆寨，大敗之。六月，督兵自協布魯進，由噶多東南越雅爾賽拉山，晝夜行，至博爾東拉前山。賊築木城三、石卡七，據要隘，乃轉從山巓下臨賊卡，與阿滿泰上下夾擊，諸城卡盡下；乘勝逐賊至瑪木拉，殺伏賊百餘人。師屯雍雅山，廓爾喀乞降，拒不許。七月，進攻噶勒拉山，三道皆勝。逐賊至堆補木山，奪其卡。山下爲帕朗古橫河，賊扼橋以拒。官兵奪橋渡，馳上甲爾古拉山；別兵從上游潛渡，抵集木集山，合軍。賊來侵，往來迎擊，戰兩日夜，越大山二，克木城四、大小石卡十一，戮賊目十三，斃賊六百，俘十七。廓爾喀渠畏懼，力請降，詔許之，進海蘭察一等公。

五十八年三月，卒，謚武壯。復圖形紫光閣，甫成，上製贊嗟惜，諭曰：「海蘭察以病卒，例不入昭忠祠。念其在軍奮勉，嘗受多傷，加恩入祀。」

子安祿，襲公爵，授頭等侍衞。嘉慶四年，佐經略勒保征四川教匪，戰屢有功。賊渠苟文明等竄開縣，安祿與總兵朱射斗合軍逐剿，賊不敢東竄。十一月，與射斗逐賊枯草坪，乘雨登汪家山殺賊，賊多墜崖死。安祿望見數十賊匿山溝，率數騎逐之，賊潰散，獨策馬從其後，數賊自林中出，安祿倉卒中矛死。謚壯毅，賜白金千治喪，加騎都尉世職，合前賜騎都尉爲三等輕車騎尉。是時奎林子惠倫亦戰沒。上以二人皆名將子，與烏合亂民戰，沒於行陣，深致惜焉。

奎林，字直方，富察氏，滿洲鑲黃旗人，承恩公傅文子也。自拜唐阿襲雲騎尉，擢雲麾使，襲承恩公爵，授御前侍衛。累遷鑲白旗護軍統領，管理健銳營。

乾隆三十七年，授領隊大臣，從副將軍阿桂征金川，與侍衞和隆武攻納圍山梁，攻當噶爾拉。木果木師潰，命阿桂爲定西將軍，召奎林入咨軍事。旋命佐副將軍明亮出南路，自墨壟溝進攻得里。賊築碉山嶺，奎林率兵晝伏夜行，至其側，突擊破之。攻拉約，夜渡河，鼓譟，克賊壘，遂抵僧格宗，連破石碉，獲軍糧火藥。時阿桂復美諾，明亮遣奎林往會師。復從明亮攻斯第，奎林率第一隊兵先占班得古水泉，與賊持兩晝夜，涉險鏖戰，飛石傷脊。兩賊握利刃突前，侍衞珠勒格德射之，殪，餘賊驚逸。上諭嘉奎林勇猛。攻達爾圖，賊碉綿亙數里，奎林冒雨先登，立拔第一碉。官軍乘勢疾擊，克碉十五，俘賊目八，獲糧械無算。復自木克什山梁進克賊碉一，中鎗傷頂，上諭曰：「奎林平日戰甚力，今頂傷中要害。」時富德軍於馬爾邦，令奎林代防，卽以富德佐明亮擊賊。旋授鑲紅旗漢軍都統。

傷愈，復從明亮攻宜喜。阿桂遣領侍衞內大臣海蘭察會奎林度地勢，約兩軍隔河夾擊，直擣勒烏圍。勒烏圍、噶拉依，兩金川渠所居地也。奎林分攻甲索，又自薩克薩谷攻得楞，賊棄碉竄，乘勝追躡，墮崖死者相枕籍。攻基木斯丹當噶，奪碉二、卡九，又奪茹寨麥田十餘里，賜綳武巴圖魯名號。復趨噶西喇嘛寺，拔沙爾尼溝碉卡。阿桂破勒烏圍，奎林偕明亮、和隆武等攻扎烏古山，未克，請益兵。上諭奎林、和隆武：「毋以勇往好勝，愧激輕進。雖云『不入虎穴，焉得虎子』；亦當審度機要，權利害而行，不可冒昧。」旋自什扎古進兵，偕和隆武自山溝潛行，登其巔，碉內賊無一脫者。上諭明亮、奎林、和隆武：「宜黽勉立勳，毋讓西路專美！但當度利害，不可但知輕進。」進克扎烏古山梁。再進據納木迪、斯底葉安，奪三十餘寨。又自耳得谷下擊賊碉卡，殲賊百餘。復自碾占進攻，達撒谷，拔碉卡三十，殲賊百。趨獨古木思得，賊潰，平山上下八十餘寨。師經乃當，降其渠。攻甲雜，俘賊酋，降其衆千餘。克卡拉爾，抵舍斯滿，賊出降。奎林繞山巔行三百里，至底角河沿，撫定寨落數百，遂與阿桂軍合圍噶拉依。上加奎林一等男，命其子崇倫承襲，並賜雙眼花翎。遂俘金川酋索諾木。師還，凱旋，上郊勞，賜文綺十二、銀五百、御用鞍轡馬一。圖形紫光閣，列前五十功臣。授右翼前鋒統領，擢理藩院尚書。

四十五年，出爲烏魯木齊都統。驍騎校常福杖斃披甲多羅，奎林論劾，上以多羅不孝，罪當死，責奎林誤劾。改授烏里雅蘇臺將軍。坐在烏魯木齊失察各州縣浮報糧值，命以公爵畀其叔傅玉承襲。復授烏魯木齊都統。遷伊犁將軍。

奎林貴戚有軍功，嗜酒躁急。五十二年，參贊海祿疏劾，上命烏魯木齊都統永鐸勘奏。逮至京師，命諸皇子、軍機大臣會刑部按治，獄成，奎林坐擅殺罪人，擬杖；海祿所劾不盡實，亦有罪，坐誣告，死罪，未決，擬流；帝以奎林孝賢皇后姪，而海祿所論劾不盡虛，擬罪乃反重，失平，命俱奪職，在上虞備用處拜唐阿上効力。旋授奎林藍翎侍衛，再遷臺灣鎮總兵。時林爽文亂甫平，多盜，爲民害。上欲嚴懲之，諭奎林：「勿拘泥，勿姑息，有犯必懲。」奎林屢捕治劇盜，復論誅裨將坐贓及營兵之爲盜者，稱上旨，加提督銜。五十六年，擢福建水師提督。師征廓爾喀，改授成都將軍、參贊大臣，帥師入藏。五十七年，行至江卡，疽發於頂，遂卒，謚武毅。

珠勒格德，鈕祜祿氏，滿洲正白旗人。以三等侍衛從軍。其救奎林也，上命擢一等侍衛，賜號扎克博巴圖魯。戰於木克什，據水卡，斷賊汲道，設伏以待。賊乘霧分道來犯，守碉兵禦之，伏起；賊復自山下援，珠勒格德突入陣，刃三人，大敗之，遂克木克什山下碉。復與都統和隆武等襲取日旁山後碉十餘，日旁近勒烏圍，賊碉寨相望，後路必爭地也。授正紅旗蒙古副都統。奎林攻什扎古，珠勒格德與和隆武設伏埌谷，奎林兵至，夾擊，破木城；

進攻扎烏古，克賊碉四、卡八。自日新滿至巴扎木，賊碉林立，珠勒格德與和隆武分兵進，連克賊碉十七。金川平，圖形紫光閣，御製贊猶及救奎林事。尋卒。

和隆武，馬佳氏，滿洲正黃旗人，寧夏將軍和起子也。初隸鑲藍旗，以和隆武功，高宗命以本佐領擡入正黃旗。凡擡旗，或以功，或以恩，或以佐領，或以族，或以支，皆出特命。和隆武襲一等子爵，授三等侍衞。

乾隆三十七年，從護軍統領明亮征金川，自墨壟溝攻甲爾木山梁。師分道而進，和隆武爲領隊侍衞，明亮攻美諾喇嘛寺，和隆武傍水夾攻，賊潰而復聚，盡殲之，夜克美諾諸碉寨，復分攻納圍正面山梁，敗賊於鳩寨，奪碉五十餘，遷鑲藍旗蒙古副都統。旋收僧格宗。從富德攻克絨布寨北沃什山、摩格、孟格、里格、穆圖德宗，進攻卡角。從奎林等取斯第，賊迎戰，和隆武麾衆盪決，矢盡，以矛鬬，被創，賜玉搬指、荷包。進攻克木克什第一碉，賜黃馬褂。師攻日旁，和隆武自周叟繞出其後，突入碉，賊驚潰，槍石不及施，短刃相搏，循山逐賊碉十餘，隳二百餘，日旁賊殲焉。復偕珠勒格德攻谷爾堤諸地碉寨，盡克之。上屢詔嘉獎，授正藍旗蒙古都統。進攻得楞以南碉卡，又進攻額爾替山梁，殺賊甚衆。賊據石眞噶，和隆武與奎林乘勝運礮，軍甚囂，分隊突出攻據之，賊奔潰。四十年七月，阿桂師逼勒烏圍，而和隆武與明亮、奎林合軍出北路，自扎烏古山進。語已具奎林傳。四十一年，金川平，進和隆武三等果勇侯，賜雙眼花翎。師還，賜御用鞍轡馬一，並賚銀幣。圖形紫光閣，列前五十功臣。出爲寧夏將軍，移吉林將軍。卒，謚壯毅。

額森特，台褚勒氏，滿洲正白旗人。以前鋒馬甲從征伊犂。右部哈薩克與塔什罕相攻，參贊大臣富德使額森特諭哈薩克內附，使入覲，額森特護至京師。擢藍翎侍衞。遷二等侍衞。乾隆三十四年，從經略大學士傅恆征緬甸，攻老官屯，賊出戰，額森特率索倫兵擊敗之。

三十六年，從定邊右副將軍溫福征小金川，攻巴朗拉，奪其東山峯，毀碉，賜號丹巴巴圖魯。師取達木巴宗，額森特由別道出山北，連破碉卡。至資哩，合師，奪北山。賊乘夜築卡，將兵邀擊，賊數百踵至，三卻三進，額森特中鎗，力擊敗之，遂克資哩。復策取普爾瑪寨。攻東瑪，連戰敗賊，擢頭等侍衞。賊分兩道出戰，伏兵逆擊，賊大敗；薄其碉，身被創，大呼殺賊，遂克東瑪。進克美美卡，拔路頂宗山碉，授鑲黃旗蒙古副都統。至博爾根，奪山巔大寨。夜渡水，仰攻納拉覺山，克碉十二、卡十五。擊格實迪，破公雅山。踰木爾古山麓，取溝內寨卡，據嘉巴山，授領隊大臣。

小金川平，復從將軍溫福至功噶爾拉山。功噶爾拉者兩金川接壤要隘也，峯陡絕，積雪封徑，賊碉扼險。額森特督兵直上，副都統烏什哈達繼之，漸克旁碉，戰于固木卜爾山，敗賊。從溫福移營木果木，會攻昔嶺，賊碉密布，與海蘭察合攻，冰雪中相持數十日，木果木軍潰。副將軍阿桂在當噶爾拉，全師撤駐翁古爾壟。上命阿桂爲定邊將軍，再進，額森特與總兵海祿奪北山橋卡。總兵成德至，三路合攻阿喀木雅山，乘勝取木蘭壩，平鄂克什官寨。師至路頂宗，額森特越山攀堞躍入，刃賊數十，墮崖死。進攻明郭宗，遂復美諾，授正紅旗護軍統領，賜御用黑狐冠。

偕海蘭察至谷噶山下，有橫梁曰喇穆喇穆，峯勢峻險。海蘭察與侍衞公保寧從旁進，額森特當其前，夜乘雪影穿箐越險，直前奮擊，轉戰至黎明，已二十餘里，始見高峯列大碉九，繚石牆。俄雪又作，乘晦抵碉趾，賊不敢出，乃攻取其左、右山梁及附近僨巴拉克山峯。夜擊梁東色依谷山，與海蘭察兵合。海蘭察據登古山，與羅博瓦山相對，險特甚。共率兵由石罅躍登，林中礮石如雨，及第三峯麓，賊數百分隊迎擊，卒敗之，攻克第二峯碉。上獎其奮勉，授散秩大臣。進剿得斯東寨，斫寨門，縱火，賊出，殺之。雪夜，賊劫副將常祿保營，額森特聞鎗聲赴援，賊敗走。賊乘雨霧建二碉於羅博瓦山，額森特與海蘭察率兵八百，夜雨中薄碉，毀牆入，賊驚竄，平其碉。賊夜劫烏什哈達營，追擊敗之。

賊於羅博瓦峰下色淜普大岡置大碉六，左右相應援。海蘭察克其中三碉，額森特克其左二，烏什哈達克其右一，山砦皆平。上嘉之，製詩紀事。額森特於大雨中攻色淜普左偏，砍柵進，克二木城，遙見該布達什諾各砦烟起，知海蘭察兵至，遂乘機奪筆郎納克、該筆達烏諸砦，改墨爾根巴圖魯，賜白金二百。

師圍遜克爾宗，額森特與海蘭察燬平房、碉卡二百餘。克水碉，攻官寨，自叢木中驟逼寨牆，賊死戰，額森特傷鼻及足，撲第三寨，賊舉鎗折其弓弰，傷指，易弓，連斃數賊。上以額森特被傷能易弓射賊，手詔嘉奬，賜貂冠、貉猁猻褂。攻默格爾山，與海蘭察共攻克密拉噶拉木碉及凱立葉官寨。敗勒烏圍援賊，馘百餘，授參贊大臣。乘勝取布拉克森及格斯巴爾二山，燬山下羅卜克鄂博溝口七碉，於是凱立葉上下及附近寨落皆平。上奬其奮勉超羣，命在乾清門行走。

復與海蘭察分隊乘月黑度山溝，入格普古丫口，得碉卡十二。抵桑噶斯瑪特，破石城、木柵，奪擦庸、羣尼二寨。攻上下巴木通，克之。下寨落百餘，賊不敢復拒。至直古腦山頂，與福康安兵合，直趨勒烏圍賊巢。賊負高阻深，力戰克之。額森特負傷不能乘馬，上命駐守勒烏圍。額森特隔河見明亮兵攻阿爾古，發礮助之。上聞，曰：「額森特不分畛域，無愧爲參贊！」額森特望見攻西里官兵得捷，率保寧、常祿保等攻西里山麓，克其木城。勒烏圍前山曰克爾古什拉斯者，取噶拉依正道也。賊於山上城碉密布，額森特攻克之。乘勝取格隆古。師將逼賊巢，賊特布哈爾、則朗噶克爲門戶，斫木塞道。額森特率諸將烏爾納、那木扎、彰靄等進攻，賊伏積木中，發鎗如雨。額森特乘柵以登，設伏兵夾擊，賊遂驚潰。進克喀爾巴山後，燬附近寨落，遂薄噶拉依。上嘉額森特勇，封一等嫺勇男，世襲。金川平，賜御用鞍馬、緞二十端、白金千。圖形紫光閣，列前五十功臣。

四十六年，循化回蘇四十三因爭立新敎爲亂，破河州，命從大學士阿桂討之，額森特與海蘭察、明亮等分攻華林山，力戰被傷。賊平，進三等子。四十七年，卒。

普爾普，額爾特肯氏，蒙古正黃旗人。父巴圖濟爾噶爾，本額魯特杜爾伯特部宰桑。來降，隸蒙古正黃旗。從征準噶爾，討霍集占，皆有功。官至內大臣，賜騎都尉世職，圖形紫光閣。

普爾普自閒散再遷三等侍衞。從征緬甸，擢御前侍衞，授公中佐領。乾隆三十七年，命率額魯特兵詣金川，從定邊右將軍溫福進討。師攻達克蘇，普爾普奪賊卡，斷賊來路。從參贊大臣豐昇額攻明郭宗，命爲領隊侍衞，偕巴雅爾取明郭宗南寨，加副都統銜。進攻噶爾拉，經丫口，盡得賊卡寨。偕副都統海蘭察攻昔嶺，克要路碉二。普爾普與海蘭察、額森特、巴雅爾、烏什哈達、馬全、阿爾納素戰尤力。復與諸將攻斯達克拉、阿噶爾布里、碩藏噶爾山梁，克之。進攻色布色爾山梁，得賊碉十餘。羅博瓦者，金川渠所恃爲門戶者也，師進，悉據其諸峯，授散秩大臣。賊劫副將常祿保，援擊敗之。與海蘭察合攻喇穆喇穆，射殺紅衣賊渠。又拔該布達什諾木城二，賜御用黑狐冠。賊劫我軍所置卡，與烏什哈達赴援，賊潰。攻遜克爾宗，中創，復攻舍圖旺，斷遜克爾宗去路。偕台斐英阿等攻章噶，得賊寨二十餘。又克隆斯得寨，賊貯鉛丸火藥處也，遂偕台斐英阿等克勒烏圍，賜什勒瑪咳巴圖魯名號。進攻阿穰曲强達巴，克大碉三、木城四。仰攻西里山峯，賊越碉竄，普爾普逐捕，所殺傷過當。攻舍勒圖租魯，得碉一；攻開布智章，得寨一。又克薩爾歪，阿結占賊寨，據勒隈勒木通、科布曲山梁，斬獲甚衆。四十一年正月，合諸軍圍噶拉依，普爾普出其右，與海蘭察築壘逼賊巢，遂克之。金川平，封三等奮勇男，世襲。圖形紫光閣，列前五十功臣。

師還，上郊勞，賜御用鞍轡馬一。授正紅旗護軍統領，正白旗滿洲副都統，賜雙眼花翎。四十三年，扈蹕謁泰東陵。離營住宿，坐奪雙眼花翎。林爽文之亂，授領隊大臣，命從將軍福康安赴台灣援嘉義，解圍，克大里杙。爽文逃小半天山頂，同海蘭察進攻，賊拒戰，山路險惡，普爾普率廣東兵及屯練降番攀木柵先登，賊潰，遂擒爽文。進軍瑯嶠，追剿賊目莊大田，賊來劫營，普爾普於大武壠隘口衝殺，敗之。諭於臺灣嘉義建生祠。事見福康安傳。大田就擒，臺灣平，再圖形紫光閣，晉封二等男，襲一次，以三等男世襲。五十五年，卒。

論曰：海蘭察勇而有智略。每戰，微服策馬覘敵，察其瑕，集兵攻之，輒勝。平生惟服阿桂知兵，福康安禮先焉，乃爲盡力，師所向有功。奎林亦孝賢皇后諸姪，剛而不撓，勳名與羣從並。和隆武、額森特、普爾普皆以克敵功最受封爵。乾隆中多將材，此尤其魁傑也。

清史稿卷三百三十二

列傳一百十九

富勒渾 文綬 劉秉恬 查禮 鄂寶 顏希深 徐績
覺羅圖思德 彰寶 徐嗣曾 陳步瀛 孫永清
郭世勳 畢沅

富勒渾，章佳氏。初自舉人授內閣中書。累遷戶部郎中。乾隆二十八年，授山西冀寧道。遷山東按察使。以在冀寧道失察陽曲知縣段成功虧帑，左授山西鴈平道。再遷浙江布政使。三十五年，署巡撫。奏劾總督崔應階僕誣指錢塘民爲賊，擅刑致斃，論罪如律。三十七年，調陝西。尋擢湖廣總督，入覲，賜孔雀翎。四川總督阿爾泰坐貪黷玩縱得罪，上命富勒渾如四川，會總督文綬按治。阿爾泰縱子明德布與布政使劉益相結受賕，明德布在京師，上令軍機大臣傳訊，自承，富勒渾奏論益立斬。上以爲過重，改監候，獄連署布政使李本，富勒渾奏本罪當奪職，枷示不足蔽辜，請留軍効力。上責其名重實寬，意存取巧，命枷示期滿，留軍効力。

三十八年，師征金川，四川總督劉秉恬出駐美諾，命富勒渾留署四川總督，總理各路軍需。秉恬奏：「揀發往川省各員視軍營爲畏途，惟恐出口辦差不通聞問。」上以責富勒渾，富勒渾奏陳：「司道公議，新到各員出口辦差，未免竭蹶。請以現任各員調赴，而令新到者分別署理。」上責富勒渾玩公沽譽，令劾倡議者，富勒渾奏司道公議，並無倡始。上益不懌，謂：「富勒渾竟敢以罰不及衆嚇朕！」下部議，奪官，命寬之。

木果木師潰，底木達被陷。富勒渾率新至貴州兵馳赴蒙固橋防守，事聞，上嘉之。旋奪秉恬官，卽以富勒渾實授，令駐美諾，以欽差大臣關防督餉。時美諾亦被陷，富勒渾屯明郭宗河口，據山梁設卡防守，復發兵分駐路頂宗、巴朗拉。將軍阿桂進攻小金川，上命富勒渾與提督王進泰統兵策應。師克美諾，上令富勒渾、進泰嚴守美諾，並分兵駐僧格宗、明郭宗。阿桂奏富勒渾、王進泰通愼而葸，於山川形勢、行軍機要均未能悉，請令副都統成果、雲南提督常靑駐守後路，上從之，諭戒富勒渾等勿存畛域。奏新開楸底至色利溝運道，軍糧歸此路運送。瑪爾當、明郭宗諸地存米，借防兵一月糧，餘俱運軍前，請撤前設臺站；又奏分兵駐防大板昭及梭格泊古諸地。四十年，奏阿桂等督兵進搗賊巢，應用糧餉、軍火、銅片、礮料，儲備充裕，並造皮船濟師；又奏調梭格泊古、瑪爾當兵分防沙壩、三松坪，以護運道：皆稱旨。上命富勒渾駐布朗郭宗，富勒渾奏阿桂、明亮合攻甲索山梁，布朗郭宗距軍五百餘里，慮難於策應。上諭曰：「阿桂進攻勒烏圍，自應隨軍督餉。兵事移步換形，不必泥前旨也。」師克勒烏圍，奏請撤前設卓克采一路臺站。四十一年，復授湖廣總督，命師還上官。金川平，議敍。

四十二年，授禮部尚書。四十三年，調工部。授鑲藍旗蒙古都統。四十四年，復授湖廣總督。四十五年，調閩浙，上南巡，迎謁。時李侍堯以貪縱得罪，富勒渾入對，上諭及之。富勒渾對：「侍堯實心體國，爲督撫中所罕見。」及上命各督撫議罪，又請行誅，上責其前後歧異。浙江巡撫王亶望丁憂，留辦塘工，攜家居杭州。亶望得罪，上又責富勒渾未劾大學士阿桂赴浙江閱海塘，疏劾杭嘉湖道王燧，又責富勒渾徇庇。奪孔雀翎，降三品頂帶，授河南巡撫。河溢萬錦灘，富勒渾親赴防護；又溢青龍岡，四十七年，工竟，還現任頂帶。

復授閩浙總督。臺灣漳、泉民械鬬，劾總兵金蟾桂、知府蘇泰等，並奪官。五十年三月，入京，與千叟宴。調兩廣。粵海關監督穆騰額入覲，上詢富勒渾操守，對：「未敢深信。」及命軍機大臣詰之，又發富勒渾縱僕殷士俊納賕狀，下巡撫孫士毅按治。士俊常熟人，並令江蘇織造四德等籍其家資累萬；士毅奏亦發富勒渾與士俊等關通納賄事實，上奪富勒渾官，遣尚書舒常如廣東會訊。大學士阿桂方按事浙江，又命士毅逮富勒渾監送阿桂鞫治，論斬，下刑部獄。五十二年，詔釋之。五十三年，坐在閩浙失察總兵柴大紀貪劣，復下刑部論絞，仍釋之。五十四年，羅源盜發，上追論富勒渾廢弛玩誤，戍伊犁。五十五年，釋回。六十一年，又發熱河，是年即釋回。卒。

文綬，富察氏，滿洲鑲白旗人。雍正十三年，自監生授內閣中書。再遷禮部員外郎，改內閣侍讀。乾隆十一年，授甘肅涼州知府。累遷轉山西布政使。三十一年，坐迎合巡撫和其衷徇陽曲知縣段成功虧帑，奪官，戍軍臺。旋授道銜，往哈密辦事。三十三年，授河南巡撫，未上官，調陝西。三十六年，署陝甘總督。土爾扈特內附，命赴齊齊哈爾犒勞。授四川總督，未行，仍調授陝甘。

師征金川，奏陝、甘發兵三千，延綏鎮總兵書明阿以千人赴維州，與漢總兵張大經以二千人入四川從征，文綬如鞏昌、安定視師行。三十七年，疏言：「巴里坤、烏魯木齊年來日繁盛。招民墾地，戶給三十畝，並農具籽種，視新疆例，六年陞科。瑪納斯城南可二萬餘畝，瑚圖壁城西北可六千餘畝，巴里坤城外及傍近諸地五千九百餘畝，玉門、酒泉、敦煌三縣可五千餘畝。往時嘉峪關恆閉，過者候譏察，今關外已同內地，請令辰開酉閉；兼開烏魯木齊城南七達色巴山梁以利行旅。」又酌定收捐監糧，籌備巴里坤移駐滿洲兵糧料；並於巴里坤山灣設廠牧羊，令滿洲兵子弟取乳剪毛，以廣生計。均如所請行。

三十七年，調四川總督。前政阿爾泰坐誤軍興，又縱其子明德布婪索，得罪，上命文綬察明德布婪索狀。文綬言：「明德布侍阿爾泰日久，與屬吏往還，尚無婪索事。」而明德布在京師，上命軍機大臣按鞫，具服，乃責文綬袒護，奪官，往伊犂効力。三十八年，木果木師潰，總督富勒渾奏報金川酋攻明郭宗河口，上授文綬頭等侍衞，佐富勒渾治軍。未幾，授湖廣總督，仍署四川總督。偕富勒渾奏言：「增兵需餉，請令商民願自湖廣運糧入四川者，視乾隆十三年范毓馪助餉加銜例，穀一石當銀九錢，授以貢監職銜。」並議行。四十一年，實授。四十四年，入覲。子國泰，官山東巡撫，召詣京師相見。四十五年，疏言：「雲南昭通、東川諸屬改食川鹽，應於川、滇交界隘口設稽察。」上可其奏，並諭雲貴總督福康安一律嚴防。四十六年，詔停打箭鑪收稅部員，由總督委員管理，因條奏裁改諸事，從之。四川多盜，民間號嘓嚕子，闌入鄰近諸省。湖廣總督舒常、湖南巡撫劉墉、貴州巡撫李本先後疏言盜自四川入境，遣將吏捕治。文綬奏後入，上責其玩縱，降三品頂帶。尚書周煌復陳盜爲民害，將吏置不問，甚或州縣吏胥身爲盜擾民，上以文綬因循貽患，奪官，往伊犂効力。四十八年，釋回。四十九年，卒。子國泰，自有傳。

倉場。

劉秉恬，字德引，山西洪洞人。乾隆二十一年舉人。二十六年，明通榜，授內閣中書，充軍機處章京。再遷郎中。三十二年，考選福建道御史，轉吏科給事中。大學士傅恆督師討緬甸，以秉恬從，擢鴻臚寺少卿。師還，超擢左副都御史。遷刑部侍郎，調工部，再調倉場。

三十七年，師征金川，大學士溫福出西路，總督桂林出南路，授秉恬欽差大臣，督西路糧運。尋以南路徑僻站長，輓運尤艱，命改赴南路。秉恬以西路需餉急，請暫留料理，上韙之。又奏：「南路運糧，人俱畏其難。臣非敢言易，然天下無必不可辦之事。」上諭令勉為之。尋奏：「師自甲爾木進攻小金川，道路險阻，唯羊可陟。乃招蠻民販羊至軍，以六羊當米一石。」又奏：「師攻克僧格宗，距達烏圍六十餘里。臣往勘，擬於策爾丹色木設站。其地有喇嘛寺，糧至卽貯寺，以蔽風雨。」旋赴美諾督運。上嘉秉恬不辭勞瘁，賜孔雀翎，授四川總督，仍留美諾督運。

三十八年，師克小金川，溫福督兵進攻昔嶺。上命秉恬將美臥溝、曾頭溝兩路酌量形勢，分別駐守，赴木果木及功噶爾拉兩地察勘。秉恬奏至，與上諭正合，深嘉之，諭謂：「勤勞軍務，與統兵督戰無異。」命交部照軍功議敘。」秉恬途中得綽斯甲布土司遣頭人投稟，許綽斯甲布與金川親暱，雖從征未嘗盡力，並請歸金川所侵噶爾瑪六宗諸地。秉恬諭：「師討金川，斷不中止。噶爾瑪六宗諸地，事平後當有公斷。爾土司從征未得一地，且縱金川人在境內爲盜，所謂盡力者安在？」頭人語塞，奉檄而去。疏聞，上嘉秉恬甚合機宜。秉恬至木果木，復奏：「臣自崇德抵功噶爾拉，地氣極寒，四山皆雪，甫經設站，以篾席支棚，使人畜暫有棲止。至簇拉角克爲布朗郭宗運糧要道，兩口東西相距六七十里，開修土路，通至木波，即合帛噶爾角克碉及布朗郭宗大道。又自功噶爾拉至木果木，路陡雪滑，已飭修路鑿冰，不致少誤糧道。」報聞，加太子少保。木果木師潰，以提督董天弼失守底木達、布朗郭宗責秉恬不先奏劾，奪官，予按察使銜留軍。旋并削銜，命佐按察使郝碩督西路運糧。

三十九年，奏麪視米易取攜，已由四川採辦十數萬斤；又奏修整楸坻至日爾拉薩拉驛道，並與總督富勒渾議以北路軍餉歸西路遞運：上並嘉納。四十年，以督運無誤，授兵部郎中，仍賜孔雀翎，以欽差關防督餉。未幾，擢吏部侍郎。以母病召還京師，旋丁憂。未幾，起署陝西巡撫。四十五年，召入覲，調署雲南巡撫。

四十六年，署雲貴總督。安南國王以內地人民出邊居住，脅制土民欠稅，且動稱內地差委，徵索租賦，大爲民擾，咨請防禁。秉恬擬照會，略謂：「內地百姓緣爾國需用貨物，特准開關通市，爲爾國利賴。本非在外墾田種地，無應納租賦，焉有脅制土民欠稅之理？如滋生事端，惟有責令爾國察出送回內地究治。」奏聞，上嘉其得體，仍令軍機大臣删改，寄秉恬具答。累年以運銅妥速，議敍。五十一年，召授兵部侍郎。五十二年，調倉場。嘉慶四年，復調兵部。五年，卒。

查禮，字恂叔，順天宛平人。少劬學。乾隆元年，應博學鴻詞科，報罷。入貲授戶部主事，揀發廣西，補慶遠同知。舉卓異，上命督撫舉堪任知府者。巡撫定長、李錫秦先後以禮薦。十八年，擢太平知府，母憂去。服闋，補四川寧遠。三十三年，擢川北道。三十四年，調松茂道。

小金川用兵，總督阿爾泰檄禮治餉；將軍溫福師進巴朗阿，大營以禮從，令修建汶川桃關索橋，逾月工竟，上嘉之，命專司督運西路糧餉。三雜谷土司爲小金川煽惑，頗懷疑懼。禮諭以利害，衆感服。時溫福出雜谷腦，遣提督董天弼分兵自間道出曾頭溝。軍需局以儲米半運雜谷腦，曾頭溝軍糧不足，禮坐奪官，仍留軍効力。師克美諾，溫福令禮與天弼清察戶口地糧，總兵五福自美諾移軍丹壩。總督劉秉恬奏禮雖文員，頗強幹，諳番情，命署松茂道，代五福駐美諾撫降番。

三十八年，木果木師潰，禮偕遊擊穆克登阿赴援，至蒙固橋，聞喇嘛寺糧站陷，士卒狼顧；會松茂總兵福昌至，遂復進，遇伏，禮率督兵擊之，擒砦首，餘寇驚遁。美諾已陷賊，阿桂馳援，以達圍垂陷，檄禮駐守，尋命眞除。三十九年，阿桂師再進，令禮專任臥龍關路糧餉。阿桂秉上旨，以南路陰翳，設疑兵牽綴，奇兵自北山入。禮請自桃坻至薩拉站開日爾拉山，山高五十里，冰雪六七尺，故無行徑。禮登高相度，以火融積凍，鑿石爲磴，不匝月通路二百餘里。自桃坻達西北兩路軍營，視故道皆近十餘站，省運費月以鉅萬計，特旨嘉獎。

郭羅克掠蒙古軍牲畜，殺青海公里塔爾，富勒渾令禮及遊擊龔學聖捕治，得盜二，還牛馬五百餘，盜渠未獲。富勒渾以禮行後糧運漸遲誤，奏促禮還。四十一年，金川平，禮留辦兵屯，拊循降番，敍功，賜孔雀翎。上遣理藩院郎中阿林、知府倭什布、參將李天貴出黃勝關捕郭羅克盜渠，未得，皆坐奪官；仍令禮往捕，禮調三雜谷土兵四千，先令裹糧疾進。禮至，宣布上意，郭羅克酋瑪克蘇爾袞布來謁，問盜渠所在，諉不知；禮執送內地，責其弟索朗勒爾務捕盜。四十三年，瑪克蘇爾袞布病死，上責禮失撫馭番夷之道。四十四年，擢按察使。瞻對番劫裹塘熱岦喇嘛寺，禮往按，得盜，寘於法。

四十五年，遷布政使。尋擢湖南巡撫。入覲，四十六年，卒於京師。子淳，大理寺少卿。

侍郎。

鄂寶，鄂謨託氏，滿洲鑲黃旗人。父西柱，官西安將軍。鄂寶自官學生授內閣中書。再遷戶部員外郎。乾隆十六年，授奉天府尹。二十年，署廣西巡撫。二十六年，總督李侍堯劾陸川知縣應斯鳴等縱賊害民，鄂寶奏前後相歧，奪官，以三品銜往庫車辦事。三十一年，召還，署左副都御史。仍授巡撫，歷湖北、貴州、福建、廣西、山西諸省。內遷刑部侍郎。

金川用兵，三十七年七月，命侍郎劉秉恬及鄂寶督餉，秉恬主西路，鄂寶及散秩大臣阿爾泰主南路，尋令改主西路。鄂寶議人負米五斗，日行一站，騾負米石，日行可二三站，改以騾運，軍糈得無缺，賜孔雀翎。三十八年，仍授山西巡撫，督餉如故。溫福師自功噶爾拉入，阿桂自當噶爾拉入，豐昇額自綽斯甲布入。鄂寶駐大板昭主餽溫福軍，秉恬駐底木達主餽阿桂軍；而豐昇額軍出綽斯甲布，南路自打箭爐往，秉恬兼任之，西路自三雜谷、丹壩往，鄂寶兼任之。木果木師潰，底木達、大板昭皆陷賊。上命阿桂整兵復進，鄂寶仍駐覺木交督餉。旋進翁古爾壠，疏調副將董果護後路。上又命原任江西布政使顏希深馳驛往佐之。副將軍明亮等又請令鄂寶駐丹東，上念鄂寶兵少，命以湖廣續調兵千人屬鄂寶。阿桂又疏請桂林率李世傑主南路，令鄂寶主西路。丹壩至綽斯甲布糧運，鄂寶請以丹東屬桂林兼領。旋詣丹壩置台站，副將軍豐昇額自凱立葉進兵。鄂寶請自三雜谷、梭磨、卓克采轉輸凱立葉，較丹壩道爲近。豐昇額進攻谷噶，鄂寶請自梭落柏古轉輸色木多，凱立葉留少兵，卽裁站夫，省糜費。會明亮自宜喜進兵，旣克達爾圖，兩路軍合師沙壩，克勒烏圍。鄂寶請將西路台站以次裁撤。

四十一年，金川平，軍功加一級。七月，調湖南巡撫，仍留辦軍需奏銷。十月，授漕運總督。四十四年，大學士于敏中等議報銷四川軍需不符，請令鄂寶等分償，得旨豁免。四十八年，授盛京戶部侍郎，兼奉天府府尹。五十二年，卒。子文通，官內閣侍讀學士，兼公中佐領。

顏希深，字若愚，廣東連平州人。入貲授山西太原同知。累遷山東泰安知府。建考棚、書院，淸察徵漕浮收諸弊。高宗東巡，召對，褒以「他時可大用」。乾隆二十七年，授四川按察使，入覲，上以希深母老，尙欲隨任，希深亦不敢奏請改補近地，母子知大義，命調希深江西。二十八年，遷福建布政使。三十二年，調江西，丁母憂去。三十四年，仍授江西布政使，又丁父憂去。三十八年，詣京師，命赴金川軍佐鄂寶治餉，授河南布政使，仍留軍。疏言：「糧台設木池，因限於山，與軍營相隔，將山地開平安營。臣與黃巖總兵李時擴督兵防護，時令將弁操演，不但技藝熟練，而槍聲遠近相聞，亦可牽綴賊勢。」又言：「覺木交深林密箐，賊易以藏身。臣督兵斬伐林木，使附近賊碉有徑可通處，絕無遮蔽，藉免竊發。」皆稱旨，賜孔雀翎。木池站焚燬火藥，希深請與時擴分償。師深入，山重雪積，希深催督拊循，恆終夜露宿。四十二年，擢湖南巡撫。旋入爲兵部侍郎。四十五年，復出署貴州巡撫，調雲南。卒。

徐績，漢軍正藍旗人。乾隆十二年舉人。入貲授山東兗州泉河通判。累遷山東濟東泰武道。三十四年，擢按察使，丁父憂，命以按察使銜往哈密辦事，賜孔雀翎。三十五年，擢工部侍郎、烏魯木齊辦事大臣。三十六年，奏：「瑪納斯在伊犁、塔爾巴哈臺之間，請駐兵，使聲勢聯絡。」從之。授山東巡撫。三十八年，上幸天津，迎謁，賜黃馬褂。

三十九年，壽張民王倫爲亂，績率兵捕治，次臨清城南，爲倫所圍，總兵惟一赴援，戰敗。上遣左都御史阿思哈率兵援績，並令大學士舒赫德視師。諭曰：「績爲巡撫，地方有此奸民，不早覺察，不爲無罪；但以民亂將巡撫治罪，適足長其刁頑，事定，功過自不能掩。」尋事定，命解任，責捕倫餘黨，捕得倫弟柱、林等二十餘人。上嘉績黽勉，授河南巡撫，仍繳進孔雀翎示儆。四十二年，奏按察使趙銓健忘，上責績於銓應否去留不置一辭，下吏議，奪官，命寬之。召授禮部侍郎。四十七年，坐雩祭禮器誤，奪官，以三品頂帶往和闐辦事。召授正黃旗漢軍副都統，遷正紅旗漢軍都統。六十年，上詢前政弘旿在官事蹟，奏不實，奪官，以六品頂帶往和闐辦事。嘉慶元年，授三等侍衞、烏什辦事大臣。召授大理寺少卿，還孔雀翎。再遷宗人府府丞。十年，以病乞休。十二年，重與鹿鳴宴，賜二品銜。十六年，績子錕，授建寧總兵，入覲，上以績年逾八十，調錕直隸正定總兵，俾就養。卒，錕官至直隸提督。

覺羅圖思德，滿洲鑲黃旗人。初自諸生授光祿寺筆帖式。累遷戶部員外郎。外授江南常鎮道。再遷貴州布政使。乾隆三十七年，擢巡撫。疏言：「貴州威寧瑪姑柞子廠，水城福集廠產黑、白鉛，歲供京局及各省鼓鑄。廠員營私滯運，請立條款，嚴處分。」並下部議行。三十九年，署雲貴總督。上令出駐永昌，並諭以防邊事重，視前政彰寶舊日章程益加奮勉。抵任後，疏言：「清釐彰寶移交文牘，永昌軍需造銷牽混，應請各歸各款，以清眉目。造解京箭，各鎮協稱現多損壞，與彰寶原奏不符；又有批准保山等廳縣添買倉穀，亦滋疑義。」尋劾保山知縣王錫、永平知縣沈文亨侵虧倉穀，請奪官鞫治。上命侍郎袁守侗馳驛往按，錫言彰寶勒索供應四萬餘，致虧短兵糧。上震怒，逮彰寶治罪。圖思德以箭二十萬解四川軍營，上嘉之。十一月，兼署雲南巡撫。

自傳恆征緬甸還師，緬甸貢使久不至，閉關絕市年久。圖思德奏言：「偵知緬民亟盼開關，緬酋亦窘迫有投誠意。惟風聞難信，但當簡練軍實，使聞風生畏。」上韙之。及兼署巡撫，自永昌還會城，令提督錦山等董理邊防，疏報，拂上意，嚴旨促仍赴永昌督辦邊防。四十一年，復奏：「偵知緬酋懵駁已死，子贅角牙嗣立，方幼，頭人得魯蘊將遣使叩關納貢。」上以緬甸初無悔罪輸誠之意，諭勿輕聽。尋奏：「得魯蘊遣使投稟，願送還內地官人，貢象，乞開關。已飭龍州將吏與以回文。」上以圖思德示緬甸有遷就結案之意，斥爲大謬。四十二年，又奏得魯蘊欲將所留楊重英、蘇爾相、多朝相等送還，並叩關納貢。上念受降事重，圖思德不能勝其任，命大學士阿桂赴雲南主持。調李侍堯雲貴總督，圖思德回貴州巡撫任。四十四年，擢湖廣總督。卒，賜祭葬，謚恭慤。

彰寶，鄂謨託氏，滿洲鑲黃旗人。乾隆十三年，自繙譯舉人授內閣中書。十八年，授江蘇淮安海防同知。累遷江寧布政使。三十年，授山西巡撫。陽曲知縣段成功虧帑事發，具得巡撫和其衷畀銀五百爲彌補及布政使文綬等知情狀，奏聞。上遣侍郎四達會鞫得實，其衷、成功論斬，文綬等戍軍臺。安邑知縣馮兆觀揭河東鹽政達色累商及受贄禮、門包，又遣四達會鞫，並得河東運使吳雲從因被四達糾參，唆兆觀揭發狀，達色論死，雲從、兆觀治罪如律。三十二年，調江蘇。兩淮鹽政尤拔世奏繳本年提引徵銀，上以此項歷年均未奏明，自乾隆十一年起，應有千餘萬，命彰寶會同詳察。前任鹽政高恆、普福、運使盧見曾均坐是得罪；又發前任監掣同知楊守英詐取商銀：並論如律。

三十四年，命馳驛往雲南署巡撫。師征緬甸，署雲貴總督，命出駐老官屯督餉，加太子太保。三十五年，奏：「永昌沿邊千餘里，山深徑僻，應於曩宋關、緬箐山、隴川、龍陵、姚關及順寧篾笆橋設卡駐兵。」上令實力督率。又奏：「貴州調至兵間有老弱，現加甄汰。」上責：「彰寶現爲總督，兩省皆所轄，何不劾奏？」三十七年，劾雲南巡撫諾木親才識不能勝任，召還；又奏車里宣慰土司刀維屏逃匿，請裁土缺設專營，上從其議，定營名曰普安。尋實授雲貴總督。三十九年，以病請解任。王錫事發，奪官，逮京師論斬。四十二年，卒於獄。

徐嗣曾，字宛東，實楊氏，出爲徐氏後，浙江海寧人。乾隆二十八年進士，授戶部主事。再遷郎中。四十年，授雲南迤東道。累遷福建布政使。五十年，擢巡撫。五十二年，臺灣民林爽文爲亂，調浙江兵，經延平吉溪塘，兵有溺者，嗣曾坐不能督察，下吏議。亂既定，五十三年，命赴臺灣勘建城垣，因命偕福康安、李侍堯按柴大紀貪劣狀，上責嗣曾平日緘默不言。尋疏言大紀廢弛行伍，貪婪營私，事迹昭著。又奏：「撫恤被難流民，給銀折米，福建舊例，石準銀二兩；今以米貴，請改爲三兩。」上以福康安奏晴雨及時，歲可豐收，仍令視舊例。偕福康安等奏清察積弊，籌酌善後諸事，均得旨允行。嘗以臺灣吏治廢弛，不能早行覺察，自劾，上原之。命臺灣建福康安、海蘭察生祠，以嗣曾並列。尋奏臺灣海疆刁悍，治亂用嚴，民爲盜及殺人者，役殃民，兵冒糧，及助戰守義民或挾嫌害良，皆立置典刑，以是稱上旨，嘉嗣曾不負任使。事犆定，命內渡，尋又命俟總兵奎林至乃行。莊大田者，與爽文同亂，坐誅，嗣曾捕得其子天畏及用事者黃天養送京師，又得海盜，立誅之。五十四年，賜孔雀翎、大小荷包。圖像紫光閣。

請入覲，未行，安南阮光平據黎城，福康安督兵赴廣西，嗣曾署總督。福康安瀕行，奏福建文武廢弛，宜大加懲創，上諭嗣曾振刷整頓。嗣曾奏許琉球市大黃，限三五百斤，諭不可因噎廢食。又奏：「福建民多聚族而居，有爲盜，責族正舉首，教約有方，給頂帶；盜但附從行劫未殺人拒捕，自首，擬斬監候，三年發遣，免死。」上諭曰：「捕盜責在將吏。令族正舉首，設將吏何用？族正皆土豪，假以事權，將何所不爲？福建多盜，當嚴治。若行劫後尚許自首免死，何以示儆？二條俱屬錯謬。」

五十五年，高宗八旬萬壽，臺灣生番頭人請赴京祝嘏，嗣曾以聞，命率詣熱河行在瞻覲。十一月，回任，次山東臺莊，病作，遂卒。

陳步瀛，字麟洲，江南江寧人。乾隆二十六年會試第一，選庶吉士，改兵部主事。累擢郎中，外授河南陳州知府。再遷山西按察使。尋以山西獄訟繁多，改命長麟，仍留步瀛蘭州道。旋授甘肅按察使。

薩拉爾回蘇四十三亂既定，四十九年，鹽茶廳回田五復據石峯堡爲亂，總督李侍堯率兵討之，以步瀛從，捕治諸亂回家屬。旋奏令赴安定、會寧督餉，行次隆德，聞副都統明善戰死高廟山，步瀛以靜寧、隆德、平涼諸州縣當下隴要衝，靜寧駐兵三百，請益兵。步瀛調固原兵五百赴平涼、隆德守，爲犄角；復往靜寧收明善餘兵守隘，上獎許之，尋諭：「步瀛兵事徑行陳奏，不必拘體制。」步瀛奏：「臣收明善餘兵，尚存九百有奇。石峯堡回越隆德犯靜寧，平涼知府王立柱督兵民擊之，回退據翠屏山。靜寧距省五百餘里，中間會寧、安定爲糧運要道。慮回自靜寧南竄襲我師之後，已稟督臣發重兵防護。」旋疏報靜寧圍解，並籌濟南、西二路官軍糧餉藥彈，稱上旨。上命大學士阿桂視師，以福康安代侍堯爲總督。上諭以軍事諮步瀛，擢布政使。福康安奏：「步瀛明白誠實，督餉甚力，但才具不如浦霖。」命調安徽布政使。事定論功，賜孔雀翎。

江、淮大饑，民脅衆劫奪。步瀛行縣，督吏賑卹，而捕治其不法者，自夏迄秋，事漸定。步瀛以勞瘁致疾，五十四年，擢貴州巡撫，疾大作，卒。

孫永清，字宏度，江南金匱人。乾隆三十三年舉人，授內閣中書。永清未入官，嘗佐廣東布政使胡文伯幕。土司以爭襲相訐，驗文牒皆明印，大吏欲以私造符信罪之。永清具稿請文伯力陳，得免者二百餘人。旋充軍機處章京，撰擬精當，事至輒倚以辦。遷侍讀。四十二年，雲南總督圖思德奏緬甸將遣使入貢，上遣大學士阿桂往蒞，以永清從。緬甸使不至，阿桂令永清撰檄諭之，送所留守備蘇爾相還。四十四年，授刑部郎中。考選江西道監察御史。四十五年，超授左副都御史。授貴州布政使。奏言柞子廠產黑鉛，課餘三十餘萬斤，請以十萬斤運廣。四十九年，署巡撫。又奏：「柞子廠黑鉛，例於四川永寧設局收發，課餘三百萬斤，請歲以五十萬運存永寧。」

五十年，擢廣西巡撫。劾新寧知州金垍等逋稅，按察使杜琮、鹽道周延俊等並坐奪官。五十二年，臺灣民林爽文爲亂，徵廣西兵，永清奏：「兵出征，在例馬兵賞、借銀各十兩，步兵賞、借銀各六兩，請於借銀留三兩爲製衣。」命議敍。五十三年，籐縣獄繫盜梁美煥謀穴牆逃，捕得，永清令立誅之，奏聞，上諭曰：「獄囚反獄劫獄當立誅，若鑽穴越牆，祇求苟免，不得與此同科。今之督撫皆好殺弄權，永清失之太過。」

安南阮惠爲亂，國王黎維祁出亡，其臣阮輝宿護維祁母、妻、宗族至龍州，永清及總督孫士毅疏聞。士毅尋發兵討惠，永清出駐南寧，奏太平設軍需局，以福建延建邵道陸有仁、桂林知府查淳董其事。五十四年，維祁復國，使迎其母、妻、宗族，永清爲具行李，並傳上旨賚錦緞、綢、布及白金四百。諭獎永清自駐南寧，彈壓邊關，籌辦餉糈，措置得宜，賜孔雀翎。

士毅師敗還，福康安代爲總督。永清與福康安奏：「安南用兵，關內外支放銀百萬、米八萬餘，逐款詳覈，例可用而未用，或用不及數者，以實用之數具報。如有軍行緊急，略有變通。與例不符者，仍如例覈減。」上諭令以實爲之。秋，以廣西秋審册自緩決改情實凡三案，諭責永清寬縱。東蘭州安置臺灣降人鄭管、陳廷乘舟走，追捕，以溺水報。上命奪知州黃圖等官逮訊，永清坐降調，命留任。

是時阮惠更名光平，上封爲安南國王，請以來年詣京師祝萬壽，使阮宏匡等叩關入貢。永清令在太平候旨，疏聞。上令光平使臣於來年燈節前至京師，與外藩蒙古等一體入宴，責永清拘泥。永清旋奏光平使臣自桂林北行。上察廣西學政潘曾起不稱職，以諮永清，永清言曾起性情褊急，未愜士心。上責永清不先奏劾，以方料理安南內附，光平將入覲，不遽易人，罰養廉二年。五十五年春，光平又以新賜印並御製詩使叩關入貢，永清疏以應否令光平使詣京師請旨。上諭曰：「光平遣使陳貢，自應令詣京師，何必奏請？」永清又奏太平、南寧、鎭安三府與安南接壤，請屯兵防隘，立柵開壕，分隸龍憑、馗纛二營管轄，報聞。

四月，光平入關，以其子光垂、臣吳文楚從，奏聞，上嘉之。尋卒。

弟藩，監生。以四庫館議敍，授中書科中書。官至安徽布政使。子爾準，自有傳。

郭世勳，漢軍正紅旗人。初自筆帖式擢吏部主事。選福建龍巖知州。五遷湖南布政使。乾隆五十四年，擢貴州巡撫，調廣東。上諭曰：「廣東有洋商鹽務，爲腥羶之地。世勳操守廉潔，治事勤實，務愼持素履。」監臨鄉試，奏額送科舉多取數百名，經費由督撫捐貲備辦，諭國家無此政體，不允。奏禁大黃出洋，西洋各國歲不過五百斤，瓊州、臺灣亦如之；暹羅、安南貢船至，亦五百斤。五十五年，總督福康安入覲，命世勳署兩廣總督。劾雷瓊鎭總兵葉至剛誤民爲匪，左江鎭總兵普吉保濫刑斃命，皆論罪如律。參將錢邦彥巡洋崖州，遇盜被戕，上以福康安詣京師後，世勳不能整飭，嚴斥之。

暹羅國王鄭華咨：「乾隆三十一年被烏圖搆兵圍城，國君被陷。其父昭克復舊基，十僅五六。舊有丹著氏、廊叨、塗坯三城，仍被佔據。請代奏令烏圖割還三城。」烏圖即緬甸。世勳以其非禮妄干，留其使廣東，奏聞。上命軍機大臣擬檄，略謂：「故緬甸酋懵駁與暹羅詔氏搆兵，非今國王孟隕事。暹羅又係異姓繼立，不宜追問詔氏已失疆土。天朝撫馭萬國，緬甸固新封，暹羅亦至華嗣掌國始加封爵，宜釋嫌修好，共沐寵榮，不得以非分干求，妄行瑣瀆。」命世勳與福康安聯銜照會，並告來使，但云：「札商福康安，未經代奏。」

五十六年，世勳奏洋船准攜礮，內地商船不准攜礮。上諭之曰：「商船出洋，攜礮禦盜。不特各國來船未便禁止，卽內地商船遇盜不能禦，豈有束手待斃之理？祇令海口將吏察驗，不可因噎廢食。」上以廣東多械鬭，諭世勳稽察化導。有步文斌者，以罪配德慶州，傳習邪教，世勳捕得四十餘人送京師。上諭以其渠送京師，餘令世勳繫獄，候刑部擬罪。

五十七年，安南國王阮光平咨言：「國境嵩陵等七州毗連雲南開化，莫氏舊人黃公瓚父子據守，夤緣內附，籲懇代奏詳察。」使至龍州，龍州通判王撫棠以所請非分，發書駁還。世勳奏聞，上嘉撫棠，賜大緞獎之。光平又以黎維祁弟維祇結土酋農福縉爲亂，遣兵剿滅，具表獻捷。表內並言：「維祇爲亂，因維祁從人丁迓衡等爲維祁通消息，請按治維祁罪。」世勳以光平所言臆度無憑，對揚失體，照會令將表文删節，繕正奏聞。上已先得巡撫陳用敷奏，令諭光平具確據，並通消息者何人，送京師按治，命世勳遵前旨照會光平。五十八年，暹羅、安南貢使至，世勳遣吏伴送詣京師。上以所派職卑才庸，慮爲外藩所輕，降旨申飭。潮州總兵託爾歡請覲，例具清字摺，硃批令來見。世勳奏委署總兵，譯漢文爲俚語，上賜荷包愧之。

英吉利遣使入貢，請遣人留京居住，上不許，慮英吉利貢使還經廣東復多所陳乞，時已授長麟兩廣總督，命與世勳和衷商榷。尋奏英吉利貢使請在黃埔蓋房居住，已嚴行拒絕，並禁內地奸民指引勾結，上賜荷包奬之。五十九年，入覲，途次病作，至京師卒，賜祭葬。

畢沅，字纕蘅，江南鎮洋人。乾隆十八年舉人，授內閣中書，充軍機處章京。二十五年一甲一名進士，授修撰。再遷庶子。三十一年，授甘肅鞏秦階道。從總督明山出關勘屯田，調安肅道。擢陝西按察使。上東巡，覲行在，備言甘肅旱。諭治賑，並免逋賦四百萬。擢布政使，屢護巡撫。師征金川，遣沅督餉，軍無匱，授巡撫。河、洛、渭並漲，朝邑被水。治賑，全活甚衆。募民墾興平、盩厔、扶風、武功荒地，得田八十餘頃。濬涇陽龍洞渠，溉民田。嘉峪關外鎮西、迪化士子赴鄉會試者，奏請給驛馬。置姬氏五經博士，奉祀文、武、成、康四王及周公陵墓。修華嶽廟暨漢、唐以來名蹟，收碑碣儲學宮。屢署總督。四十一年，賜孔雀翎。四十四年，丁母憂，去官。四十五年，陝西巡撫缺員，諭：「沅在西安久，守制將一年。命往署理，非開在任守制例也。」

四十六年，甘肅撒拉爾回蘇四十三爲亂，沅會西安將軍伍彌泰、提督馬彪發兵討之。事平論功，賜一品頂帶。甘肅冒賑事發，御史錢灃劾沅瞻徇，降三品頂戴。四十八年，復還原品，尋實授巡撫。四十九年，甘肅鹽茶廳回田五復亂，沅遣兵分道搜剿。上命大學士阿桂視師，沅治軍需及驛傳供億，屢得旨獎勵。

沅先後撫陝西十年，嘗奏：「足民之要，農田爲上。關右大川，如涇、渭、灞、滻、灃、滈、潦、潏、河、洛、漆、沮、汧、汭諸水，流長源遠。若能就近疏引，築堰開渠，以時蓄洩，自無水旱之虞。古來雲中、北地、五原、上郡諸處畜牧，爲天下饒，若酌籌閒款，市牛羊駝馬，爲畀民試牧；俟有孳生，交還官項，餘則畀其人以爲資本。耕作與畜牧相兼，實爲邊土無窮之利。」議未行。

五十年，調河南巡撫。奏：「河北諸府患旱，各屬倉儲，蠲緩賑卹，所存無多，請留漕糧二十萬備賑。」既又請緩徵民欠錢糧，並展賑，上溫諭嘉之。命詣胎簪山求淮水眞源，御製淮源記以賜。五十一年，賜黃馬褂。授湖廣總督。伊陽盜秦國棟戕官，上責沅捕治未得，仍回巡撫。五十三年，復授湖廣總督。江決荆州，發帑百萬治工。沅奏：「江自松滋下至荆州萬城堤，折而東北流，南逼窖金，荆水至無所宣洩。請築對岸楊林洲土壩、鷄嘴石壩，逼溜南趨，刷洲沙無致壅遏。」又請修襄陽老龍堤、常德石櫃隄、潛江仙人堤，鑿四川、湖北大江險灘，便雲南銅運。

五十九年，陝西安康、四川大寧邪教並起，稱傳自湖北，沅赴襄陽、鄖陽按治，降授山東巡撫。上以明年歸政，令督撫察民欠錢糧豁免，奏蠲山東積逋四百八十七萬、常平社倉米穀五十萬四千餘石。六十年，仍授湖廣總督。

湖南苗石三保等爲亂，命赴荆州、常德督餉，以運輸周妥，賜孔雀翎。嘉慶元年，枝江民聶人傑等挾邪教爲亂，破保康、來鳳、竹山，圍襄陽，沅自辰州至枝江捕治。當陽又陷，復移駐荆州，上命解沅總督。旋克當陽，獲亂渠張正謨等，復命沅爲總督如故，予二等輕車都尉世職。尋奏亂渠石三保、吳半生、吳八月等皆就獲，惟石柳鄧未獲；請撤各省兵，留二三萬分駐苗疆要隘。上諭曰：「撤兵朕所願，但平隴未克，石柳鄧未獲，豈能遽議及此？」尋獲石柳鄧。上命沅馳赴湖南鎭撫。疏言：「樊城爲漢南一都會，請建甎城，以工代賑。」二年，請以提督移辰州，增設總兵駐花園汛。尋報疾作，手足不仁，賜活絡丸。旋卒，贈太子太保。四年，追論沅教匪初起失察貽誤，濫用軍需帑項，奪世職，籍其家。

沅以文學起，愛才下士，職事修舉；然不長於治軍，又易爲屬吏所蔽，功名遂不終。

論曰：富勒渾、秉恬、鄂寶餌金川之軍，績當臨清之亂，圖思德招緬甸之使，步瀛禦石峯堡之變，嗣曾肅臺灣之政，永清受安南之降，世勳屢卻暹羅、安南干請。若英吉利入貢，中外交涉，於此萌芽。川、楚教匪，沅當其始，久而後定。諸人者皆身膺疆寄，與兵事相表裏，功罪不同，賞罰或異；欲求其事始末，固不可略焉，故類而錄之。

清史稿卷三百三十三

列傳一百二十

五岱　五福　海祿　成德　馬彪　常青

官達色 烏什哈達　瑚尼勒圖　敖成　圖欽保　木塔爾

岱森保　翁果爾海　珠爾杭阿　哲森保

五岱，瓜爾佳氏，黑龍江人。乾隆十八年，命隸滿洲正黃旗。初以前鋒從征準噶爾，授三等侍衞，賜墨爾根巴圖魯名號。戰葉爾羌，復遷二等侍衞。霍罕使者至，命往宣諭，授正黃旗漢軍副都統，賜騎都尉世職。三十六年，從將軍溫福討金川，授參贊大臣。攻巴朗拉，克之，授正黃旗蒙古都統。

京旗目吉林、黑龍江諸部人爲烏拉齊，鄙之不與爲伍，溫福以是輕五岱。五岱密疏言：「溫福在軍好安逸，不親督戰，自以爲是，寒將士之心。」溫福亦劾：「五岱剛愎自用，自成都至軍，途中奪驛馬騷擾；方攻巴朗拉，綠營兵驚退，五岱不能禁，詐言被創昏暈。」上命豐昇額、色布騰巴勒珠爾詣軍中按治。色布騰巴勒珠爾等疏言鞫五岱俱不承，請奪其職，留軍前自効，上責色布騰巴勒珠爾等所論列不得要領；復疏言溫福輕五岱，致起釁。溫福疏辨，謂五岱與色布騰巴勒珠爾朋比謀傾陷，上命色布騰巴勒珠爾等逮五岱詣熱河行在。是時尚書福隆安奉使如四川，疏言五岱無奪驛馬及攻巴朗拉詐言被創事，色布騰巴勒珠爾亦未嘗袒五岱。五岱至熱河，軍機大臣廷鞫，戍伊犂。居數月，授藍翎侍衞，命從阿桂出南路聽差遣。阿桂令率土兵赴美諾、明郭宗諸地，相機夾擊。尋授頭等侍衞。

木果木師潰，阿桂駐宜喜。命五岱爲領隊侍衞，率貴州兵防後路。阿桂爲定西將軍，授五岱正藍旗蒙古副都統，復爲參贊大臣。從副將軍豐昇額自丹壩進攻凱立葉，山峻，未深入。上命豐昇額佐阿桂合軍進，而以五岱駐凱立葉牽賊勢，賊屢來攻，屢擊敗之。五岱疏言軍中護軍校等缺，當擇應升人員，請上命。上以參贊佐將軍治軍事，不得自專，責五岱非是。阿桂、豐昇額自日爾巴當噶進攻，五岱自凱立葉督兵夾擊，進逼勒烏圍。阿桂令五岱移駐日則丫口。尋率兵協攻珠寨及噶朗噶各寨。師攻勒烏圍，五岱率所部自東北入，合攻克之。金川平，圖形紫光閣，列後五十功臣。

出爲塔爾巴哈台領隊大臣。四十九年，自塔爾巴哈台詣京師，至蘭州，聞石峯堡回爲亂，請從軍。上諭陝甘總督李侍堯，以五岱嘗從征金川，知軍事，令率兵進攻。侍堯令偕副都統永安、提督剛塔討賊，自馬家堡逐賊至鹿鹿山，大霧，駐軍數日，詗賊出後山，分軍捕治，命署固原提督。戰伏羌城外，殺賊三百餘，賊遁入山，遣兵搜捕，俘二百三十餘。復逐賊至秦安縣，擬進攻底店。上令尚書福康安視師，五岱從，克底店；進攻石峯堡，率兵搜捕黑砣塔、白楊嶺餘匪，毀牀子灘禮拜寺，回亂平。上以五岱自塔爾巴哈台班滿還京，道聞回亂，自請從軍；福康安未至，轉戰擊賊，奮勉，予騎都尉世職。尋擢鑲藍旗蒙古都統，充上書房總諳達，授領侍衞內大臣。卒。

五福，富察氏，滿洲鑲白旗人。自世襲佐領累遷四川維州協副將。乾隆三十五年，小金川土司澤旺與鄂克什土司色達克拉搆兵，五福請於總督阿爾泰，檄澤旺責使服罪。澤旺子僧格桑尤桀驁，漸侵明正土司，乃令五福將五百人屯梭磨界樸頭，擢松潘鎭總兵，如美諾護糧道。小金川平，偕松茂道查禮按行邊徼屯練，及新附汗牛十四寨。

時僧格桑竄大金川，大金川土司索諾木與同爲亂。上慮兩酋逃往鄂羅克，命五福駐丹壩。丹壩，往鄂羅克道所必經也。賊襲攻底木達及大板昭，師自登春入，五福自後路會攻。尋請以副將西德布率兵還丹壩，而躬巡梭磨，土婦卓爾瑪初附，加以駕馭。上命五福事畢仍還屯丹壩。五福旋自丹壩進攻穆爾津山，再戰陟其岡，燬賊碉，敗援賊。師進攻，五福以三百六十人爲應，令官兵作攻撲狀綴賊，土兵伏作固頂水卡旁。賊至，伏發，殪其頭人，遂進攻山半賊碉，五福督兵斫碉門殺賊。將軍阿桂等師克格魯克古丫口，將達丹壩，五福隔山見師至，卽督兵攻普籠、瑪讓諸碉，同時盡燬，於作固頂以下傍水設營卡。

師進攻勒烏圍，五福自陡烏當噶夾攻，斃賊甚衆，進攻滎噶爾博，燬賊碉一。師屯巴克圖仰木山巔，五福克薩木卡爾山下諸碉卡，與大軍會。自達烏達圍進攻，五福同總兵常祿保等爲應。旣克黃草坪，賊自山後出，五福夾擊敗之。師自奔布魯木進攻，爲三隊，五福與副都統烏什哈達率第三隊，圍賊碉。賊越碉竄，與第一、二隊合，至西里正寨，賊潰遁。分攻瓦爾占、舍勒固租魯，夜移礮轟燬之。進攻薩爾歪賊寨，復爲三隊，五福與都統海蘭察自中路進，賊棄寨竄；復繞出寨後，殲賊甚衆，賊寨皆下。金川平，圖形紫光閣，列後五十功臣。師旣還，以兩金川地勢寥闊，命五福將三千人屯美諸。尋擢廣西提督。卒。

海祿，齊普齊特氏，蒙古正藍旗人。以前鋒從征伊犂，定邊右副將軍兆惠屯濟爾哈朗，副將軍富德攻葉爾羌，攻伊西洱庫爾淖爾，海祿皆在軍中，賜花翎，並號噶卜什海巴圖魯。又以邊功，擢二等侍衞。溫福討金川，海祿將四百人攻斑爛山及斯當安，攻日耳、東瑪、美美諸寨，及固卜濟山梁，又克路頂宗、喀木色爾諸寨，破明郭宗溝內碉卡。自前鋒參領擢陝西固原鎮總兵。溫福師敗績，海祿自美諾退巴朗拉，定西將軍阿桂論劾，當奪職，命寬之。師自資哩南山入，得阿喀木雅山上碉一。至路頂宗，山陡峻，夜半潛入賊壘，殲賊三十餘，墜崖死者相枕藉，遂拔路頂宗，卽督兵進攻明郭宗，克之。直抵美諾，賊驚潰，獲大礮十餘、米糧百餘石，擢固原鎮總兵。

從阿桂自薩爾赤鄂羅山攻克登古碉卡。復自喇穆喇穆迤西進，得石卡一。攻得斯東寨、色淜普、喇穆喇穆山梁，屯日則丫口要路。又攻該布達什諾木城，連克碉寨。攻遜克爾宗，賊出伏兵，擊之潰。旋偕副都統富興進至達爾沙朗，克大碉五，並克伊格爾瑪迪等碉卡。再進，偕副都統烏什哈達奪羅卜克鄂博溝內碉寨，攻克格魯克古山梁。再進攻康薩爾，督兵躍壕入，賊竄。再進，攻克勒吉爾博山梁，乘勝沿河擊賊，大破之。師攻木思工噶克丫口，海祿以兵應，殲賊甚衆。攻克邁過爾山梁，復偕烏什哈達攻丫口左木城、石碉，拔之。又自舍圖枉卡分攻巴占，攀籐扶石，自山腰斜上，遂奪據昆色爾，進攻章噶大碉，克之，並奪木城一。偕襄陽鎮總兵官達色攻黃草坪，占其地。移直隸天津鎮總兵。旋率士兵奪兜窩碉卡，復奪取莎羅奔甲爾瓦沃雜爾所居之拉布咱占。又偕副都統書麟等攻則朗噶克，焚噶爾噶木、勒烏、果木得克、聶烏諸賊寨。金川平，圖形紫光閣，賜騎都尉世職，擢雲南提督。

四十六年，入覲。至湖南，聞薩拉爾回蘇四十三叛，請從軍。賊佔華林山，海祿從海蘭察攻之，多所斬獲。旋進至華林寺，燬賊巢，殲焉。授烏魯木齊都統。

海祿刻覈吏事。在邊，禁古城迤北瑚圖斯金廠。重定新疆屯田徵租功過，視舊例爲苛。追論文武吏士剋下營私狀，領隊大臣圖思義、提督彭廷棟以下皆坐譴。又請裁汰經費，視內地編保甲；臺灣民坐械鬭戍邊，入烏魯木齊鐵廠輸作，予巴里坤諸地戍兵爲奴：皆議行。復疏請自哈密至精河設臺車三百五十，烏魯木齊設臺車一百五十，定值視雇商車減三之二。烏什辦事大臣綽克托、塔爾巴哈台辦事大臣惠齡、陝甘總督福康安皆言車值過薄，福康安並力陳設臺車不若雇商車便。上爲罷海祿議，造臺車靡帑，令責償。伊犂將軍伊勒圖又疏請罷海祿所議屯田徵租功過及戍邊入鐵廠例，左授伊犂額魯特領隊大臣。

五十三年，劾將軍奎林毀佛像，辱職官，折罪人手足擲水中，得遣戍罪人贓，又於哈薩克以羊易布，私其羨金。上奪奎林職，令海祿並詣京師，命諸皇子、軍機大臣會刑部廷鞫。奎林承毀佛像、殺罪人，餘事皆無據。上命並奪海祿職，在上虞備用處拜唐阿上効力行走。尋授藍翎侍衞，累遷至福建陸路提督。卒。

成德，鈕祜祿氏，滿洲正紅旗人。初入健銳營充前鋒。從征準噶爾、葉爾羌，俱有功。從征緬甸，從將軍明瑞自錫箔進兵，攻賊舊小蒲坡，中槍傷，戰猛拜、天生橋、猛城諸地。從副將軍阿里袞攻頓拐，燬其寨。從經略大學士傅恆渡戛鳩江，自猛拱、猛養進兵，敗賊於新街。定邊右副將軍溫福征小金川，成德從攻斯當安，裹創力戰，進攻巴朗拉。再進，克資哩、古布濟、八角寨諸地，復被創；自空卡、昔嶺進兵，屢捷，累遷四川川北鎮總兵。木果木大營陷，溫福死之，成德時將別軍駐美諾，亦陷於賊，命奪官，仍留任。將軍阿桂令自南山攻取阿喀木雅，會領隊大臣額森特、總兵海祿三道並進，擊東溝賊碉，殲賊甚衆。路頂宗、明郭宗諸營卡皆下，復美諾，賜黑狐冠。小金川平，復官。

師自谷噶入大金川，抵羅博瓦山，成德偕總兵特成額等分兵綴賊。復會克色淜普山，奪堅碉數十。進攻喇穆喇穆東面山碉，賊分兩路襲師後，擊敗之。偕散秩大臣普爾普等奪石碉四，又偕總兵官達色攻克該布達什諾木城，會內大臣海蘭察進圍遜克爾宗，賜號賽尙阿巴圖魯。進攻甲爾納寨，圍急，賊潛以皮船渡，成德擊破之。賊據赤布寨，其北為得思古寨，循溝下有噶朗噶、噶爾噶諸寺，碉寨繁密。師循溝進，破最東水碉。成德乘勝奪大碉五、木城二，直抵瀬河噶爾丹寺，賊奔潰，師克舍圖枉卡。成德潛師至日則丫口，與遊擊普吉保上下合擊，破石碉八、木城四，遂克遜克爾宗，賊退勒烏圍，復進，會師破之。進克甘都瓦爾、黃草坪等處，遂克噶拉依。金川平，圖形紫光閣，列前五十功臣。署四川提督。三暗巴番渠安錯煽亂，督兵捕治，命眞除。

五十三年，廓爾喀侵後藏，命成德爲參贊大臣，督兵偕總督鄂輝、駐藏大臣侍郎巴忠會剿。巴忠授意噶布倫丹津旺珠爾與廓爾喀議歲費、還侵地，成德爭不獲，卽以此議入奏。師還，授成都將軍。後藏不如約，靳歲費不與，廓爾喀復來犯，巴忠自經死。上命鄂輝、成德督兵定藏自贖；復以濡滯失機，奪將軍，予副都統銜，以領隊大臣屬將軍福康安調遣。攻聶拉木，與穆克登阿夜督兵進。成德攻寨西北，穆克登阿出西南，擲火彈殺賊，破寨，盡殲守寨賊，無一得脫者。福康安自濟嚨進兵，令成德等分道進屯德親鼎山，克敵卡，自俄瑪措山進，迭克果果薩喇嘛寺，乘夜取札木鐵索橋。又自江各波邁山梁趨隴岡，與彥吉保會；逐賊至利底，與福康安師會，所向克捷。廓爾喀乞降，師還，命成德以副都統銜充駐藏幫辦大臣。圖形紫光閣，前十五功臣，以成德爲殿。尋命署杭州將軍。

仁宗卽位，移署荆州將軍。教匪起，成德偕總督惠齡攻賊宜都灌灣腦山，擒賊首張正謨。尋以縱賊竄逸，奪勇號。四年，致仕，卒。以曾孫女配宣宗爲孝全皇后，追封三等承恩公，諡威恪。子穆克登布，自有傳。

馬彪，甘肅西寧人。以行伍從軍，累遷至四川川北鎮總兵。高臺縣丞邱天寵私伐巴彥濟魯薩林木，貝勒羅卜藏達爾札訴於上，詗連彪，奪職。尋賜游擊銜，駐雅爾。復起，除雲南昭通鎮總兵。

乾隆三十六年，師征金川，將軍溫福以彪屢出師勇往，令將貴州兵三千以從，克巴朗拉碉卡，賜花翎。師自達木巴宗分三道趨資哩，彪偕侍衞額森特等自北山進，奪賊碉卡，斬馘百餘，與師會。彪以貴州兵二千駐資哩北山梁，東西距三十餘里。賊夜犯都司黃壯略、守備王廷玉營，彪與侍衞巴三泰馳援，敗賊，失礮三。上以彪戰甚力，不之罪。嗣都司徐大勇等守色布色爾，賊屯十里外高峰。參贊五岱檄彪赴援，未至，副將色倫泰戰沒。五岱劾彪逗遛，當奪職，上命留任。尋自碩藏噶爾進駐色布色爾，阿桂軍次喇卜楚克山麓，偪木闌壩，令彪伏兵東崖下，克其水碉。進攻色爾渠，彪從參贊豐昇額等擊東瑪𡶒，克之。乘勝攻哲木克郭羅郭羅美羅喇嘛寺諸寨，皆下，奪碉五，俘馘數十。攻美美卡，彪率二百人自山梁小徑入。賊來援，力戰破之。美美卡至日喀爾橋，有小徑曰兜烏。賊毀橋築卡以拒，彪伐木爲橋濟兵，賊棄卡走。又與提督哈國興合克喀木色爾穆拉斯郭寨，遂據兜烏。尋自達克蘇山後攻明郭宗，彪將千人自格實迪下攻，賊棄碉竄，授西安提督。復偕侍衞烏爾圖納遜攻達爾圖大碉，殲竄賊甚多。遂偕領隊大臣華善等以六千人駐宜喜，賊來犯，擊之，斬賊三十餘人。以三千五百人攻達爾圖碉，未下。賊自沙壩三道襲宜喜軍，又別遣賊夜撲達爾圖軍，擊走之。師克乃當，至獨松，彪與賊戰中巴布里、下巴布里及瑪雅岡角木，賊皆棄寨遁。旋與副將欽保克爾瑪及扎烏古山梁，與總兵敖成克甲索。金川平，赴西安任。圖形紫光閣，列前五十功臣。移湖廣提督。卒，贈太子太保，謚勤襄，予雲騎尉世職。

常青，蘇木克氏，滿洲鑲白旗人。自前鋒累遷護軍參領。外擢雲南曲尋鎮總兵。從將軍明瑞討緬甸，戰於蠻結。明瑞將中軍，常青與領隊大臣觀音保踞西山梁。賊突至，常青等奮擊，馘二百餘；賊敗竄，又馘二千餘，俘三十四。再戰天生橋、宋寨、黃土岡諸地，屢敗賊。明瑞軍敗績，上召常青入對，命仍還雲南，從副將軍阿里衮出萬仞關。經略大學士傅恆令詣野牛壩督造戰船，率兵赴新街，殺賊奪寨，獲敵舟及糧械。旋自新街進攻老官屯，克毛西寨。師還，授雲南提督。

乾隆三十八年，師征金川，令率雲南兵二千赴打箭爐佐將軍阿桂出西路。偕都統海蘭察攻斯達克拉、阿噶爾布里、碩藏噶爾諸山梁，克之，留屯美諾。師攻布朗郭宗，阿桂奏請常青策應。常青遣遊擊福敏泰駐木波，遊擊保寧駐噶魯什呢，守備張啓貴駐美臥溝，而與副都統富興率兵爲布朗郭宗聲援。西藏語謂爲盜曰「放夾壩」，常青與富興督綠營兵捕盜，焚其林。阿桂師進攻勒烏圍，常青與富勒渾護餉道，自明郭宗至大板昭，兵卒巡視，分守小沙壩、沙壩、三松坪諸地，自間道出功噶爾拉擊賊。上嘉之，諭以此路官軍久未進攻，今自間道出奇，足以綴賊；惟地勢險峻，仍戒其輕舉。金川平，圖形紫光閣，列後五十功臣。

移古北口提督，而以海祿代之。疏言緬甸方議撫，請暫留張鳳街，與海祿相機籌辦。上以夷性多疑，文檄仍用常青舊銜，俟事定赴新任。歷浙江、江南、直隸、福建陸路提督，又繼海祿爲烏魯木齊都統，移西安將軍。卒，謚莊毅。

官達色，瓜爾佳氏，滿洲正黃旗人。以前鋒從征準噶爾。將軍兆惠自鄂壘扎拉圖轉戰至特訥格爾，上方南巡，遣官達色及副護軍校兆坦齎疏詣行在，召對，授藍翎侍衞。準噶爾平，予雲騎尉世職。迭遷副參領，外擢雲南順雲營參將。自陳不通漢文，乞還京師，經略大學士傅恆討緬甸，以官達色監鑄礮，令從軍。旋授健銳營前鋒參領。

乾隆三十六年，將軍溫福征金川，令將成都駐防兵四百人從攻巴朗拉山梁，與烏什哈達督兵自山右登，奪卡六。再戰，官達色發礮毀賊碉，戰三晝夜，克之，賜號巴爾丹巴圖魯，畀白金百。師逾達木巴宗至斯底葉安，賊力拒，官達色發礮隳其碉樓，命署四川松潘鎮總兵。師乘雪擊賊，賊引退。官達色逐賊，賊亂流渡，竄阿喀木雅。移軍逼賊寨，官達色發礮擊之，寨垂破，賊夜遁。溫福督師攻南山，官達色與總兵牛天畀合軍，天畀取第二碉，官達色取第三碉，復命署湖北襄陽鎮總兵。

師攻達爾圖，賊蔽碉爲固，官達色發礮擊之，日斃賊數十。師進，破碉二，拔柵，殲賊甚衆。副將軍豐昇額攻谷噶，官達色與侍衞普濟保等以四千人往會。旋以將軍阿桂檄，從參贊海蘭察攻喇穆喇穆，奪卡三，逼碉下擲火彈，以雨不燃，暫引退。復以六百人直陟高峰，峰有大碉二，夜半，援石壁蟻附登，伏碉旁，黎明突起，遂破二碉。進攻該布達什諾，賊爲大碉倚壕，輔以木城。官達色督兵冒槍石躍壕以度，剗碉址成，遂援以上。賊退保木城，阿桂令海蘭察出城後，官達色當其前，力戰克之。再進，攻默格爾山梁，官達色與額森特等合軍取碉三。旋與海蘭察、額森特分道裹糧深入，攻格魯克古丫口，克當噶海寨及陡烏當噶大碉，焚沙木拉渠寨。循格魯克古山梁以下，賊傍箐置卡，督兵攻之下。眞除襄陽鎮總兵。

再進，攻勒吉爾博，戰於山麓，破賊碉；再進，攻榮克爾博，克其麓木城。督兵陟山巔，與普爾普踰溝拔木柵二十六。自舍圖柱卡循昆色爾山梁，攻據雅木則碉，取果克山諸碉寨，圍拉枯喇嘛寺，盡殲之。再進，與海蘭察等同攻章噶，賊緣碉鑿深溝，設柵其上，官達色督兵拔柵以覆溝，援附至碉巔下攻，賊驚竄，遂克之。與海蘭察合軍向勒烏圍，分攻隆斯得，其地有三寨，克其二；遂潛破後寨，寨內蓄鉛子，積地二尺許，火藥百餘簍，悉收以佐軍，設礮臺，偪轉經樓，與保寧、彰霸合軍克之，勒烏圍亦下。與海蘭察等攻達烏，連破諸碉寨。進攻西里，賊四出力禦，官達色踰溝與戰，賊穿林逃。攻黃草坪，海蘭察當其前，官達色與海祿拔溝北柵爲應。攻奔布魯木峯木城，亦與海蘭察偕。攻瓦喇占，發礮破其碉。循瓦喇占而下曰薩爾歪，有寨三，海蘭察當其前，官達色與烏什哈達左右合擊，賊棄寨走，邀殪之。攻科布曲木城，又與海蘭察偕，官達色冒槍石先登。攻朗阿古，海蘭察自山腰險徑度兵，官達色與烏什哈達出其左。攻雍中喇嘛寺，官達色與普爾普等自右入，皆力戰殺賊，遂破噶拉依。金川平，圖形紫光閣，列前五十功臣，予一等輕車都尉世職。移山西大同鎮總兵，再移直隸宣化總鎮兵。卒。

烏什哈達，吉林滿洲正黃旗人。師征緬甸，以前鋒校從，有功，賜號法福哩巴圖魯。師征金川，以三等侍衞從，其與官達色同克巴朗拉也，賊攻據所駐山，復力戰破賊，奪其山還。事聞，上以功過足相當，宥之。戰屢有功，累擢正藍旗蒙古副都統。師還，圖形紫光閣，列前五十功臣，予騎都尉兼雲騎尉世職。外授和闐領隊大臣，訐辦事大臣德風受賂，按治不盡實，奪職。師征臺灣，以頭等侍衞從，與普爾普自茅港轉戰，通嘉義道。尋將水師至瑯嶠，獲莊大田，還前所賜勇號。再圖形紫光閣，列後三十功臣。師征廓爾喀，以鑲紅旗蒙古副都統從，先行治道，躓而傷。師還，賞不及，入見，以爲言。上責其巧佞，奪職，戍伊犂。嘉慶初，赦還。師征川、楚教匪，以頭等侍衞從，賊渠王三槐擁衆渡江，烏什哈達與戰，死之，予輕車都尉世職。

瑚尼勒圖，鄂訥氏，黑龍江人。以護軍入滿洲鑲黃旗。累遷護軍參領。從征金川，亦與巴朗拉之役，賜號多卜丹巴圖魯。攻資哩南山，戰自喇卜楚克山梁，繞登高峯，奪賊卡二，遂陟其巔，又奪賊卡二。復從海蘭察等攻羅博瓦前山，賊二百餘自其右緣山梁斜上，瑚尼勒圖擊殺十餘人，賊遁走，進攻該布達什諾，克之，加副都統銜。復進攻遜克爾宗，焚賊寨十餘，賊來援，却之。師攻勒烏圍，遣瑚尼勒圖奪據默格爾山，進占日爾巴當噶爾之西。危峯突起，海蘭察等更出其西，自密拉噶拉木山巔下擊，遂克凱立葉，諭嘉獎。乘勝攻克日爾巴當噶山陽左右五碉。又從海蘭察等攻取桑噶斯瑪特山寨。與福康安督兵將出箐，見賊碉二，奮勇躍入殺賊，賊潰，擢鑲藍旗蒙古副都統。師攻達佳布、安吉諸碉，督兵自山腰賊碉間攀越而過，先入碉，皆克之。進攻木思工噶克，令瑚尼勒圖攻丫口。潛師而入，遊擊梁朝桂等爲繼，丫口峰左右碉十有四，同時皆破。師次榮噶爾博，有山梁曰巴占，爲勒烏圍門戶，賊守禦甚力。諸將議自舍圖柱卡間道入，而使瑚尼勒圖屯巴占分賊勢。師克章噶，瑚尼勒圖亦取巴占。分攻隆斯得寨，以斧破寨門，獲所儲鉛藥，遂攻下勒烏圍。復攻西里山梁，瑚尼勒圖與烏什哈達督兵徑陟，克大碉三、木城四。師攻西里正寨，與福康安以火攻破寨；又與海蘭察取朗阿古，攻克得拉古碉卡；復自巴薩沙進，取奇什磯官寨，與福康安等克雍中喇嘛寺。金川平，圖形紫光閣，列前五十功臣，轉鑲紅旗蒙古副都統。尋授散秩大臣，管理健銳營。卒。

敖成，字丹九，陝西長安人。入伍，從征瞻對、金川、庫車，戰喀喇烏蘇河，攻葉爾羌，俱有功。乾隆三十八年，師再征金川，成以廣西右江鎮總兵入覲，上詢知成嘗出師瞻對、金川，賜花翎，並畀白金百，給驛詣軍前。旋移甘肅寧夏鎮，以將軍阿桂請，復移貴州鎮遠鎮。師三道進，副將軍明亮出南路，請以成駐僧格宗防後路。上慮成未足當一面，命從明亮軍進討。桂林疏言：「南路當自塔克撒至宜喜諸地設防。成自薩穆果穆渡河，經美諾至塔克撒駐軍。」明亮移軍宜喜，攻達爾圖山梁，使成偕副都統舒景安率師攻日旁，奪賊卡二，破碉寨四百餘，殲賊甚衆。諸軍攻宜喜，圍合，詗甲索守賊皆老弱，當攻其瑕。成偕副將常泰等率土、漢兵二千五百分三道進，破其要隘，先後奪碉十一。上嘉其勇，賜號僧格巴圖魯。復自達爾圖山梁進攻噶爾丹，直薄巴布里山脊。值夜大雪，潛師出碉後奮擊，連克防隘賊卡四。守碉賊驚潰，追斬無算。復偕常泰攻克碾占，偕提督馬彪率師至甲雜官砦，賊棄寨潰竄。師三路畢會，遂克噶喇依。金川平，圖形紫光閣，列前五十功臣。御製贊，以乘雪取巴布里比諸李愬之入蔡州。擢貴州提督，入覲，賜黃馬褂。卒，贈太子太保，謚勇愨，予雲騎尉世職。

圖欽保，瓜勒佳氏，滿洲鑲黃旗人。以前鋒校從將軍明瑞征緬甸，有功，授三等侍衞，賜號法福禮巴圖魯。遷健銳營副前鋒參領。乾隆三十七年，從將軍阿桂征金川，以皮船濟師，襲達烏西山碉卡。圖欽保與總兵王萬邦自其左進，攻克其碉。復與侍衞三寶等合兵，至邦甲山梁，緣溝以登，盡取諸碉卡，自山下夾攻，賊潰。師至納圍納札木，副將軍明亮等分兵三道並進，圖欽保與游擊谷生炎攻山坡碉卡，賊力拒。復與侍衞德赫布三面合圍，壘石卡逼賊，賊棄碉夜遁。師進至僧格宗，圖欽保自河西科多渡橋攻河東，至喀咱木籠山梁，抵奢壟，賊奔美諾。復與參領拉布棟阿以五百人取馬奈。擢湖南長沙協副將。師復進，至薩克薩谷，其北曰茹寨，麥方熟，賊設碉以衞，圖欽保力攻克之，焚沿河各寨，賊竄出，中矢被鎗及墜河死者無算，麥田十餘里，皆爲我兵所據。事聞，上手詔獎勉。復攻石眞噶山下木城，燬賊寨，再進，攻扎烏古山梁，功最，擢陝西固原鎮總兵。事定，圖形紫光閣，與德赫布並列前五十功臣。四十六年，撒拉爾回叛，圖欽保將五百人助戰。賊退踞八蜡廟、水磨溝諸地，圖欽保從都統海蘭察率兵越水磨溝自山梁進逼賊巢。賊自山坡逆上，圖欽保持刀奮戰，馬蹶，墜山下，被創，卒，賜白金七百。

木塔爾，小金川人。乾隆三十七年，小金川頭人僧格桑爲亂，拒我師，木塔爾率親屬及所部降。將軍溫福令從軍，卽率土兵奪八角碉，降千餘人，復官寨。攻木果木，面中石傷。克達響谷山梁，槍傷額。累擢三等侍衞，賜孔雀翎。僧格桑竄大金川，大金川頭人索諾木匿之，與同亂。將軍阿桂令木塔爾偵路，約內應，遂克阿不里，招其叔朗納降。金川山徑歧互，阿桂令木塔爾指畫，繪圖呈覽；又以功噶爾拉賊守堅，諮木塔爾。木塔爾言：「谷噶山路崎嶇，樹木深密。若密遣精兵晝伏夜行，出賊不意，亦一策也。」從之。戰有功。官兵護台站，遇賊稍卻。阿桂令木塔爾偕降人賡噶率土兵截擊，擒頭人穆工阿魯庫。攻噶魯什尼後山及登春諸地，擒頭人拉爾甲，創僧格爾結，以功賜緞。賊遣別斯滿尼僧布薄僞降，私詢木塔爾軍事，木塔爾密以聞。上嘉其誠，累擢頭等侍衞。師攻噶拉依，索諾木等出降，賜號贊巴巴圖魯。圖形紫光閣，列後五十功臣。授八角碉屯守備，督帛噶爾角克及薩納木雅諸地降人屯田。

四十六年，甘肅撒拉爾回蘇四十三攻陷蘭州，上命領侍衞內大臣海蘭察軍討之，木塔爾從，中槍傷，賜銀緞。復攻華林寺，再受傷，賜二品銜，以四川管理降番副將題補。四十九年，甘肅固原回田五等餘黨踞石峯堡，上命成都將軍保寧討之，木塔爾從，力疾赴調，賜散秩大臣銜。至石峰堡，屢有斬獲，被石傷。

五十三年，從征臺灣，偕侍衞博斌等生擒首逆莊大田於瑯嶠。臺灣平，復圖形紫光閣，列前二十功臣。

五十六年，廓爾喀爲亂，攻陷聶拉木。木塔爾從成德守木薩橋，獲頭人格哵達喀㙦哈等，加副都統銜。師攻濟嚨，木塔爾偕侍衞哲森保先攻克東南山梁，移兵逐賊，復濟嚨，殲賊數百，殪賊目七。師攻雅爾賽拉、博爾東拉，木塔爾率兵自噶多普紆道渡河，奪石卡、木城。廓爾喀平，再圖形紫光閣，列後十五功臣。上特召慰勞，賜酒，賚銀緞。

六十年，從征苗匪。賊居下石花、土空等處，循沿河山坡築城卡，阻我師。總督福康安遣木塔爾於下游河岸設伏，賊出卡搶掠，突出擊之，奪其渡船。師進迫之，賊不能禦，連克城卡。進攻土空，偕總兵花連布等連戰三晝夜，破之，賜荷包。以病還師，至資陽，道卒，賜白金百。

岱森保，庫雅拉闊綽里氏，滿洲正紅旗人。以黏竿處拜唐阿從征緬甸。移師征金川，與攻路頂宗、喀木色爾，授藍翎侍衞。戰於昔嶺，賊乘高而下，以火器奮擊，賊潰，授三等侍衞。戰於羅博瓦，殲賊數十，復奪取喀木喇瑪山碉，擢二等侍衞，賜號布隆巴圖魯。攻勒吉爾博山梁，拔鹿角，躍壕，以火彈擲碉巔，破之。從將軍阿桂攻勒烏圍，發礮斷其橋，隧以入柵，克木城，與諸軍合攻，勒烏圍遂下，授頭等侍衞。師還，圖形紫光閣，列後五十功臣。

乾隆四十四年，以護軍參領從征臺灣。與侍衞烏什哈達等擊賊沙嵌，進至蔦松，殲賊二百餘。擊賊中洲，發巨礮殺賊，進擊賊南潭，賊潰，焚賊寮數百。再進，擊賊三坎店，奪賊中礮械。尋從閩浙總督常青等援諸羅，出鹽水港，戰賊屢勝，賜副都統銜。福康安視師，岱森保攻賊牛莊，賊阻溪爲固，督兵踰溪擊之，俘斬甚衆，乘銳抵南潭，遂俘莊大田等。師旋，再圖形紫光閣，列後三十功臣。擢正黃旗蒙古副都統。出爲伊犂領隊大臣。

廓爾喀爲亂，上命岱森保將索倫、達呼爾兵千人，偕參贊大臣海蘭察自京師道青海入西藏，佐福康安等討之。既至，福康安令偕成都將軍成德將三千人向聶拉木綴賊。分兵自措克沙木間道入，自率兵趨親鼎山，破賊卡，賊敗竄。旋偕侍衞永德道哈那滾木山，克扎木。復偕成德敗賊多洛卡，追躡至俄賴巴，分兵兩路深入，廓爾喀酋降。復圖形紫光閣，列後十五功臣。

嘉慶初，教匪起，命岱森保討賊陝、甘。張漢潮侵五郎，自盩厔出大建溝擾洵陽，偕總兵長春、副都統綸布春隨所在禦之。上責肅清甘肅境，與西安巡撫台布選能戰兵四千有奇，逐賊轉戰，屢有克捷。五年秋，擊賊沔縣，以兵寡未獲窮追，還軍駐長寨。疾作，行至漢中，卒。

翁果爾海，噶巴喀氏，滿洲鑲黃旗人。初充親軍，遷藍翎侍衞。乾隆五十二年，從福康安征臺灣，擊賊八卦山，斬馘無算，賜號額騰額巴圖魯。累遷二等侍衞。林爽文遁老衢崎，義民高振以告。翁果爾海與追擊，獲之。臺灣平，予騎都尉世職。

五十六年，廓爾喀侵後藏，從將軍福康安、參贊海蘭察往討之。賊據擦木，其地兩山夾峙，惟一徑可通。夜雨，翁果爾海分兵潛進，越山直上山梁，與師會，薄賊寨，踰牆入，殲賊數百，克其碉。賊奪據濟嚨官寨，師圍之。翁果爾海直攻東南山梁，賊恃碉拒師；督兵緣碉上，殲賊六百餘，擢頭等侍衞。賊據熱索橋，師自擺馬奈撒入，與夾河相持。翁果爾海自峨綠山紆道出上游，斫木編筏潛濟，自間道疾馳攻賊寨，師悉渡，賜副都統銜。賊竄協布魯，負水築卡爲守，師不得卽渡，暮雨，伏兵林中，夜將半，援木涉水進擊。師繞出對山，併力下攻，賊潰走，追斬三百餘，焚寨五；遂進攻東覺，道噶多。翁果爾海從海蘭察爲前鋒，紆道出雅爾賽拉、博爾東拉，穿林越箐，潛師步行。賊爲木城三、石卡七，守甚堅。翁果爾海督兵踰險攻之，右臂創甚劇，援兵至，奮勇轉戰，殪頭人二、餘賊二百有奇，賊乃遁，悉隳其城卡，賜白金五十。廓爾喀平，圖形紫光閣，列後十五功臣。授鑲黃旗蒙古副都統。嘉慶初，卒。

珠爾杭阿，顏扎氏，滿洲正黃旗人。自前鋒果擢二等侍衞。從征甘肅石峰堡亂回，賜號錫利巴圖魯。乾隆五十六年，廓爾喀侵後藏。上命鄂輝、成德討之，命珠爾杭阿佐軍，鄂輝以第理浪古、甯浪卡兩地當衝要，令珠爾杭阿察形勢，督兵屯守。尋偕侍衞永德攻克聶拉木寨，賜大緞。復偕將軍福康安自宗喀攻擦木，與參贊大臣海蘭察合軍，自正路攻賊寨，克之，賜大小荷包。復同頭等侍衞阿滿泰等克濟嚨，遷頭等侍衞。復從海蘭察攻雅爾賽拉、博爾東拉，毀木城、石卡，殲賊甚衆。又破賊於瑪木拉，加副都統銜。進攻噶勒拉堆補木大山，分兵三路，珠爾杭阿偕三等侍衞阿哈保等自右路夾擊，焚賊卡。復自橫河上游修橋渡，攻集木集，克之，尋命爲領隊。廓爾喀頭人拉特納巴都爾降。福康安令珠爾杭阿護貢使詣京師。圖形紫光閣，列後十五功臣。累遷御前侍衞、正白旗護軍統領。神武門獲爲逆者陳德，賜騎都尉世職，授鑲藍旗滿洲副都統。卒。

哲森保，薩克達氏，滿洲鑲藍旗人。初充吉林烏拉馬甲。征緬甸，偕侍衞阿爾蘇拉擊賊新街，從副都統明亮擊賊老官屯。從討王倫，侍衞音濟圖擒賊，將就縛，突有賊持械出拒，哲森保射殺之。從討蘇四十三，攻華林山，鎗殪賊渠，哲森保亦被創，賜號法福里巴圖魯。累擢二等侍衞、乾清門行走。再出討石峯堡亂回，中石傷，擢頭等侍衞，授公中佐領。從征廓爾喀，攻擦木。哲森保與翁果爾海各將一隊，自東、西兩山分進，克之。攻濟嚨，首奪東南山梁；師繼進，遂克濟嚨官寨。賊斷熱索橋，哲森保與阿滿泰出間道，越峨綠山，自上游砍樹結筏潛渡，驟攻賊卡，賊駭愕奔竄，師得濟，賜副都統銜。至博爾東拉，與賊力戰，左膝中槍，賜白金百，令還濟嚨休養。至協布魯，創發，卒。廓爾喀平，圖形紫光閣，列後十五功臣，祀昭忠祠，賜騎都尉世職。

子富永，亦在軍，以戰功累擢三等侍衞，襲職。官至鑲黃旗蒙古副都統。卒。

論曰：金川地小而險，懸崖絕壁，壘石爲碉，師至不能下。高宗讀太宗實錄，知其時攻城用雲梯，命斅其制，督八旗子弟習焉。師再出攻碉，賴是以濟。諸將有勞者，五福將四川兵，彪將貴州兵，常青將雲南兵，成將綠營，木塔爾將土兵，餘皆率禁旅；而官達色督礮兵，圖欽保佐健銳營，尤專主攻碉，摧堅決險，非豫不爲功。成德、岱森保及木塔爾復從征廓爾喀有功。翁果爾海等未與金川之役，而屢從征伐，轉戰立勳名，亦裨佐之良也。

清史稿卷三百三十四

列傳一百二十一

馬全　牛天畀　阿爾素納　張大經　曹順　敦住　烏爾納
科瑪　佛倫泰　達蘭泰　薩爾吉岱　常祿保　瑪爾占　庫勒德　穆哈納
國興　巴西薩　扎拉豐阿　觀音保　李全　王玉廷　珠魯訥
許世亨　子文謨　尚維昇　張朝龍　李化龍　邢敦行
台斐英阿　阿滿泰　花連布　明安圖

馬全，字具堂，山西陽曲人，初名璟。乾隆十七年一甲三名武進士。自二等侍衞出爲福建撫標右營遊擊，與同官爭言，奪職。更名，寄籍大興。二十五年，會試再中式，上御紫光閣校閱，見全識之，問曰：「爾馬璟耶？」全叩頭謝罪，遂成一甲一名武進士，授頭等侍衞。二十七年，扈上南巡，命署江西南昌鎮總兵，賜孔雀翎。疏陳校閱各營操練，赴禁山隘口巡查，防奸民闌入。上褒其奮勉，授江蘇蘇松鎭總兵。擢江南提督。請改歸原籍。調甘肅提督，陛見，賜黑狐褂。

三十八年，命從征金川，爲領隊大臣。將軍溫福駐軍木果木，全偕都統海蘭察分攻昔嶺，奪碉二，賊大至，鏖戰冰雪中一晝夜，卒敗賊。會日暮撤兵，賊後尾追，爲伏擊敗之。搜山麓逸賊，建柵數十爲聲援。木果木大營潰，全殿後，戰竟夜，死之，事聞，上曰：「提督馬全乃國家出力有用之人，今力戰死事，實堪軫惜！」謚壯節，予騎都尉兼雲騎尉世職。同時死事諸將有戰績者，牛天界、阿爾素納、張大經。

天界，山西太谷人。以武進士授藍翎侍衞，累遷四川川北鎭總兵。征金川，天界率兵赴木坪，佐提督董天弼進剿。師自達木巴宗分三道趨資哩，天界偕侍衞阿爾素納擊賊於瑪爾瓦爾濟山巔，戰三晝夜，克卡十，與大軍會，賜孔雀翎。師圍資哩，天界攻南山，參贊五岱攻北山，未下。上以阿喀木雅地當孔道，得此可破資哩，手敕諭諸將。天界偕侍衞烏什哈達將四百人覓路，伏箐中，誘阿喀木雅守賊出寨，擊之，賊敗匿。天界列兵山麓截賊援，賊四百餘突出寨，援賊二百自得爾蘇山至，天界擊之，斬五十餘級。參贊大臣阿桂代五岱攻北山，賊不支，天界自南山夾擊，遂克資哩、阿喀木雅、得爾蘇賊皆潰。天界捕治餘賊，巖洞箐林，搜戮殆盡，自得爾蘇山巔下至河岸訖北山麓，皆屬我師。攻喇卜楚克山巔，賊守甚密。副都統富勒渾出山後，奪卡四；天畀自前登，奪卡一。賊自林中出，天畀督兵冒槍石，縱火焚賊卡；又偕章京德保等進攻布朗郭宗，取德木達碉寨三、石卡七，與大軍會，遂克之。進取底木達，俘澤旺。三十八年，師攻功噶爾拉，天畀與副都統烏什哈達、總兵張大經冒雪陟山前二峯，奪其碉，賊自山後至，擊之走。定邊將軍溫福疏陳天畀戰功，請署貴州提督。木果木大營潰，天畀力戰死之，謚毅節，予騎都尉兼雲騎尉世職。子敬一，自陳文生不習弓馬，賜舉人。

阿爾素納，祿葉勒氏，吉林滿洲鑲黃旗人。乾隆時，以前鋒隨征西域、緬甸，累遷二等侍衛，賜號額騰伊巴圖魯。金川叛，從征，攻巴朗拉，與侍衛額森特先登；攻資哩、阿喀木雅、美美卡、兜烏諸地，均有功，擢一等侍衛，加副都統銜，授領隊大臣。隨大軍移營木果木，屢克碉卡，授鑲白旗蒙古副都統。大營陷，率滿洲兵退，行至大壩溝，遇賊，力戰死，贈都統銜，予騎都尉兼雲騎尉世職。

大經，山西鳳台人。乾隆時，由武進士歷官陝西興漢鎭總兵。三十六年，率西寧、陝西兵各千人從征金川。師圍資哩，大經出中路，進攻兜烏。大經以兵千駐阿喀木雅，旋移駐木闌壩鄂克什舊寨，從攻明郭宗，克之。復從攻底木達，俘澤旺。三十八年，溫福進駐木果木，大經將五百人分駐簇拉角克。上以其地在功噶爾拉丫口之北，形勢險要，諭增兵協防。四月，偕烏什哈達等攻達扎克角山，擊敗伏箐賊；沿山下攻得斯東寨，賊棄寨遁。木果木大營潰，參贊大臣海蘭察檄大經撤兵出，遇賊於乾海子，路險不能騎，徒步力戰，死，予騎都尉世職。

諸將死事皆祀昭忠祠，全、天畀、阿爾素納並圖形紫光閣：全列前五十功臣，天畀、阿爾素納皆列後五十功臣。

曹順，四川閬中人。入伍。從將軍溫福征金川。師攻固卜濟山梁，賊爲柵阻木闌壩路，匿柵內發槍石，其渠啓柵門出，順斬之；奪門入，焚柵，殲柵內賊，賜孔雀翎。從攻明郭宗，自木雅山至木爾古魯山麓，奪賊寨卡，進克嘉巴，賜號扎親巴圖魯。順與頭等侍衞烏什哈達督兵至功噶爾拉，攻昔嶺；又與司巒托爾托保率瓦寺鄂克什土兵先逼卡，殺賊數十，賜緞二匹。攻昔嶺第五碉，與副都統巴朗、普爾普等分兵攀登，溝內伏賊起，迎擊，斬其渠，順面中石傷。先後敍功，遷湖南衡州協副將。阿桂策督諸軍攻宜喜，先攻木思工噶克及得式梯，綴賊使不相應，令書麟等攻丫口碉卡，賊赴援，順攻峯右碉，克之。師自康薩爾進據丫口山峯，賊悉力拒，退復進者七，順與侍衞穆哈納等迎擊，羣賊悉殪，遂克擦庸碉寨。師分道斷賊後路，順督土兵縱火，與參贊大臣豐昇額爲犄角，並進，賊不能支，穴寨後竄，順奮擊，迫賊墜箐死，取石碉十二，遂克遜克爾宗，擢甘肅肅州鎮總兵。四十年閏十月，攻西里山麓黃草坪，順跨木栅指麾，賊於暗中發槍，被創，沒於陣。金川平，與福建建寧鎮總兵敦住、陝西延綏鎮總兵烏爾納並祀昭忠祠，圖形紫光閣，同列前五十功臣。

敦住，瓜爾佳氏，滿洲正黃旗人，昭勳公圖賴四世孫。圖賴曾孫馬爾薩事聖祖，自佐領擢至本旗都統。雍正初，授內大臣，佐靖邊大將軍傅爾丹駐和通呼爾。哈諾爾賊來犯，馬爾薩力戰，殺千餘人，大風雨，渡哈爾噶河，戰沒，予騎都尉兼雲騎尉世職。敦住，其從子也。乾隆初襲職，累遷頭等侍衞。從征金川，三十九年，令署總兵。攻宜喜，冒雨克達爾圖、俄坡諸碉。十一月，攻日旁，自木克什進，短兵搏戰，沒於陣。

烏爾納，納喇氏，滿洲鑲藍旗人。自護軍累遷至甘肅蘭州城守營參將。從征金川，克沙壩山，賜孔雀翎。攻遜克爾宗，攻甲爾納，皆力戰，中槍；攻榮噶爾博，敗援賊；再遷總兵。復克邁過爾，進屯凱立葉。從攻木思工噶克、勒吉爾博、得式梯諸地，累有功。師攻勒烏圍，烏爾納從攻轉經樓，盡下諸城寨。師征大金川，攻西里，烏爾納督兵造甲爾日櫱浮橋，賊至，擊敗之；力戰至科布曲，率前隊渡河，克其第四碉。四十一年，從攻噶喇依。二月，噶喇依旣克，喇嘛寺火起，延及火藥房。烏爾納往救，藥轟石躍，中傷死。上以烏爾納轉戰甚力，功成身殞，深嗟惜焉。議卹，順予世職騎都尉兼雲騎尉，敦住進世職三等輕車都尉，烏爾納官其子都司。

科瑪，敖拉氏，滿洲正黃旗人。以三等侍衞從征金川。師攻克邦甲山梁，科瑪自翁克爾壟力戰至美諾，奪碉寨，賜號納親巴圖魯。攻當噶爾拉山梁，科瑪督兵斧斫柵，逼碉，毀其垣以入，殺賊。從克美諾、拉約，將六百人取卡卡角，繞出山後仰攻，殲守賊。副將軍明亮攻斯第，科瑪將三百人陟西岡；又克達爾圖第六碉。累擢頭等侍衞，授領隊大臣。將六百人攻谷爾提，獲頭人索爾甲、木達爾甲等。督兵攻沙壩，擲火彈爇賊寨二百餘，加副都統銜。乾隆四十年四月，自得楞力戰至基木斯丹當噶，深入賊陣，中槍死。

佛倫泰，庫雅拉氏，滿洲正白旗人。亦以三等侍衞從師克巴朗拉，賜號扎勒丹巴圖魯。攻資哩，衝入石卡，殺賊四十餘，俘十二，遂克之，將五百人取咱贊及溝東諸寨。攻美美卡，佛倫泰自西山下，多斬獲。從攻路頂宗、底木達、達爾圖、日旁、凱立葉，皆有功。攻遜克爾宗，兩目受石傷。攻康薩爾，克其碉，加副都統銜，授領隊大臣。四十年四月，師攻基木斯丹當噶，科瑪戰死，佛倫泰自薩克薩谷進至榮噶爾博，力戰，亦沒於陣。

達蘭泰，薩克達氏，滿洲鑲藍旗人。以護軍從征緬甸，戰新街、老官屯，有勞。征金川，命選年壯得力將士，達蘭泰與焉。攻明郭宗、昔嶺奪據達扎克角泉水。師攻羅博瓦山，賊來援，達蘭泰迎擊，賊潰；督兵殺賊，上駐軍山峯，賜號額依巴爾巴圖魯，累擢二等侍衞。攻甲爾納來珠寨，賊出我軍後，自山梁下；達蘭泰設伏射賊，賊負創遁。四十年五月，擊賊達撒谷，被數創，卒。

薩爾吉岱，博和爾氏，齊齊哈爾鑲紅旗人。以藍翎侍衞從克馬奈、日旁；再進，攻該布達什諾、色淜普，薩爾吉岱銜入賊陣，力戰，盡克其碉卡，賜號善巴巴圖魯。從克默格爾、凱立葉，授三等侍衞。攻格魯克古丫口，賊負險據寨，槍石並發；薩爾吉岱奮登丫口，射賊殪，賊引退，我師從之，越山溝五，奪碉五十、寨卡三百餘。攻達瑪噶朗，陟山梁，克其碉。師臨勒烏圍，分道攻轉經樓，賊來援，薩爾吉岱伏兵橫擊，賊潰。師自達烏達圍向當噶克底，薩爾吉岱爲前鋒，冒雨拔柵以登，擊守碉賊盡殪。四十年閏十月，擊賊阿穰曲，麾士卒倚柵射賊，中槍死。

金川平，科瑪、佛倫泰、達蘭泰、薩爾吉岱並圖形紫光閣，列前五十功臣。

常祿保，赫舍哩氏，滿洲鑲藍旗人。其先有德祿者，以軍功予騎都尉世職。常祿保襲職，自三等侍衞屢遷四川提標左營遊擊。從征金川，擢成都城守營參將。副都統海蘭察等攻得拉密色欽山梁，賊潛伏林內，常祿保往來搜擊，進攻明郭宗，取旁近山梁。師進攻路頂宗所屬喀木色爾寨，常祿保從海蘭察自南山大澗潛越山頂，克之；復進取博爾根山，仰攻，克木城，受石傷。溫福等上其功，賜孔雀翎。又從副都統阿爾素納等分路進攻昔嶺大碉，賊百餘從旁衝出，常祿保督兵橫擊敗之，進駐日隆。旋擢甘肅河州協副將。定西將軍阿桂等攻克羅博瓦，常祿保駐山巔，賊九百餘乘雪夜分兩隊劫營，四面環攻，勢甚迫，常祿保督兵力戰禦之，被鎗石傷，賊竄入卡內者皆殲焉。副都統烏什哈達等先後赴援，常祿保督兵夾攻，賊敗竄，賜號西爾努恩巴圖魯、白金百。尋擢廣東高廉鎭總兵。分攻菑則大海諸碉，賊掘壕，排松，簽鹿角，備禦甚嚴。常祿保分兵出賊後，合攻各碉卡，同時皆下。又偕總兵官達色合攻雅木賊碉，克之。乾隆三十八年十一月，師攻科布曲山梁，賊死拒，鎗石交下，常祿保被創，歿於陣。

事平，錄死事諸將，圖形紫光閣，功稍次者爲後五十功臣，常祿保及侍衞瑪爾占、庫勒德、穆哈納，參將國興，佐領巴西薩皆與焉。

瑪爾占，巴爾汗氏，察哈爾正白旗人。自準噶爾來降。以三等侍衞從軍，攻日旁，馬蹶，傷，仍請從軍。擢二等侍衞，命創愈仍從軍。攻凱立葉，力戰，賜號拉布巴爾巴圖魯，遷頭等侍衞，授領隊大臣。攻克該布達什諾木城及色淜普前碉，先登，又被創，予副都統銜。三十九年，攻康薩爾大碉，戰沒。

庫勒德，沃埒氏，滿洲正藍旗人。以藍翎侍衞從軍，攻昔嶺及達扎克角木柵，累遷二等侍衞。攻克默格爾山梁，賜號朗親巴圖魯。攻遜克爾宗、康薩爾，被創。四十年四月，攻木思工噶克，戰死。

穆哈納，瓜爾佳氏。以護軍校從軍，攻克默格爾山梁及凱立葉碉寨，遷三等侍衞。攻木思工噶克丫口，直前奪其碉，賊潰；攻巴木通，正濃霧，督兵分道擊賊，賊伏深箐中，皆殲焉，盡克其碉卡：賜號巴爾丹巴圖魯。四十年八月，攻勒烏圍，力戰死。

國興，貴州大定人。以千總從貴州威寧鎭總兵王萬邦征金川，攻巴朗拉。溫福疏言貴州綠營將士功多。攻資哩北山，興爲前鋒。進攻墨龍溝、甲爾木，再進攻東瑪，我師爲木卡，興將三百人爲守。賊夜至，興滅火以待；賊逼卡，發槍礮，賊盡殪。又從阿桂攻勒烏圍，賜孔雀翎，號圖多布巴圖魯。累遷朗洞營參將。四十年四月，攻木思工噶克，興持斧斫木城，率衆擁入，克其碉。賊來攻，興督兵射賊，賊散復聚者七，卒不能陷。興負創，越日卒。

巴西薩，布拉穆氏，索倫正紅旗人。以佐領從軍，攻羅博瓦山，山甚峻，巴西薩督兵攀登，射賊殪，遂取山梁，諸碉卡皆下，賜孔雀翎，號塔爾濟巴圖魯。四十年，攻康薩爾，攻碉迫懸崖，賊無路，殊死戰，巴西薩死焉。

扎拉豐阿，赫舍里氏，滿洲正黃旗人，前鋒統領定壽孫。襲二等輕車都尉，授三等侍衞，累遷御前侍衞。從討霍集占，師次陽阿里克，扎拉豐阿將五百人捉生，俘三十餘。師還，賜西朗阿巴圖魯名號，進一等輕車都尉，圖形紫光閣，擢正白旗漢軍副都統。出爲烏里雅蘇台參贊大臣，旋令赴科布多經理屯田。定邊左副將軍成袞札布入覲，令署將軍印。召還京，以正白旗護軍統領從明瑞出師，授領隊大臣。次蠻結，戰破賊，加都統銜。賊圍小猛育，中槍死，謚昭節，進封一等男。子春寧襲爵，官至綏遠城將軍。

觀音保，瓜爾佳氏，滿洲正黃旗人。初授健銳營前鋒藍翎長，再遷前鋒參領。從副將軍兆惠戰濟爾哈朗，從參贊大臣雅爾哈善攻庫車，戰甚力，擢正白旗蒙古副都統予騎都尉世職，圖形紫光閣。出爲伊犂領隊大臣。從明瑞攻烏什，負創奮進，克其城，賜卓里克圖巴圖魯名號。遷鑲藍旗護軍統領，署雲南楚雄鎮總兵。從明瑞出師，爲領隊大臣，戰於蠻結，日昳大霧，賊出林中。扎拉豐阿率衆薄賊壘，觀音保當賊衝，殺賊二百餘，乘霧深入，破木砦。師至小猛育，賊圍急，觀音保發數矢，輒殪賊，箙僅餘一矢，欲復射，驟策馬向草深處，以其鏃射喉死，予二等輕車都尉。

李全，山西陽曲人。自行伍拔山西撫標把總，累遷雲南永昌鎮總兵。從征，戰蠻結，與扎拉豐阿據東山梁，張犄角，破象陣；至天生橋，乘霧破賊壘。至蠻化，賊大至，中槍，數日卒。

王玉廷，甘肅武威人。自行伍累遷雲南臨元鎭總兵。從征，攻老官屯，賊據木城拒守，玉廷親發砲乘霧督攻，中槍傷股，戰益力。賊敗，匿不出；復自力督戰，創發卒，謚勤義。玉廷初從討達瓦齊，援將軍兆惠黑水營之圍；佐雅爾哈善圍庫車；又從兆惠攻喀什噶爾：皆有戰功。至是，與全同予騎都尉又一雲騎尉世職。

珠魯訥，那爾氏，滿洲鑲白旗人。繙譯舉人，授筆帖式，充軍機處章京。再遷戶部顏料庫員外郎。出爲荊州副都統，入授禮部侍郎，調工部，兼署兵部。明瑞出師，授參贊大臣，駐雅爾。移軍木邦，土司甕團降，請於淸水河招商復業，遣兵監焉。擺夷環歇等五十輩僞降，斬以徇。奏設木邦至阿瓦臺站凡五，分兵防衞，上嘉之。緬甸兵自東、西二山來犯，遣裨將分禦。俄，賊焚游擊福珠營，夜圍珠魯訥，珠魯訥具遺奏，遣筆帖式福祿突圍出，遂自戕。上責珠魯訥怯懦，以其情亦可愍，賜祭葬，祀昭忠祠。

許世亨，四川新都人，先世出回部。初爲騎兵。從征金川、西藏，並有勞。旋以武舉授把總，累遷守備。復從征金川，從四川總督阿爾泰攻約咱東、西山梁，進攻扎口、阿仰、格藏、達烏諸地，連拔碉寨。復攻甲爾木山梁及岳魯、登達諸地，拔木城、石卡，又克多功山坡及日木城碉寨。進擊古魯碉，賊夜劫營，世亨率兵百餘禦戰，至曙，度賊且去，開壁奮呼追擊，殺賊無算，遂克古魯碉寨，賜孔雀翎，加勁勇巴圖魯。尋累擢參將。從參贊大臣、副都統明亮攻當噶爾拉山梁，拔第五碉。又從參贊大臣富德自墨壟溝進兵，克甲爾木、日赤爾丹思、僧格宗諸寨。又從定邊將軍明亮自底旺至馬奈，克拉寘、絨布、根扎葛木、卡卡角、思底、喀咱普諸碉寨。又從明亮自宜喜攻達爾圖山梁，擒頭人丹巴阿太，奪俄坡、木克什、格木勺諸碉卡。又從領隊大臣奎林攻木克什西南山寨。又從副都統三寶攻西郭洛，進駐得爾巴克山梁。又從明亮攻得楞山梁，拔數碉，進擊基木思丹當噶及薩谷諸山梁，燬其碉，俘馘無算。克額爾替第一碉，殺賊四十餘，又克第二碉；又克石眞噶、沙爾尼、琅谷、烏岳、斯當安諸碉寨。凡七戰，皆勝。進攻扎烏古，時賊踞山巔，碉卡連亙。世亨冒石矢率兵直上，拔數碉卡；又克碾占山、阿爾古山及平壩諸寨。又克達撒谷大山梁，燬其碉寨。又克獨古木上、下寨，進踞布吉魯達那兩道山梁。又克甲雜官寨獨松隘口。奪獲大小寨落數十，並獲賊渠薙中旺爾結。遂西至噶拉依，與南路馬爾邦軍會。乾隆四十一年，金川平，擢雲南騰越鎭總兵。

四十九年，甘肅回亂，世亨奉命往安定捕逸回，獲二百餘。事竣，補貴州威寧鎭總兵。五十二年，臺灣林爽文叛，世亨率黔兵二千餘赴剿，攻克集集堡，俘斬甚衆，獲僞印、器械、旗幟。進攻小半天，賊奔潰，追襲至老衢峙，俘爽文，並頭人何有志。又從參贊成都將軍鄂輝自大武隴進攻南路水底蔘，手殺頭人一。時莊大田等敗竄瑯嶠，衆尙數千，世亨率黔兵與諸軍分隊，水陸合攻，擒大田並諸賊目。臺灣平，改賜堅勇巴圖魯名號，圖形紫光閣，列前二十功臣。

五十三年二月，擢浙江提督，未至，調廣西提督。安南有大酋曰阮惠，攻其國都，逐其君黎維祁。兩廣總督孫士毅主用兵，世亨諫不聽。師行，將兩廣綠旗兵八千人，與總兵尙維昇、張朝龍等從出關入安南境，至其國都，有大川三：北曰壽昌江，南曰市球江，又南曰富良江。十一月辛未，師渡壽昌江。甲戌，師次市球江。惠兵據南岸山，守甚固。朝龍兵自上游渡，世亨亦力戰，殺賊數千，賜御用玉搬指、大小荷包。越三日丁丑，黎明，師次富良江，南岸卽黎城，黎城者安南國都，以王姓名其城也。惠兵盡伐濱江竹木，斂舟泊對岸。循江岸得小舟，載兵百餘，夜分至江心奪惠軍舟，世亨等親率二百餘人先渡，復掠小舟三十餘，更番渡兵，分擣惠軍，惠軍潰，焚其舟十餘，俘其將數十。戊寅旦，師畢濟，黎氏宗族及安南民出迎，世亨從士毅入城安撫。求維祁，承制立爲王。捷聞，封一等子，疏辭，弗許。

阮惠有分地曰廣南，去黎城二千餘里。方議進討，請益兵籌餉。上欲罷兵，世亨亦謂士毅曰：「我兵深入重地，惠未戰遽退，事叵測。及時振旅入關，上計也。」士毅不納。五十四年正月戊午朔，士毅召諸將置酒高會。己未，維祁告惠兵至，士毅倉皇奪圍出，渡富良江，浮橋斷，世亨與維昇、朝龍率數百人戰橋南，陣沒。士毅初奏言：「惠兵至，臣與世亨督兵決戰；賊衆圍合，臣與世亨不相見，乃奪圍出。」上猶冀世亨全師而還；既聞其戰死，命予卹。副將廣成自軍中還，見上，言：「當惠兵攻黎城，士毅與世亨退據富良江拒惠。士毅欲渡江與惠戰，不利，以身殉。世亨力諫，以大臣繫國重輕，不可輕入，令慶成護士毅還師。又命千總薛忠挽士毅馬以退。世亨督諸將渡江陷陣，力戰死。」上愍世亨知大體，進封三等壯烈伯，祀昭忠祠，謚昭毅。福康安師至，惠更名光平，乞降。立祠黎城祀死事諸將，世亨居首列。

子文謨，自武舉襲爵，命在頭等侍衞上行走。期滿，以湖廣參將用，並賜孔雀翎。嘉慶元年，枝江教匪聶人傑爲亂，湖北巡撫惠齡令文謨捕治，有勞，賜繼勇巴圖魯名號，擢副將。賊黨鄧之學詐降，詗知之，俟其入壘將半，文謨突起擒斬。從總兵慶溥防賊黃柏山，又從副都統德楞泰擊冉文儔等大神山，遷四川建昌鎮總兵。又與總兵德齡、副將褚大榮擊賊陳家場，德齡戰敗，文謨馳救，殺賊二百餘；又戰大竹、梁山、忠州，屢敗賊，擒其渠陳隴光等四十餘，防嘉陵江，遏賊不令渡：加提督銜。復督兵捕治川北餘匪，擢廣東提督。尋調福建水師提督。海盜蔡牽爲亂，文謨渡海討之，並焚燬竹園尾、太史宮莊諸賊巢，再調浙江提督。卒，謚壯勇。

尙維昇，漢軍鑲藍旗人，平南王可喜四世孫。自官學生授鑾儀衞整儀尉，五遷廣西右江鎭總兵。五十三年，隨兩廣總督孫士毅出師，十一月辛未，維昇與副將慶成以兵千餘至壽昌江，阮惠軍保南岸，我兵乘之，浮橋斷，皆超筏直上，惠軍霧中自相格殺，我兵遂盡渡，大破賊，渡市球江，乘筏奪橋，奮勇直進，賜孔雀翎。渡富良江，斬獲甚衆，從士毅入黎城，士毅敗退，維昇戰死，謚直烈。

張朝龍，山西大同人，寄籍貴州。以馬兵從征緬甸，戰老官屯，鎗傷左額。又從征金川，攻阿喀爾布里、布朗郭宗。又從參贊大臣海蘭察自大板昭進剿，克喇穆喇穆、色淜普，朝龍先登。攻遜克爾宗，復先登，被槍傷。攻康薩爾山，戰勒吉爾博，攻達佳布唵吉，皆有功。又從攻勒烏圍，克之，賜藍翎。攻西里、阿穰曲，克木城十餘。又攻雅瑪朋、格隆古、索隆古諸地碉寨，克之。金川平，敍功，賜孔雀翎。累擢廣東撫標中軍參將。五十二年，臺灣林爽文爲亂，朝龍率廣東兵進剿，多所斬獲，賜誠勇巴圖魯名號。進攻大里杙，鎗傷右肩，爽文就擒。朝龍復與諸軍合攻莊大田于瑯嶠，擒之。臺灣平，圖形紫光閣，列後三十功臣。擢福建南澳鎭總兵。五十三年，從討安南，師渡壽昌江。朝龍以別軍破阮惠軍於柱石，進臨市球江，江寬，南岸羣山綿亙，惠軍據險列礮，我師不能結筏。諸將督兵陽運竹木造浮橋示且渡，而朝龍以兵二千循上游二十里，求得流緩處，小舟宵濟。諸將乘筏薄南岸，方與惠軍相持，朝龍自上游繞出惠軍後，乘高下擊，惠軍潰。復進薄富良江，奪艦渡河，入黎城。士毅敗退，朝龍戰死，謚壯果。

李化龍，山東齊東人。自武進士授藍翎侍衞，擢貴州銅仁協都司。從大學士傅恆討緬甸，師次老官屯，化龍以大礮殺賊。乾隆三十七年，又從將軍溫福討金川，克固卜濟、瑪爾迪克諸碉卡。嗣進攻路頂宗、明郭宗等處，化龍皆力戰有功。明年三月，師次昔嶺，化龍射賊渠殪。征小金川，克阿噶爾布里、別斯滿諸地。從都統海蘭察克兜烏山梁，復連克路頂宗、明郭宗諸地，旋收美諾。征大金川，從海蘭察攻克喇穆喇穆諸地，被石傷，賜緜甲。先後攻克遜克爾宗、格魯古、羣尼、木思工噶克諸地山梁，被槍傷，賜孔雀翎。金川平，累遷廣東左翼總兵。林爽文爲亂，率廣東兵赴剿，至鹿仔港，總兵普吉保令化龍留守。爽文攻諸羅急，化龍密令游擊穆騰額率兵自番仔溝至大肚溪爲疑兵，而親率游擊裘起鰲等自八卦山抵柴坑，賊聚拒，化龍督兵力戰，賊潰。五十三年，從討安南，師渡市球江，阮惠軍拒戰，化龍督兵發礮擊賊，造浮橋，與張朝龍等率兵徑渡，入黎城。士毅敗退，至市球江，令化龍先渡，渡浮橋，落水死。

邢敦行，直隸安州人。乾隆四十三年一甲一名武進士。自頭等侍衞累遷廣東三江口協副將。阮惠攻黎城，戰死。敦行事母孝，將出戰，解衣付其僕，使歸告母。

予卹，維昇、朝龍三等輕車都尉，化龍、敦行騎都尉。諸裨將同時死者二十一人。師還，經富良江，惠軍追至，戰死者九人。又有參將鄧永亮、都司盧文魁，以出師時戰死。

台斐英阿，庫雅拉氏，滿洲正白旗人。自護軍補司轡長，授乾清門藍翎侍衞。乾隆三十九年，從征金川，命爲領隊。與內大臣海蘭察等攻喇穆喇穆山梁，破碉，燬木城，復循山梁逐賊至其麓。進攻該布達什諾，奪賊碉；再進，圍遜克爾宗，燬碉二百餘；再進，克默格爾以西及凱立葉前山梁諸碉卡：擢三等侍衞。復自羅卜克鄂博踰溝攻格魯克古丫口，破沙木拉渠革什式圖諸寨；復從領隊大臣福康安攻勒吉爾博山脊，克兩碉，進攻薩克薩谷山梁及舍圖杜卡，再進攻克覺拉喇嘛寺，及所屬卦爾沙巴等寨：賜號拉布凱巴圖魯。又偕海蘭察攻章噶山峯，進攻托古魯，潛師自山嶺涉險攀援而上，盡破之。再進，遂克勒烏圍。師自達烏達圍攻達思里，海蘭察分兵七隊，台斐英阿領其一，自懸崖下，夜半抵達烏達圍，奪碉一。及旦，至當噶克底，乘霧薄碉，賊衆皆就戮。從攻阿穰曲，克大碉、木城各二。進攻布魯木山峯，連克舍勒固租魯、瓦喇占、薩爾克爾、古什拉斯等諸寨。又從福康安攻雍中喇嘛寺，盡降其喇嘛，擢二等侍衞。金川平，圖形紫光閣，列前五十功臣。

四十六年，從剿撒拉爾叛回，敗賊龍尾山梁；登華林山，殲賊無算。賊平，擢頭等侍衞。從剿甘肅石峯堡叛回，以功加副都統銜，補公中佐領，擢御前侍衞。旋授正藍旗滿洲副都統，擢正紅旗護軍統領，調鑲黃旗。

五十六年，征廓爾喀，從福康安分攻擦木，克之。進攻濟嚨，率索倫勁騎衝擊，轉戰至東覺山，克賊寨十一，殲殪賊目二，俘七十有六。加都統銜，授散秩大臣。進逼甲爾古拉山，賊三道來犯，台斐英阿射斃紅衣賊目二，突中槍，卒於陣，謚果肅，賜白金千。廓爾喀平，再圖形紫光閣，列前十五功臣，予騎都尉又一雲騎尉世職。

阿滿泰，郭佳氏，滿洲正白旗人，本黑龍江達呼爾披甲。從征回疆，攻喀什噶爾城，逐賊自阿拉楚爾至巴達克山，獲其渠，令入旗充護軍。乾隆三十八年，授藍翎侍衞。從征金川，攻當噶爾拉山梁，賊自庚額特山出，阿滿泰與前鋒參領巴克坦布據險要殪賊。攻達爾旺山梁，克之。攻格木勺，截甲索賊來路。與侍衞阿蘭保等攻科拉木達，撲碉，勝援賊。擢三等侍衞，賜號扎努恩巴圖魯。攻扎烏孤山梁、加雜拄、絨布、巴魯坦諸處，皆有功。金川平，圖形紫光閣，列後五十功臣，擢副護軍參領。蘭州回爲亂，從軍攻華林山，殲賊百餘，身被創，擢護軍參領。攻石峯堡，偵賊底店，奪卡，擢頭等侍衞。從征廓爾喀，自中路破擦木隘口，出濟嚨，破其官寨；進破賊熱索橋，渡河至雅爾寨，登博爾東拉山巔，破木城三、石卡七：授鑲紅旗蒙古副都統。進至堆補木，自帕朗古攻橫河大橋，我師臨北岸，賊據南岸禦。阿滿泰先登，師從之。渡橋，阿滿泰中槍，落水死，水深，戰方急，求其尸不可得。賜騎都尉世職，祀昭忠祠。廓爾喀平，再圖形紫光閣，列前十五功臣。

花連布，額爾德特氏，蒙古鑲黃旗人。性質直。少讀書，習論語、左傳。充健銳營前鋒，累遷火器營委署鳥鎗護軍參領。以參將發湖廣，授武昌城守營參將，累遷貴州安籠鎮總兵。乾隆六十年，福康安征貴州亂苗，令將精兵三千爲前驅，通松桃、銅仁兩路餉道；援永綏，釋正大營圍：賜孔雀翎。軍自啞喇塘經阿寨營、安靜關轉戰而入，經巖板橋，收諸碉寨。又經上下廝洲、高陂塘、上下長坪，自嗅腦至松桃，平緣道苗卡，塡坑谷過大軍。上以花連布奮勇，賜號剛安巴圖魯，賚白金百。又戰卡落塘，擊梁帽寨，且戰且前。時永綏被圍已八十餘日，花連布軍至，方戰，圍始解。苗皆烏合，未見大敵，相驚爲神兵。花連布著豹皮戰裙督戰，因呼爲花老虎。又擊賊小排吾，攻巴茅汛、鴨酉、黃瓜諸寨。自滾牛坡循崖下攻臘夷寨，槍傷左腋。上手詔獎其勇，問創已愈未。復自葫蘆坪攻克黨槽、三家廟諸寨，焚上下竹排。再進破桿子坳，屯軍古哨營山梁。上錄花連布功，授貴州提督。

福康安軍至，令結壘大營前，悉以兵事屬之，日置酒高會。苗詗知福康安持重不戰，一日數至，花連布力禦之，晝夜徼循，苗屢敗，頗畏憚。福康安益易視之，苗益掠焚無忌。頭人吳半生集羣苗拒戰，花連布與額勒登保會總兵那丹珠等合軍攻爆木林，克苗寨十餘。深入，自成光寨至上下狗腦坡，山峻險，冒矢石，援藤葛，直陟山巔，苗漸卻。分兵下攻，福康安焚附坡諸苗寨，花連布督兵伐竹木，薰窒大小巖峒，死者枕藉。又自猫頭進克茶林碉、上下麻衝諸寨。下黃毛山坡，遇苗兵數千，額勒登保迎戰，花連布出賊後夾擊，大破之。再進，克馬腦、猪革、殺苗坪、竹子諸寨。分兵攻巖板井、瀼水沱、溪頭、綠樹衝、闞鑲坪諸隘，皆下。吳半生亡匿高多寨，與諸軍分道入，環攻之，生得半生。又有頭人吳八月據平隴，自稱吳三桂後，糾黨轉盛。福康安令花連布引兵攻鵝洛等二十四寨，皆下。進攻龍角峒，奮戰自辰至酉，乃克之。附近諸苗寨皆降。又克大坡腦等三十餘卡。攻鴨保，去平隴七十里。時已昏，風大作，山木動搖，崖高溝窄。花連布督兵攀越，縱火痛擊，破木城七、石卡五。旁收垂籐、董羅諸寨，遂擒八月。其子廷禮、廷義猶據險，乘勝克小、中、大三天星寨。再進，取黃衝口等十三寨，得盤、木營兩山梁。歲暮雨雪，進圍地良坡，收八荊、桃花諸寨。轉戰經連雲山、猴子山、蛇退嶺、壁多山、高吉陀，下貴道嶺等四十餘卡。抵長吉山，圍石城，未至平隴三十里所。

詔責復乾州廳。時福康安感瘴卒，和琳代將，令花連布率兵攻全壁嶺，自馬鞍山入，山蔽廳城，下瞰大河。將濟，懼苗涉水相襲，花連布分兵剿旁近諸寨翼大軍，遂復乾州。會和琳亦卒，上諭湖南巡撫姜晟以軍事諮花連布。貴州淸溪民高承德以邪術糾衆爲亂，戕縣吏，花連布督軍捕治，克槐花坪四寨。進攻小竹山，破其寨，殲承德及戕縣吏賊；再進攻大小鬼峀，戮餘賊。嘉慶元年九月丁卯日加巳，賊攻夏家衝，花連布令副將海格、參將施縉張兩翼擊賊，賊數千拒戰。花連布出其中逐賊，賊見攻急，據坡擲石，花連布方上坡，中石，自巖墮深澗，駡賊，賊欲鈎出之；自力轉入巖下，頸折死。諸將爭殺賊，賊卻，出花連布尸，顱骨寸寸折，失一臂。上愍其死事烈，加太子少保，賜騎都尉兼雲騎尉世職，賚白金八百，謚壯節。

明安圖，博爾濟吉特氏，蒙古正紅旗人。以雲騎尉授三等侍衞，累遷湖南保靖營游擊。從征金川，大小戰五十有四，敍功，累遷鎭筸鎭總兵。貴州、湖北苗石柳鄧、石三保等糾衆爲亂，明安圖督兵禦戰，永綏協副將伊薩納赴援，同戰死。苗攻滾牛坡，劫我軍餽運，雲南鶴麗鎭中營游擊永舒、四川阜和協左營都司班第共擊之，沒於陣。

論曰：師再征金川，歷四年，大小數百戰，將士夷傷衆矣。全、順等平時力戰功最，死事尤凜凜。扎拉豐阿等死緬甸，與明瑞並烈。世亨等死安南，以全孫士毅，賞尤厚。台斐英阿死廓爾喀，福康安因以受降還師。花連布善戰，死，不欲爲羣苗得，糜軀矢節，其狀視諸死事者尤慘，烈矣哉！

清史稿卷三百三十五

列傳一百二十二

富僧阿　伊勒圖　胡貴　俞金鼇 尹德禧　剛塔

富僧阿，舒穆祿氏，滿洲正黃旗人。雍正初，授拜唐阿，累遷頭等侍衞。出爲副都統，歷成都、三姓、寧古塔諸地。擢將軍，自荆州移黑龍江。黑龍江北鄰俄羅斯，康熙二十九年與定界。歲久，將吏憚行邊，道里不能詳。富僧阿遣副都統瑚爾起等分探諸水源，皆至興堪山還報。乃上疏言：「副都統瑚爾起探格爾畢齊河源，自黑龍江至格爾畢齊河口，水程一千六百九十七里；自河口行陸路二百四十七里，至興堪山：其間無人迹。協領納林布探精奇哩江源，自黑龍江入精奇哩江，北行至托克河口，水程一千五百八十七里；自河口行陸路二百四十里至興堪山：地苦寒，無水草禽獸。協領偉保探西里木第河源，自黑龍江經精奇哩江入西里木第河口，復過英肯河，水程一千三百五里；自英肯河口行陸路一百八十里至興堪山：地苦寒，無水草禽獸。協領阿迪木保探鈕曼河源，自黑龍江入鈕曼河，復經西里木第河入烏默勒河口，水程一千六百十五里；自河口行陸路四百五十六里至興堪山。諸地俱無俄羅斯偷越。臣按呼倫貝爾有額爾古訥河，西爲俄羅斯界，東屬我國。自此至珠爾特，處處設卡。今復自珠爾特至莫哩勒克河口，設卡二，索博爾罕增立鄂博，逐日巡查。俄羅斯、鼐瑪爾斷難偷越。黑龍江與俄羅斯接壤，興堪山延亙至海。嗣後請飭打牲總管每歲六月遣章京、驍騎校、兵丁，自水路與捕貂人同至托克、英肯兩河口，及鄂勒希、西里木第兩河間，巡察還報；三年遣副總管、佐領、驍騎校於冰解後，自水路至興堪山巡察還報；黑龍江官兵每歲巡察格爾畢齊河口，三年亦至興堪山巡察還報：歲終報部。」上從之。

富僧阿治事嚴，嘗疏請罪人予官兵爲奴，并其妻子皆令爲奴；又以遣犯脫走，出巡並將校婁索，皆請逮送刑部：上不許。移西安將軍，西安、寧夏移駐滿洲兵，復分駐巴里坤，富僧阿議定規制，皆如所請。乾隆四十年三月，卒官。

伊勒圖，納喇氏，滿洲正白旗人。乾隆初，以世管佐領授三等侍衞，累遷鑲紅旗蒙古副都統。出駐烏魯木齊，移阿克蘇。三十二年，授伊犂參贊大臣，移喀什噶爾。內擢理藩院尚書，外授伊犂將軍。三十四年，師征緬甸，授副將軍，從經略大學士傅恆分道進軍，緬甸人拒戛鳩江，築寨。伊勒圖偕參贊大臣阿里袞與戰，奪寨三，殺賊五千餘。師還，授兵部尚書。復外授伊犂將軍。土爾扈特汗渥巴錫、台吉策伯克多爾濟等率所部三萬餘戶來歸，先期使至伊犂，具書通欵。伊勒圖以聞，高宗命加意撫綏，俾得所。於是土爾扈特部悉內附，哈薩克、布魯特兩部厄魯特降者日衆。伊勒圖請增置佐領，俾領其衆，從之。三十六年，左授參贊大臣，駐烏什，移塔爾巴哈台。三十八年，復授伊犂將軍。兵部議禁鳥鎗，伊勒圖以土爾扈特部新歸附，牧馬禦豺虎恃鳥鎗，不當一體收禁。四十八年，加太子太保，賜雙眼花翎。五十年七月，卒，謚襄武，封一等伯，祀賢良祠。發帑金千，遣侍衞豐伸濟倫如伊犂賜奠。

伊勒圖在邊二十餘年，諸所經畫，縝密垂久遠。其在塔爾巴哈台受代去，上諭繼任參贊大臣慶桂循其規制。鎭伊犂尤久，伊犂屯田，請兵得攜妻子。於塔爾奇溝口外烏可爾博蘇克、東察罕烏蘇、霍爾果斯、巴彥岱諸地築城堡，水足地厚，俾得久屯。設寶伊局鑄錢，採哈爾哈圖銅鑛，三年得九千餘斤，令加鑄，於烏什鑄普爾。烏什及庫車、哈喇沙爾諸城與伊犂錢並用，普爾，回錢名也。又於崆郭羅鄂博諸地採煤，聽商人充窰戶，徵其稅。都統海祿請令遣犯皆入鐵廠，與罪人畀官兵爲奴者同例。伊勒圖請仍如舊制，使遣犯與爲奴者有別。其卒，上稱其鎭靜妥協，各部落皆心服，封卹特厚。

胡貴，字爾恆，福建同安人。少有智略。入伍，稍遷水師提標右營千總。雍正六年，齎奏入都，世宗召入見。再遷後營游擊。監修戰艦，出巡海，坐誤工，吏議當左授，上特宥之。累遷江南蘇松鎭總兵。督運漕糧十萬轉海賑福建，道溫州鳳凰洋，颶作，損米五百餘，請出私財以償。高宗諭曰：「冒險已可嘉，豈有復令出私財償米之理？」命罷勿償。旋坐廢弛當奪職，復特宥之。疏言：「本鎭春、秋兩哨，中營游擊司糧餉，奇兵營游擊職城守，例不出巡。惟旣任水師，當知海道，應從衆出巡。陸路將士願改水師者，先令出海演試，如有膽略，量爲改補。」並從所請。崇明海漲，沒民廬。召縣吏議賑，吏言當待請。貴曰：「民死在頃刻，豈能俟報？有譴吾任之。」卽發倉以賑，令所屬爲助，衆有難色，貴曰：「設官非以衞民乎？賑不周，生它變，豈能免患？」疏請發帑金十八萬、倉穀二十八萬，並留漕米續賑，上深嘉之。歷廣東潮州、瓊州諸鎭，擢提督。增城民王亮臣爲亂，貴勒兵馳赴，分遣所屬防隘，扼賊走路。總督阿里袞軍亦至，分道捕治，諸賊皆就擒。以失察自劾，貸勿問，仍敍勞。入覲，賜花翎。移福建水師提督，復自浙江還廣東。乾隆二十五年，卒，謚勤愨。子振聲，附李長庚傳。

俞金鼇，字厚菴，直隸天津人。乾隆七年武進士，授藍翎侍衞。以守備發山東，累遷甘肅肅州鎮總兵。命如伊犂董理屯田，歲豐，伊犂將軍伊勒圖奏綠營兵二千二百名，人穫米二十八石有奇。得旨，敍勞。移巴里坤總兵，擢烏魯木齊提督，仍領屯田事。奏請移沙州副將駐安西，巴里坤迤西至瑪納斯，擇有水草地設墩塘，皆議行。時令移軍戍烏魯木齊及瑪納斯，得挈妻子以往，謂之「眷兵」。金鼇請具一歲糧，亦從其請。歷江南、福建、甘肅諸省提督。固原回李化玉與河州回田五糾衆爲亂，攻靖遠，金鼇與涼州副都統圖桑阿合軍討之，逐賊馬營街，固原提督剛塔亦以師來會，多所斬獲。土司楊宗業以土兵助戰，賊憑山設拒，土兵敗走，金鼇擊賊退。賊夜走石峯堡，糾會寧諸回，勢復張，副都統明善戰死。金鼇進次烏家坪，擊賊，斃頭人三，擒二十有九。轉戰至秦安土鼓山，賊敗竄蓮花城，師從之，至於雙峴，從總督李侍堯自中路進攻，敗之。福康安督兵剿石峯堡，令金鼇防底店護運道。回亂定，移湖廣。復移直隸，未行，鳳凰廳苗石滿宜糾衆爲亂，金鼇聞報馳赴，令鎮筸鎮總兵尹德禧督軍破賊寨，生致其渠。上以金鼇習苗疆事，命仍留湖廣。臺灣林爽文爲亂，命德禧將湖北兵二千以往，金鼇出駐鳳凰廳鎮苗疆。旋入覲，命在乾清門行走，賜紫禁城騎馬。引疾乞罷，上以金鼇有勞，下總督畢沅察病狀，乃加左都督，允解官歸。旋卒。

金鼇嘗預千叟宴，高宗賜之酒，命賦詩紀事，金鼇辭不能詩。上顧笑曰：「汝爲香樹妻弟，又從受業，豈不能詩者？」香樹，錢陳羣字也。官湖廣，和珅已柄政，欲納交焉，金龍謝不可。

尹德禧，鑲黃旗包衣人，初名色喀通額。以領催從征伊犂，遷至防禦。開戶出旗，更姓名，改籍直隸密雲縣。從征金川，復六遷至總兵。石滿宜據句捕砦爲亂，德禧破砦獲滿宜，賜花翎。上詰德禧：「當苗亂，何不專摺奏？」德禧請罪，命貸之。搜捕滿宜餘黨，苗疆悉定。其出師臺灣，師至，爽文已就俘，福康安令德禧屯竹仔港防賊逸。臺灣定，召入見，令署湖南提督。卒，遺言請還旗籍，復隸鑲黃旗包衣。

剛塔，烏濟克忒氏，滿洲正藍旗人。初充前鋒，從征準噶爾，授雲騎尉世職。三遷直隸泰寧鎮中營游擊。從克臨清，山東巡撫楊景素奏留山東。四遷直隸提督，兼領馬蘭鎮總兵。移陝西固原提督。乾隆四十九年，鹽茶廳小山回田五糾衆爲亂，攻破安西州。剛塔督兵逐賊，殺賊數十，射殪乘馬賊渠，賜上用玉韘、大小荷包。復逐賊至浪山，田五戰被創，自殺。其徒竄據馬家堡，剛塔督兵合圍，賊夜出堡踰山遁，環壘樹木桿，懸衣帽其上，紿官軍，官軍逼壘，乃知賊已走。剛塔督兵逐賊，戰於馬家灣，剛塔中矢。復進至馬營街，殺賊數十，得級二十五。賊攻陷通渭，其徒分據石峯堡。西安副都統明善攻之，沒於陣。上以師無功，令大學士阿桂、尚書福康安出視師。上謂馬營街、石峯堡皆通渭地，剛塔方逐賊馬營街，通渭陷不赴援，明善又以攻石峯堡戰死，詔詰責。剛塔疏言：「獲賊言將自通渭道伏羌、秦州攻潼關。」上責剛塔信賊妄語搖軍心，令福康安傳諭，奪剛塔職，逮送京師。上方幸熱河，留京王大臣等讞當斬，上以剛塔殲賊渠田五，戰馬家灣身被創，貸死，戍伊犂。卒。

論曰：富僧阿鎮黑龍江，察國界，定巡徼之制。伊勒圖鎮伊犂，徠屬部，著拊循之績。建威銷萌，邊帥之職舉矣。貴定增城，金𪈡、剛塔攻石峯堡，名位顯晦殊，要不可謂無功也，故類次焉。

清史稿卷三百三十六

列傳一百二十三

葉士寬 陳夢說　介錫周　方浩　金溶　張維寅　顧光旭
沈善富　方昂　唐侍陛 張沖之

葉士寬，字映庭，江蘇吳縣人。康熙五十九年舉人，授山西定襄知縣。求民隱，滌煩苛，不假胥吏，事辦而民不擾。雍正八年，擢沁州知州，署潞安知府。除無名諸稅，復四門集以便商民。歷署平陽、太原，治行爲山西最。十二年，舉卓異，擢浙江紹興知府。有惰民格殺士人，衆譁，將罷試，士寬方勘三江閘，馳歸，數言諭解之。風潮陷海塘，躬任堵築，三月而工完。乾隆初，調金華。東陽饑民求賑者以萬計，士寬曰：「按册施賑，是賑册非賑民也。」乃召饑者前注名於册，而斥二人，衆乃定。二人者：一婦人，曾以訟至官，服華服，至是易敝衣乞賑，士寬識之，令褫其敝衣，內華服如故；一男子，容甚澤，令飲癰莢汁，嘔出酒肉。衆驚服，冒賑者潛散去。在金華三年，多善政，郡人爲立生祠。擢杭嘉湖道，調金衢嚴道。衢州地高，西安、龍游諸縣，素築壩蓄水溉田。木商入山者，私開壩，水日涸，士寬嚴禁之，民皆稱便。八年，調寧紹台道。紹興大水，蕭山、諸暨民多挾衆詣縣求食，巡撫惡之，不欲賑。士寬曰：「某來時，民饑幾欲死。何忍坐視其悉塡溝壑耶？」繼以泣請，乃得上聞給賑。士寬以待饑而賑常不及，議濬紹興之鑑湖、寧波之廣德湖，會去官，未果。著浙東水利書，冀後有行之者。父憂歸，遂不出。

陳夢說，字曉巖，山西絳縣人。乾隆十三年進士，授刑部主事。讞決，執法不阿上官；兼提牢，役不能爲奸。累遷禮部郎中。出爲浙江寧紹台道。台州素獷悍，寧海梅村民拒捕，提督將以兵往，旁村皆驚竄。夢說輕騎臨縣，縣令已縲繫竄者數十人，盡釋之，曰：「吾來捕梅姓數人而已。」獲誅拒捕者，而釋其少子一人。台人感之，謠其事爲存孤記。修鄞縣錢湖牐。值上南巡，召見，素知其在刑部有能名，賜綺谿。尋以失察屬吏不職罣議，仍以道員用。授督糧道，卻餽金，漕政肅然。時訛言妖人翦髮，蕭山捕僧了凡等四人，誣服，夢說平反之。後或言事由浙見，解京訊治無驗，抵妄捕者罪，以夢說輕比，降秩。修餘杭南湖隄。署嘉興、嚴州、處州、湖州諸府，復原官。夢說官浙十二年，所至有聲。尋乞歸。

介錫周，字鼎卜，山西解州人。康熙六十年進士。雍正初，授貴州畢節知縣。烏蒙土司叛，督運軍糧，遇逆苗，徒役欲棄糧走，錫周厲聲曰：「失糧法當死，犯苗亦死。死法毋寧死賊！」策馬徑前，千夫擁糧而進，逆苗眙愕，鳥獸散。遷平遠知州。烏蒙倮夷復叛，川、滇苗、倮應之。錫周先往撫大定苗，平遠得無患。十三年，擢大定知府。古州苗亂，陷黃平、清平，驛路俱梗。塘兵妄報土酋安國賢通古州苗，剋期犯貴陽。大吏發川兵將至，國賢轄地九百里，衆惶駭。錫周甫涖郡，立召國賢至，諭以禍福。國賢伏地陳無交通古州狀，錫周曰：「汝率衆苗就撫，我以百口保汝不死，且止川兵。」時丹江亦被圍，乃請以川兵往援，丹江圍解而大定安堵。

南籠民王祖先素無藉，以書符惑衆，播爲逆詞。又粵西儂人王阿耳爲寨長王文甲所執，竄入苗寨，誣文甲將糾合冊亨諸寨叛。二獄同時起，株連千餘人，南籠獄不能容。滇、粵錯壤，寨苗多逃。錫周奉檄往會鞫，蔽罪悉當，釋文甲及繫累者，逃亡並歸，邊境以靖。攝貴東道，筦糧運。時軍興，歲餽餉金二百四十餘萬兩、米八十餘萬石，調馬三千、夫五千，麕集鎮遠，漫無紀，夫麇廩食，馬累里戶；復於上游南籠諸府役民夫加運九站，下游銅仁諸府則增雇調二千人助役。錫周畫三策：以馬設臺站，運凱里、丹江諸路；夫按期日運台拱諸路，楚、粵米皆由水運；分清江及古州、都江兩路，輓輸迅速，糧乃集。上游之加運，下游之調夫，皆止之，省帑數十萬，民間亦減勞費之累。補貴西道，調糧道。兵米折色，不收餘羨，兵民交頌之。乾隆中，擢按察使。

錫周在黔中久，吏治、風土、民苗疾苦皆熟習，蒞之以誠，愼刑獄，興教化。性素耿介，不諧於時，以老乞休。上念其勞勩，召入覲，授太僕寺少卿。閱三年，告歸。

方浩，字孟亭，安徽桐城人。雍正八年進士，授山西太原知縣。嘗知隰、平定二州。隰民有茹素號爲大乘教者，浩召至庭，啖以酒肉，人莫知其故。其後逮捕大乘教人連數郡，而隰民獨免。平定旱，奸民煽譁吹求糴，捕渠魁一人置之法，餘悉不問。遷潞安知府。會上西巡，取道澤、潞，吏平道，及道旁民田。浩以鑾輿未出而民廢耕作，非上愛民之意，令耕如平時。民得收穫，而事亦治。擢江西廣饒九南道按察副使，兼攝九江府事。歲旱，米商未至，他郡縣乏食，大吏檄運倉糧往濟。浩以郡民咸待食，而移粟他往，恐生事，請獨輸九江倉，而屬縣停運，違大吏意。未幾，安仁以阻運成大獄，大吏以此重浩。旋調吉南贛道。奸民據險爲亂，馳詣捕緝。比大吏至，謀主已就擒，其敏捷如此。坐事罷，循例復職。方需次吏部，以疾卒。

金溶，字廣蘊，順天大興人。雍正八年進士，以刑部員外郎擢山東道監察御史。高宗卽位，詔求直言，溶上疏言安民五事：一曰開墾之地緩其升科；二曰帶徵之項宜加豁免；三曰關稅正額之外免報盈餘；四曰州縣殿最首重民事，不以辦差爲能；五曰巡狩之地崇尙樸素，不以紛華取媚。當是時，上命翰詹科道各進經史摺子，溶又上疏曰：「頭會箕斂以裕囊櫝者，匹夫之富也；輕徭薄稅使四海咸寧者，天子之富也。易卦：損下益上，上益矣而反名損；損上益下，上損矣而反名益。蓋謂百姓足君孰與不足，百姓不足君孰與足，聖人制卦之意可深長思也。」乾隆九年，湖廣總督孫嘉淦因徇巡撫許容奪職，命修順義城。溶上疏論曰：「賞罰者，人主御世之大權。臣工有罪，有罰鍰一例，因其素非廉吏，使天下曉然知所得者終不能爲子孫計留也。孫嘉淦操守不苟，久在聖明洞鑒之中，而罰令出貲効力，恐天下督撫聞之，謂以嘉淦之操守，尙不免於議罰，或一不得當，而罰卽相隨，勢必隳廉隅預爲受罰之地。是罰行而貪風起，不可不愼也。臣爲嘉淦所取士，不敢避師生之嫌而隱默不言。」奏上，部議奪職。

未幾，特起爲福建漳州知府。漳俗强悍，胥吏千餘交結大吏家奴，勢力出長官上。有吳成者，設局誘博，擒治之，民稱快。華葑村距縣治二百里，康熙時嘗議設縣丞，以不便於胥吏，格不行。溶復以請，布政使文不下府而直行縣，溶大怒，嚴訊縣胥，得其交通狀，乃詳請治罪而設官。其父老歎曰：「微金公，吾儕奔馳道路死矣！」十三年春，閩省旱，斗米千錢，大府檄溶平糶。溶勸富家出糶，給印紙令商人赴糴；又請寬臺灣米入內地之禁：民情帖然。其他脩文廟樂器，增書院膏火，皆次第舉行。遷臺灣道。補陝西鹽驛道，署布、按兩司事。調浙江糧道，與巡撫陳學鵬牴牾，學鵬論溶迂緩不任事，原品休致。卒，年七十三。

張維寅，字子畏，直隸南皮人。乾隆元年進士，授戶部江南司主事。江南賦役甲天下，支銷留解，端緒毛櫛。維寅綜覈精密，猾吏不能欺。遷吏部員外郎，考選監察御史，補掌貴州道。劾奏閩督誘人受賕而坐之罪，失政體，上是之，爲通行飭戒。簡雲南迤東道，至，改補驛鹽。滇鹽無成法，維寅一一調之，使井官、煎戶、運夫、鋪商無偏累，滇人稱便。歲節縮歸公銀七千兩。以前官累，左遷知府。於時東川官設牛馬站，通百色，銅往鹽返，謂可省費。既奏行，而路險阻，車摧折，牛馬多死，銅鹽耗失。維寅奏勘得實，以事不可已，請夷路用車，險雇夫役，貲出鑪息，無溢費，且不擾民，從之，獲濟。署鶴慶、永北，補臨安，調首郡，兼楚雄。值地震爲災，躬勘鶴慶、劍川、浪穹、麗江、昌門賑，活災民每數萬計。遷督糧道，整頓銅廠，代償前官虧帑，待罪得脫。調浙江鹽道，未數月，調福建汀漳龍道。閩俗獷悍，痛懲以法，擒巨猾，散夥黨，健訟鬬狠之風爲息。察冤決疑，人稱神明。舉卓異，入覲，上獎慰甚至。復之官，病卒。

顧光旭，字晴沙，江蘇無錫人。乾隆十八年進士，授戶部主事。晉員外郎，主鹽筴，兩淮解銀，輒掛欠百之十五。光旭謂：「各省庫平皆部較頒，何獨兩淮歷久如是？是銀庫多索也。」白於長官除免之。擢御史。二十四年，直隸、山東大水。次年春，疏曰：「上年兩省災，近京數截漕發帑加賑。近見流民扶老攜幼入京，春來尤甚。五城米廠飯廠人倍增，詢之，近京數百里，毀屋伐樹，賣男鬻女，老弱踣頓，不可勝計。耳目所及如此，其外可知。伏思救荒無奇策，惟督撫及有司親民之官實心實力方克有濟。各州縣未嘗不施賑，或委任佐貳，或假手胥吏，或設廠遠離村鎮，窮民奔走待食，或得或不得。良法美意，一入俗吏之手，沾實惠者十不及五。一二賢有司撫循周至，則他境流民聞風畢集，轉難措手。此督撫不能眞實愛民，下亦以應付塞責，一切皆屬具文。請勅下隨地撫綏，毋致流移失所。疏導積水，以工代賑，借給牛種，以資耕作。有流民有曠土，卽重治督撫州縣之罪。來京饑民，已領廠賑。一年之計，在於東作。無力自回者給貲遣送，其本籍無倚賴者歸大興、宛平安輯，勿令棲流無著。又每遇水旱，司、道、府親勘，先以供應煩州縣，所委佐貳，亦滋擾累，請嚴參重處。」奏入，上善之。命赴京畿察勘，疏消文安、大城積水。樂亭民擁闐縣門，撫定之，馳章請加賑。

歷寶坻、灤州、盧龍，兩月竣事。遷給事中。

尋出爲甘肅寧夏知府，調平涼。三十五年，大旱，請賑，初爲上官所格。光旭親察災戶，亟發銀米，賷粥以賑，隣縣饑者率就之。時災黎鬻妻子，道殣相望，光旭巡視山僻，賦詩曰：「輪蹄鳥道羊腸路，溝壑鳩形鵠面人。」又曰：「產破妻孥賤，腸枯草木甘。」誦者感動。自夏至次年三月始雨。平涼、隆德、固原、靜寧各設粥廠二，饑民日增。慮入夏疫作，給每口兩月糧，遣使歸耕。時已擢涼莊道，總督文綬任以河東賑事，一切錢糧聽支取，知府以下聽調遣。分八路比戶清勘，刊發三連票備考覈。發姦摘伏，官吏惕息。竟事無中飽，民獲更生。

三十七年，金川用兵，文綬調四川總督，疏請光旭隨往，司三路餽餉，署按察使。蜀民失業無賴者，多習拳勇，嗜飲博，寖至刦殺，號爲嘓嚕子，至是益衆。嚴捕治之，改悔者發爲運丁，頗收其用。以秋審失出，罷職，留治糧餉。四十年，金川平，駐西路臥龍關經理凱旋兵十餘萬，帖然無擾。事竣，乞病歸，年未五十。

里居遇災，助賑一如在官時。主東林書院數十年，聚生徒講論道義，繼其鄉顧憲成、高攀龍之緒。著響泉集。

沈善富，字既堂，江蘇高郵人。乾隆十九年進士，選庶吉士，授編修。典江西、山西鄉試。撰制誥，辦院事，纂修國史、續文獻通考，勤於其職。出爲安徽太平知府，在官十有六年，尤盡心災賑。三十四年，大水，坐浴盆經行村落，得賑者五十萬口。當塗官圩決，密勸富家出糶，禁轉掠，使各村自保。有告某家不糶者，笞之，曰：「汝奉何明令使富家出粟耶？」民乃定。三十六年，泗州水，大吏檄善富往賑之，釐戶口之弊，民受其惠。值大疫，設局施藥施瘞，絕葷祈禳。前後課屬縣種柳數百萬株，官路成陰。埋暴露十餘萬棺。時傳妖人割髮，搜捕令下，諸郡騷然，獨太平不妄捕一人。兄弟訟，察其詞出一手，杖主訟者。兄弟悔悟如初。師弟互訐陰事，取案前文卷盈尺火之。曰：「爾詞必有稿，可上控郡守焚案，不汝斬。」兩造皆泣，訟乃息。貴池有爭地訟於部者，視舊牘，得成化二十一年閏四月官契，念愚民安知閏，檢明史七卿表，得是年閏四月文，據以定讞。

四十六年，擢河東鹽運使。鹽池受淡水，歉產，商運蒙古鹽多勞費。及鹽產復盛，弊多商困。善富曰：「鹽池自古爲利，不當廢革。若聽民自販，必致蒙鹽內侵。商人之力，不患寡，患不均。其弊有三：奸商棄瘠據肥，一也；費浮地遠，伙攫其利，二也；僉代之期，貧富倒置，三也。」乃總三省引地爲三等均之。復以道路遠近順配爲五十六路，鬮分籤掣之，於是賂絕弊淸。後乾隆末廢商運，蒙鹽果內侵，至嘉慶十一年，仍復舊制，皆如所預計。所至興學愛士，人文蔚起。以母老乞終養，居鄉多善舉。著味鐙齋詩文集。

方昂，字坳堂，山東歷城人。乾隆三十六年進士，授刑部主事，累晉郎中。會秋讞更新例，凡金刃殺人，概爲情實。昂分別其輕重，固爭不得，後高宗特旨改正。坐是爲同僚所忌，淹滯十年。又數上書與長官爭，長官慍之，卒重其人。以薦出爲江西饒州知府。安南阮光平入覲，驛傳所經，多飾供帳。昂曰：「國家以威德服四夷，非誇以靡麗。」戒所屬勿與。擢江蘇蘇松道，已受代將行，營弁緝鹽，波及良善，衆洶洶不平。營弁以民變告，且徵兵，昂曰：「新守與民未習，民勿信。」自出曉諭，捕倡首者置法，申請上官褫營弁職，事卽定。至任，有尼之者，遂謝病去官。

病痊，復出署松太道。閩、廣洋盜竄入吳淞，總督、巡撫、提督會師於寶山。昂建議曰：「衢山與大小羊山，江、浙之分界，港汊叢雜，盜船隨處可寄椗。一得風潮之便，倏忽出沒，猝不及防。當其乘風而來，迎擊之時，彼順而我逆；及其趁潮而退，追擊之，則我後而彼先：是使盜常憑勝勢也。請於要隘多設伏，俟其至，則縱使過，而躡其後；遇其退，則扼不使前，以待後隊之追剿。盜雖黠，無能爲也。」從其議，盜果大摧。補江寧鹽巡道。緝訟師，剔衙蠹，戢強暴，弭盜賊，尤以砥礪風俗爲先，屏絕酬酢。同官聞其風采，咸重之。嘉慶三年，擢貴州按察使，八閱月，遷江寧布政使。未久，以病乞歸。

昂剛勁勤職。其歸也，上曰：「此人可惜！」尋卒。

唐侍陛，字贊宸，江蘇江都人，巡撫綏祖孫。乾隆中，以廕生授南河山盱通判。歷任宿虹、銅沛、裏河、外河同知。以治河績考最，擢湖北鄖陽知府，母憂去官。四十七年，服闋，會河決青龍岡，屢築屢圮，大學士阿桂督治，以侍陛習河事，疏調赴工。阿桂方與總河議改河之策，決計於侍陛，侍陛曰：「今全河下注，非土埽所能當；欲逆挽歸正道，難矣。但於南岸上游百里外開引河，則不與急流爭，其全勢易掣。以逸待勞，此上策也。」於是定計開蘭陽引河，至商丘歸正河，以侍陛總其事。工成，被詔嘉奬。

擢開歸道。時新引河隄初成，溜逼甚險，復於儀封十六堡增開引河。夏汛水至，果分爲二派：一由新引河，一由儀封舊城之南達所增引河。又於毛家寨增築月隄，睢汛七堡建挑水壩，水勢乃暢下，無潰決。五十三年，署彰衞懷道。測河勢將有變，請於銅瓦廂大隄後增築撑隄，總河蘭錫第以無故興大工難之，固請乃可。次年夏，銅瓦工內塌，勢岌岌。總河李奉翰新至，視河，曰：「奈何？」侍陛曰：「待其塌多，必大決。今當於隄之下口新築撑隄內掘開數丈，使水迴溜而入。入必淤，淤則大隄撑隄合爲一。河直注之力已殺，隄乃可保。」

從之，隄合險平。錫第曰：「君之出奇制勝者，在前之預築撐隄也。」

侍陛前官銅沛時，亦用放淤平險之法；又在宿虹時，夏家馬路黃、運交逼，裏河淤淺，水將沒隄，效黃河淸水龍法，疏其淤而隄安；於徐州城外增築石工，石磯嘴增爛石，城乃無患。衞河水弱，漕艘不利，掘地引沁挾濟以助衞。其應變弭患多類此。嘗論治河之道曰：「河行挾沙，治法宜激之使怒而直以暢其勢，曲以殺其威。無廢工而不可俉，無爭土而不可讓。守此岸則慮彼岸，治上游則慮下游。」世以爲名言。尋補山東運河道，調兗沂曹濟道。以失察，左遷。遂乞病歸。

侍陛歷官皆有聲，有功於河、淮者爲多。先是南汝光道張沖之亦以治河著。

沖之，字道淵，順天宛平人。雍正初，以諸生舉孝廉方正，授工部主事。遇事奮厲，於總理果親王前持議無避忌。各行省奏追虧帑積數千萬，牘冗無實，請分別覈免之。尋以事被謫。乾隆初，復原官，改刑部。累遷戶部郎中。治事平恕。二十六年，擢河南南汝光道。是年秋，河決楊橋，大學士劉統勳、兆惠奉命往塞之，調沖之襄河事。時徵稾秸，價騰至一莖兩錢，既大集，河員猶以多備請，官吏在事者羣附和之。沖之曰：「計工需料若干萬，今已贏矣。災民搜括脂髓來供用，忍復乘以爲利耶？」亟白使臣，請及時楗塞，期以某日合龍，當有餘料若干萬，力持其議。卒聽沖之減徵秫稭六千萬、蔴六百萬，卽責沖之董其役，果如期合龍，仍有餘料，殫數給還，以紓民力。巡撫胡寶瑔喜曰：「吾爲國家得一良總河矣！」在官三年，治羅山獄，活誣服者四人；修城工務覈實，有司不得緣爲蠹：民德之。以商城獄坐徇庇，奪職，効力軍臺。逾年放歸。

論曰：諸道本以佐布政、按察二使分領郡、縣；乾隆中，罷參政、參議、副使、僉事，道始爲專官。士寬等皆觥觥能舉其職，侍陛尤以治河著。觀其所設施，益於國，澤於民，雖古循吏，不是過也。

清史稿卷三百三十七

列傳一百二十四

盧焯　圖爾炳阿　阿思哈　宮兆麟　楊景素　閔鶚元

盧焯，字光植，漢軍鑲黃旗人。入貲授直隸武邑知縣。縣舊有均徭錢供差費，遇差仍按里派夫，焯革除之，又歸火耗於公，捕盜尤力。雍正六年，解餉詣京師，世宗特召對。遷江南亳州知州，禁械鬭。再遷山東東昌知府，總督田文鏡遣官弁四出訪事，東昌民逮下獄甚衆，焯至，悉判遣之。會有水災，焯疏運河，築護城長堤，動帑賑恤。上遣大臣閱視，獨東昌得完。九年，遷督糧道，移河南南汝道。十年，授按察使。十一年，遷布政使。

十二年，擢福建巡撫，賜孔雀翎。十三年，高宗卽位，焯疏言被水州縣不成災，上諭曰：「被水雖不成災，仍須加意賑恤，毋使小民失所。」乾隆元年，請查丈建陽民田，上諭曰：「小民畏查丈如水火。汝初爲加賦起見，今又以豁除掩非，一存觀望之心，所謂無一而可也。」尋奏減邵武永安所、霞浦福寧衞屯田徵米科則，豁閩、侯官諸縣額缺田地。又以平和、永安、淸流諸縣田少丁多，請減免攤餘丁銀。又奏教民蠶績，疏濬省會城河。

三年，調浙江巡撫，兼鹽政。奏請停仁和、海寧二縣草塘歲修銀，減嘉興屬七縣銀米十之二。又奏陳鹽政諸事：請禁商人短秤；飭州縣捕私鹽毋擾民；毋捕肩挑小販；鹽場徵課不得刑比。上諭曰：「所奏各條皆是。汝先過刻，茲乃事事以寬沽名。過猶不及，汝其識之！」尋請裁鹽場協辦鹽大使，改海寧草塘爲石塘。既，又請濬備塘河運石。五年，上諭曰：「盧焯至浙江，沽名邀譽，舉鄉賢名宦，絡繹不絕。海塘外已漲沙數十里，焯既請停草塘歲修，又請改建石塘。心無定見，惟事揣摩，已彰明較著矣。」六年，左都御史劉吳龍劾焯營私受賄，上解焯任，命總督德沛、副都統旺扎爾按治，事皆實，請奪官刑訊。事連嘉湖道呂守曾、嘉興知府楊景震。守曾已擢山西布政使，逮至浙江，自殺。杭州民數百爲焯訟寃，毀副都統廳前鼓亭。德沛等以聞，上諭責辦理不妥。七年，讞上，焯、景震皆坐不枉法贓，擬絞。八年，焯以完贓減等，戍軍臺。十六年，上南巡，閱海塘，念焯勞，召還。

二十年，授鴻臚寺少卿，署陝西西安巡撫。二十一年，調署湖北，以陳宏謀代焯。宏謀未至，上命發歸化城米運金川饋軍，急驛諭宏謀。焯發視，奏言：「歸化城雖產米，路遠費重；西安有貯米，先發以饋軍。仍請擅行罪。」上嘉焯知大體，合機宜，實授湖北巡撫。二十二年，西安布政使劉藻入覲，言焯在西安入貢方物，但量給薄值；及調任湖北，欲借庫帑，未應付。上責焯負恩，奪官，戍巴里坤。二十六年，召還。三十二年，卒。

圖爾炳阿，佟佳氏，滿洲正白旗人。初授吏部筆帖式，累遷郎中。乾隆三年，授陝西甘肅道。十二年，擢巡撫。十五年，永嘉知縣楊茂虧銀米，圖爾炳阿令後政彌補結案。累遷雲南布政使。十二年，上責圖爾炳阿欺隱徇庇，奪官，逮京師，下刑部治罪，坐監守自盜，擬斬監候。十七年，上以圖爾炳阿贓未入己，釋出獄。授吏部員外郎。未幾，授河南布政使，調山東，又復還河南。

二十年，擢巡撫。二十二年，上南巡，江蘇布政使夏邑彭家屏以病告家居，覲徐州行在，入對，言鄉縣被水。上諮圖爾炳阿，圖爾炳阿奏收成至九分，上責圖爾炳阿文過。圖爾炳阿又奏「去歲被水尚未成災」，上斥爲怙惡不悛。遣員外郎觀音保密察災狀得實，上奪圖爾炳阿官，發烏里雅蘇臺効力。上發徐州，夏邑民張欽、劉元德詣行在訴知縣孫默諱災及治賑不實，上親鞫，元德言諸生段昌緒指使。上復遣侍衞成林會圖爾炳阿至夏邑按治，於昌緒家得傳鈔吳三桂檄。上諭曰：「圖爾炳阿察出逆檄，緝邪之功大，諱災之罪小。且以如此梗不知化之民，而治其司牧者以罪，是不益長澆風乎？免圖爾炳阿罪，仍留巡撫任治賑。圖爾炳阿若因有前此罪斥之旨，心存成見，或不釋然於災民，則是自取罪戾，亦不能逃朕洞鑒。」尋家屛亦以藏禁書罪至死，圖爾炳阿仍以匿災下吏議，奪官，命留任。逾數月，召詣京師，命往烏里雅蘇臺治餉。

二十八年，授貴州巡撫，二十九年，調湖南。三十年，病作，遣醫往視。卒。

阿思哈，薩克達氏，滿洲正黃旗人。自官學生考授內閣中書，累遷刑部郎中，充軍機處章京。乾隆十年，擢甘肅布政使。十四年，擢江西巡撫。疏言：「各營操演槍礮，須實子彈。營馬應令騎兵自飼。技藝以純熟得用爲要，步法、架勢不必朝更夕改。」上嘉其言得要。旋調山西。十六年，平陽旱，未親往撫卹，詔責之。十七年，蒲、解等處復災，請以平陽富民捐款解河東道庫加賑。上諭之曰：「賑濟蠲緩，重者數百萬，少亦數十萬，悉動正帑，從無顧惜。富戶所捐幾何，貯庫助賑，殊非體制。此端一開，則偏災之地，貧民旣苦艱食，富戶又令出貲。國家撫卹災黎，何忍出此？」責阿思哈卑鄙錯謬，不勝巡撫任，召還，奪官。尋授吏部員外郎。二十年，命以布政使銜往準噶爾軍前經理糧運。擢內閣學士。

二十二年，命署江西巡撫，蒞任，清理屯田，尋眞除。學政謝溶生劾阿思哈婪賄派累，命尙書劉統勳、侍郎常鈞等按鞫，得實，擬絞。二十六年，詔免罪，以三品頂戴發烏魯木齊効力。二十八年，命往伊犂協同辦事。

二十九年，授廣東巡撫，調河南。三十年，疏言：「衞河運道淺阻，濬縣三官廟、老鸛嘴諸地砂礓挺據河心，重載尤艱浮送。向於上、下游淺處建築草壩以束水勢。詳考河形，夏秋水盛，無須草壩；冬令源澀，草壩亦屬無益。不如於上游先期蓄水，臨時開放。飭府縣督河員於九月望後起，至漕船出境止，暫閉外河以上民渠，使水歸官渠，重運自可疏通。鑿去砂礓，並集夫疏濬浮沙，以利漕運。」又請借司庫閒欵，委員分購河工料物，以除沿河州縣按畝派累，均報聞。

三十四年，擢雲貴總督。師征緬甸，阿思哈出銅壁關至蠻暮軍中，奏軍中糧馬不敷。上責其畏難，解任，以副都統銜在領隊大臣上行走。旋召爲吏部侍郎，入對失上指，奪官，戍伊犂。三十九年，釋回，仍充軍機章京。擢左都御史。大學士舒赫德師討王倫，命阿思哈偕額駙拉旺多爾濟率健鋭、火器兩營以往。事定，拉旺多爾濟言城北搜剿王倫餘黨，阿思哈未同往，下吏議，奪官，命留任。四十一年，署吏部尙書，旋授漕運總督。卒，賜祭葬，謚莊恪。

阿思哈初撫江西，上眷之獨厚。廣西巡撫衞哲治入覲，上問各省督撫孰爲最劣，哲治引罪，上謂：「姑置汝！」哲治舉阿思哈對，時以爲難能。

宮兆麟，字伯厚，江南懷遠人。自貢生授湖北安陸通判，累遷至山東糧道。乾隆三十一年，授湖南按察使。桂陽州民侯七郎毆殺從兄嶽添，賄其兄學添自承。知州張宏燧讞上，巡撫李因培疑之，令兆麟詳鞫得實。因培調福建去，巡撫常鈞庇宏燧，以七郎呼冤劾兆麟，兆麟亦入奏。上遣侍郎期成額會總督定長按治，如兆麟讞；兆麟又發宏燧買金行賄狀，期成額等奏聞，逮訊，買金非行賄，乃迎合因培及湖北布政使赫昇額意指，代武陵知縣馮其柘補虧空。因培、赫昇額、常鈞、宏燧皆坐譴。

三十二年，兆麟調雲南按察使。三十三年，遷布政使，擢廣西巡撫。雲南軍營需硝，敕兆麟籌畫，兆麟以廣西舊存硝七萬七千餘斤運剝隘，復撥通省營貯火藥二十萬斤繼運，得旨嘉許。調湖南。

三十五年，又調貴州。桐梓縣民爲亂，命速赴任，會湖廣總督吳達善捕治。亂定，古州黨堆寨苗香要等爲亂，復偕吳達善督兵捕誅之。兆麟奏黨堆寨苗老呴以阻香要亂被殺，令卽寨立廟以祀良苗，並將死義被旌及香要等叛逆伏誅狀，譯苗語榜廟門，俾令警戒；並請移駐將吏，建下江營土城，駐兵鎭撫。是夏，兆麟奏請於鄰省湖南、四川、廣西買米運貴州糶濟。至秋，豐收，復奏請停運。上斥其冒昧，勗令詳愼。兆麟復奏請簡發知府三員赴貴州，上以「此端一開，各省效尤，妨吏部選法；且開倖進之門」，下旨嚴飭。會貴州布政使觀音保入覲，訐兆麟粗率喜自誇，口給便捷，人號爲「鐵嘴」。上曰：「觀音保人已粗率，今尙以兆麟爲粗率，則粗率更甚可知。」諭兆麟猛省痛改。尋詔詣京師，降補甘肅按察使。三十六年，坐貴州任內失察廠員虧欠鉛斤，奪官。四十一年，東巡，兆麟迎駕，詔與三品銜。四十六年，卒。

楊景素，字樸園，江南甘泉人，提督捷孫。父鑄，古北口總兵。景素孱弱，不好章句，貧不能自給。入貲授縣丞，發直隸河工効力。乾隆三年，補蠡縣縣丞，累遷保定知府。十八年，授福建汀漳龍道。漳浦民蔡榮祖欲爲亂，景素率營卒擒斬之。調臺灣道。釐定漢民墾種地，並生熟番界址。革游民爲通譯而不法者，代以熟番。又禁入山採木，借修造戰船材料爲名，累諸番。三十三年，授河南按察使。三十五年，擢甘肅布政使，調直隸。命從尙書裘曰修勘察堤埝各工。坐失察雄縣知縣胡錫瑛侵蝕災賑，下吏議，奪官，命留任，俟八年無過，方准開復。

三十九年，壽張民王倫爲亂，大學士舒赫德督兵討之。上命景素具車馬濟師，令分守河西。賊以糧艘結浮橋欲渡，景素與總兵萬朝興、副將瑪爾當阿等督兵禦之，董勸回民助師。夜焚橋，賊不得渡。事旋定，擢山東巡撫。疏請編查保甲。四十年，疏請選京師健銳、火器營裨佐發山東，司營伍教演。四十一年，上東巡，臨視臨淸燬橋斷道及亂民竄據所在，景素述當時戰狀，上嘉其勞，賜黃馬褂。汶上宋家窪舊渠淤墊，潴水淹民田。四十二年，景素奏請濬舊渠，並開支河二，令仍趨南陽、昭陽二湖，下部議行。

擢兩廣總督。四十三年，調閩浙。疏言：「浙西歉收，總督楊廷璋請撥臺灣倉穀十萬接濟。北風盛發，未能即到。請於福州、福寧、興化、泉州四府屬撥倉穀十萬，聽商運赴嘉、湖出糶；仍飭臺灣運歸四府補倉。」得旨嘉獎。四十四年，調直隸。薦于易簡爲布政使，上以易簡爲大學士敏中弟，責景素。十二月，卒，贈太子太保，賜卹如例。

四十五年，兩廣總督巴延三奏景素操守不謹，並發官兵得贓縱盜狀。兩江總督薩載勘有河隄城垣工程，罰景素家屬承修。福康安又奏景素在兩廣婪索商捐六萬餘，責景素子炤限年繳還。五十四年，以福建吏治廢弛，追咎景素，戍炤伊犂。五十九年，釋回。

閔鶚元，字少儀，浙江歸安人。乾隆十年進士，授刑部主事。再遷郎中，督山東學政。二十七年，自學政授山東按察使，調安徽。遷湖北布政使，調廣西、江寧。四十一年，遷安徽巡撫。四十四年，雲貴總督李侍堯以贓敗，罪至斬，下大學士、九卿議，請從重立決；復下各省督撫議，咸請如大學士九卿議。鶚元窺上指欲寬侍堯，獨奏言：「侍堯歷任封疆，勤幹有爲，中外推服。請用議勤、議能例，稍寬一線。」上從之，侍堯得復起。

四十五年，調江蘇。四十六年，甘肅布政使王亶望坐僞災冒賑得罪，事連鶚元弟同知鵷元。上責鶚元隱忍瞻徇，知其事而不舉，降三品頂戴，停廉俸。四十八年，還原品頂戴，支廉俸如故。五十年，江南旱。五月，鶚元奏淮、徐、海三府如得雨二三寸，猶可種雜糧。上諭曰：「得雨二三寸未爲霑足，焉能種雜糧？地方雨水，民瘼攸關。鶚元何得含混入告？」尋奏請截漕十萬石，淮、徐、海三府州被災較重，碾米治賑，如所議行。

五十五年，高郵巡檢陳倚道察知書吏僞印重徵，知州吳瑍置不問；牒上，鶚元亦置不問，揭報戶部。上諮鶚元，鶚元猶庇瑍不以實陳，乃遣尚書慶桂、侍郎王昶按治；責鶚元欺罔，奪官，逮鶚元等下刑部治罪。巡撫福崧劾鶚元得句容知縣王光陛牒發糧書侵挪錢糧，但令江寧府察覈。上責鶚元玩視民瘼，徇情骫法，命置重典。獄具，擬斬立決，命改監候。五十六年，釋還里。嘉慶二年，卒。

論曰：法者所以持天下之平。人君馭羣臣，既知其不肖，乃以一日之愛憎喜怒，屈法以從之，此非細故也。焯、阿思哈、景素坐貪皆勘實，猶尚復起；圖爾炳阿匿災至面謾，反誅告者；兆麟口給，鶚元迎上指，至不勝疆政而始去之。高宗常謂：「朕非甚懦弱姑息之主，不能執法。」執法固難，自克其愛憎喜怒，尤不易言也。

清史稿卷三百三十八

列傳一百二十五

塞楞額 周學健 鄂昌 鄂樂舜 彭家屏 李因培 常安 福崧

塞楞額，瓜爾佳氏，滿洲正白旗人。康熙四十八年進士，授內閣中書，擢翰林院侍講。四遷至侍郎，歷刑、兵、禮諸部。雍正二年，出署山東巡撫，入爲戶部侍郎。如廣東按將軍李杕縱部兵毀米廠，鬨巡撫署，事竟，仍署山東巡撫。疏請以東平州安山湖官地分畀窮民栽柳捕魚爲業，上許之，並令發耗羨備用銀爲建屋製船；又疏請浚柳長河，開引河二，疏積水。復入爲工部侍郎，緣事奪官。乾隆元年，賜副都統銜，如索倫、巴爾虎練兵。尋授鑲藍旗漢軍副都統。出爲陝西巡撫，移江西。疏請築豐城石隄，封廣信府銅塘山，均許之。再移山東。十一年，擢湖廣總督。

十三年，孝賢皇后崩，故事，遇國恤，諸臣當於百日後薙髮。錦州知府金文醇違制被劾，逮下刑部，擬斬候。上以爲不當，責尚書盛安沽譽，予重譴。江蘇巡撫安寧舉江南河南總督周學健薙髮如文醇，上並命逮治。因詔諸直省察屬吏中有違制薙髮者，不必治其罪，但令以名聞。是時塞楞額亦薙髮，湖北巡撫彭樹葵、湖南巡撫楊錫紱及諸屬吏皆從之。得詔，塞楞額具疏自陳，上命還京師待罪。諭謂：「文醇已擬斬決，豈知督撫中有周學健，則無怪於文醇；豈知滿洲大臣中有塞楞額，又無怪於學健。」因釋文醇，寬學健，皆發直隸，以修城自贖。樹葵、錫紱誤從塞楞額，錫紱並劾塞楞額檢舉，皆貸罪；令樹葵分任修城，示薄罰。塞楞額至刑部，論斬決。上謂：「祖宗定制，君臣大義，而違蔑至此，萬無可恕！以尚爲舊臣，令宣諭賜自盡。」

學健，江西新健人。雍正元年進士，改庶吉士，散館授編修。五遷至戶部侍郎。命如山東按事，兩詣上下江會督撫治災賑、水利，出署福建巡撫、浙閩總督。加太子少保，授江南河道總督，坐違制薙髮，奪官，命江西巡撫開泰籍其家。開泰發其往來私書，中有丁憂兗沂曹道吳同仁行賕學健，乞舉以自代。上爲罷陳舉自代例，詔曰：「朕令大臣舉可以自代之人，凡以拔茅茹、顯俊乂之意也。今同仁囑學健許以兩千，朕不解焉。問之錢陳羣，始知爲賕。夫考績黜陟，何可爲苞苴之門，豈朕若渴之誠尚未喻於一二三大臣耶？朕甚惡焉！其罷之。」別詔又謂：「學健卞急剛愎，不料其不勵名檢竟至於此！」下兩江總督策楞覆勘，具得學健營私受賕、縱戚屬奴僕骫法狀，刑部引塞楞額及前步軍統領鄂善例論斬決。上謂學健違制罪已貫，婪賕虧破薦舉事視鄂善尤重，賜自盡。

鄂昌，西林覺羅氏，滿洲鑲藍旗人，大學士鄂爾泰從子也。雍正六年，以舉人授戶部主事。七年，超擢陝西寧夏道。十年，遷甘肅布政使。十一年，署陝西巡撫，旋授四川巡撫。酉陽州土司冉元齡老病，子廣烜襲，土民苦其貪暴，鄂昌奏請改土歸流。十三年，總督黃廷桂劾鄂昌貪縱，命奪職，以楊馝代之。遣刑部侍郎申珠渾會馝按治，得鄂昌枷斃罪人及受屬吏銀瓶諸狀，命逮下刑部，論杖徒，遇赦免。乾隆元年，令在批本處行走。二年，授直隸口北道，遷甘肅按察使。山西民梁玥等在高臺遇盜死，知縣伍昇堂捕良民鍛煉論罪，鄂昌雪其冤，得眞盜置之法。巡撫黃廷桂疏陳鄂昌平反狀，旨嘉奬。九年，遷廣西布政使。十一年，署廣西巡撫。疏請以鄂爾泰祀廣西名宦，上責其私，不許。十二年，疏自陳舉布政使李錫泰自代，上復責其朋比。因命督撫不得舉本省藩臬自代，著爲例。迭移江蘇、四川、甘肅諸省，署甘肅提督、陝甘總督。復移江西巡撫。時傳播尙書孫嘉淦疏稿有誣謗語，命諸行省究所從來。鄂昌以坐廣饒九南道施廷翰子奕度逮下刑部，鞫無據，雪其枉，召鄂昌詣京師待命。獄定，誅千總盧魯生。責鄂昌誤讞，下刑部，論杖徒，命貸罪，發往軍臺効力。十九年閏四月，命以甘肅貯官茶發北路軍備用，命鄂昌董其事。旋授甘肅巡撫，理軍需。

內閣學士胡中藻著堅磨生集，文辭險怪，上指詩中語訕上，坐悖逆誅。中藻故鄂爾泰門人，鄂昌與唱和。上命奪職，逮至京師下獄。大學士九卿會鞫，籍其家，得所著塞上吟，語怨望；又聞鄂容安從軍，輒云「奈何奈何」，上責以失滿洲踴躍行師舊俗。又得與大學士史貽直書稿，知貽直爲其子奕簪請託，上爲罷貽直。諭：「鄂昌負恩黨逆，罪當肆市。但尙能知罪，又於貽直請託狀直承無諱，朕得以明正官常，從寬賜自盡。」

中藻，江西新建人。乾隆元年進士。上舉其詩有曰「又降一世」，曰「亦天之子」，曰「與一世爭在醜夷」，無慮數十事，語悖慢；又有「西林第一門」語，斥其攀援門戶，恬不知恥。因及鄂爾泰及張廷玉秉政，各有引援，朋分角立。謂：「如鄂爾泰猶在，當治其植黨之罪。」命罷賢良祠祀。

鄂樂舜亦鄂爾泰從子，初名鄂敏。雍正八年進士，改庶吉士，授編修。秋讞侍班，刑部侍郎王國棟放縱逾儀。上命之退，鄂敏未引去。因以責鄂敏，奪官。逾年，復編修。出爲江西瑞州知府，累遷湖北布政使。命更名鄂樂舜。遷甘肅巡撫，疏請茶引備安西五衞積貯；移浙江，修海塘：皆議行。尋移安徽，又移山東。未行，浙江按察使富勒渾密劾鄂樂舜在浙江時，布政使同德爲婪索鹽商銀八千，命侍郎劉綸、浙閩總督喀爾吉善按治。綸等言鄂樂舜實假公使銀。上又命兩江總督尹繼善會鞫，得婪索鹽商狀，如富勒渾言，但無與同德事，鄂樂舜論絞，富勒渾亦坐誣治罪。上以定擬失當，擢富勒渾布政使，逮鄂樂舜至京師，賜自盡。時後鄂昌死未一年也。

彭家屏，字樂君，河南夏邑人。康熙六十年進士，授刑部主事，累遷郎中。考選山西道御史，外授直隸清河道。三遷江西布政使。移雲南，再移江蘇。以病乞罷。乾隆二十二年春，高宗南巡，家屏迎謁。上諮歲事，家屏奏：「夏邑及鄰縣永城上年被水災獨重。」河南巡撫圖爾炳阿朝行在，上以家屏語詰之，猶言水未爲災，上命偕家屏往勘；又以問河東河道總督張師載，師載奏如家屏言，上謂師載篤實，語當不誑，飭圖爾炳阿秉公勘奏，毋更迴護。上幸徐州，見飢民困苦狀，念夏邑、永城壤相接，被災狀亦當同；密令步軍統領衙門員外郎觀音保微服往視。上北還，發徐州，夏邑民張欽遮道言縣吏諱災，上申命圖爾炳阿詳勘。次鄒縣，夏邑民劉元德復訴縣吏施賑不實，上不懌，詰主使，元德舉諸生段昌緒，命侍衞成林監元德還夏邑按其事；而觀音保還奏夏邑、永城、虞城、商丘四縣災甚重，積水久，田不可耕；災民鬻子女，人不過錢二三百，觀音保收災民子二，以其券呈上。上爲動容，詔舉其事，謂：「爲吾赤子，而使骨肉不相顧至此，事不忍言。」因奪圖爾炳阿職，戍烏里雅蘇台，諸縣吏皆坐罪。

成林至夏邑，與知縣孫默召昌緒不至，捕諸家，於臥室得傳鈔吳三桂檄，以聞上。上遂怒，貸圖爾炳阿遣戍及諸縣吏罪，令直隸總督方觀承覆按。召家屏詣京師，問其家有無三桂傳鈔檄及他禁書。家屏言有明季野史數種，未嘗檢閱，上責其辭遁，命奪職下刑部，使侍衞三泰按驗。家屏子傳笏慮得罪，焚其書，命逮昌緒、傳笏下刑部，誅昌緒，家屏、傳笏亦坐斬，籍其家，分田予貧民。圖爾炳阿又以家屏族譜上，譜號大彭統記，御名皆直書不缺筆。上益怒，責家屏狂悖無君，卽獄中賜自盡。秋讞，刑部入傳笏情實，上以子爲父隱，貸其死。上旣譴家屏等，召圖爾炳阿還京師，逮默下刑部，命觀音保以通判知夏邑。手詔戒敕，謂：「刁頑旣除，良懦可憫。當善爲撫綏，毋俾災民失所也。」

李因培，雲南晉寧人。乾隆十年進士，改庶吉士，散館授編修。十三年，特擢翰林院侍講學士，督山東學政。十四年，再擢內閣學士。十八年，署刑部侍郎，兼順天府尹。蝗起，因培劾通永道王楷等不力捕，皆奪職；又劾涿州知州李鍾俾虧倉穀，論罪如律。衡水知縣劉士玉，因培鄉人也，以賄敗，爲直隸總督方觀承論劾。冀州知州誇喀謁因培，因培稱士玉寃，誣喀因爲申布政、按察兩司。十九年，直隸布政使玉麟以其事聞，因培坐奪職。甫三月，起光祿寺卿。復督山東學政。二十一年，移江蘇。二十四年，遷內閣學士。學政任滿，移浙江。二十七年，任又滿，復移江蘇。上南巡，賦詩以賜。二十八年，授禮部侍郎，尋改倉場侍郎，皆留督學。

二十九年，授湖北巡撫。上諭湖廣總督吳達善曰：「因培能治事，學問亦優，但未免恃才，好居人上。今初任民事，汝當留意，治事有不當，善規之；不聽，即以聞。朕久未擢用，亦欲折鍊其氣質。今似勝於前，但恐志滿易盈，負朕造就耳。」旋移湖南。三十一年，又移福建，將行，常德被水。上令速予災民一月糧，詔未至，因培令秋後勘災如故事。上責因培「以將受代，五日京兆，不恤民瘼」，下部議，當降調。甫兩月，授四川按察使。

因培在湖南日，常德知府錫爾達發武陵知縣馮其柘虧庫帑二萬餘。時因培報通省倉穀無虧，慮以歧誤得罪；示意布政使赫昇額，令桂陽知州張宏燧代其柘償萬餘，不足，仍疏劾。會宏燧讞縣民侯嶽添被殺，誤指罪人，爲按察使宮兆麟所糾。因培及繼任巡撫常鈞覆讞不能決，上命侍郎期成額即訊，因得宏燧營私虧帑，及承因培指代其柘償金諸狀，以聞。上命奪因培官，逮送湖北對簿，具服。諭曰：「諸直省倉庫虧缺，最爲錮弊。昔皇考嚴加重戒，硃批諭旨，不啻三令五申，人亦不敢輕犯。朕御極三十餘年，有犯必懲，乃近年營私骫法，屢有發覺。豈因稽查稍疏，故態復作？朕自愧誠不能感人，若再不能執法，則朕亦非甚懦弱姑息之主也。」期成額奏至，因培下刑部論斬決，上命改監候。秋讞入情實，賜自盡。

常安，字履坦，納喇氏，滿洲鑲紅旗人。以諸生授筆帖式，自刑部改隸山西巡撫署。雍正初，擢太原理事通判。世宗時，庶僚皆得上章言事。常安疏請裁驛站館夫及諸官署鐙夫，省科派，從之。尋擢冀寧道。遷廣西按察使，移雲南。就遷布政使，移貴州。疏言：「苗疆多事，由於兵役擾累。嗣後有擾累事，罪該管文武官。」下雲貴廣西總督議行。遷江西巡撫。十三年，以母喪去官。

乾隆元年，還京師，舟經仲家淺，其僕迫閘官非時啓閘越渡，高宗聞之，諭謂：「皇考臨御時所未嘗有！徒以初政崇尚寬大，常安封疆大吏，乃爲此市井跋扈之舉，目無功令。」下東河總督白鍾山按治，奪官，下刑部論罪，當枷號鞭責，命貸之，往北路軍營董糧餉。四年，授盛京兵部侍郎。內移刑部侍郎，外授漕運總督。內閣學士雅爾呼達請增遣滿洲兵駐防口外，直隸總督孫嘉淦疏請於獨石口、張家口外擇可耕地屯兵招墾。常安以爲侵蒙古游牧地，疏請寢其事。

六年，移浙江巡撫，謝上，因言：「屬吏賢否視上司爲表率，惟有身先砥礪，共勵淸操。」

上諭曰：「廉固人臣之本，然封疆大臣非僅廉所能勝任。爲國家計安全，爲生民謀衣食，其事正多。觀汝有終身誦廉之意則非矣。」上念浙江海塘爲民保障，詔詢近時狀，並命閩浙總督那蘇圖、杭州將軍傅森會常安詳勘。常安等議：「海寧至仁和原有柴塘，塘外臨水，仿河工絡壩之法，用竹簍盛碎石，層層排築，外捍潮汐，內護塘基。水去沙停，漸有淤灘，再用左都御史劉統勳議，改建石塘。」別疏又言：「塘工可大可小，大則終年興工，亦難保其無虞；小則應與則興，應停則停，惟期免於衝決。是在因時損益，不宜惜費，亦不宜糜費。乾隆四五年間所修石塘，竭力督催，明歲可望全完。各塘不無闊狹高低，必須整齊堅固。臣諭督塘兵培補鑲墊，俾塘有堅工，兵無閒曠。海寧塘後舊有土塘以備泛溢，令民間栽柳，根株盤結塘身，枝幹藉資工用。」八年，石工乃成。

常安在浙江久，有惠政：嘗用保甲法編太湖漁舟，清盜源；釐兩浙鹺政諸弊，蘇商困；以溫、處二府貧瘠鮮蓋藏，招商轉江蘇米自海道至，佐民食。江蘇巡撫陳大受疏論常安輕開海禁，常安疏辨，謂：「蘇視溫、處彼此雖殊，兩地皆皇上赤子，大受不當過分畛域。」上諭曰：「汝等以此而矛盾，皆爲民耳，出於不得已。以後豐年可不須，若需穀孔亟，當視此行耳。」常安巡視寧波沿海諸地，泛海至鎮海，又至定海，疏陳內外洋諸島嶼狀，謂內洋宜招民廣墾，外洋宜封禁。上嘉其衝冒風濤，勤於王事。嘉、湖二府奸民迷誘民間子女，常安督吏捕治，悉獲諸奸民。上令視採生折割例從重定擬，飭常安寬縱。尋上疏言：「州縣親民吏，必於轄境事無繁簡、地無遠近莫不深知，而後有實政以及於民。應飭於齋戒停刑暇日親歷鄉村，以次而徧。引其父老，詢以疾苦，於地方利弊了然胸中，且籍以周知戶口。如遇災賑，董理易爲力。」上深然之。錢塘江入海處近蕭山爲南大亹，近海寧爲北大亹，蜀山南別有中小亹。舊爲江海匯流處，漸淤塞，水趨南大亹，逼海寧。九年，尚書訥親蒞視，議復中小亹故道。常安令就沙嘴爲溝四，引潮刷沙，歷數年，沙漸去。十一年，疏言：「春伏兩汛已過，南沙坍卸殆盡，蜀山已在水中。倘秋汛不復湧沙，大溜竟行中小亹矣。」上諭曰：「此言豈可輕出？亦俟三五年後如何耳。如能全行中小亹，果可喜事也。」

十二年，閩浙總督喀爾吉善劾常安多得屬吏金，婪索及於鹽政承差、海關胥吏，縱僕取市肆珍貴物不予值，凡十數事。上命解任，以顧琮代之，令大學士高斌會顧琮按治。常安亦疏劾布政使唐綏祖徇私狂悖，上爲下高斌等併按。高斌等按常安婪贓納賄狀皆不實，惟縱僕得賕；常安劾綏祖事盡虛，疏請奪常安官。上命大學士訥親覆按，未至，高斌等又言常安歲易鹽政承差，有婪索狀；訥親至，又言常安嘗以公使錢自私，按律擬絞，下刑部，卒於獄。

常安少受業於尙書韓菼，工文辭，有所論著，多譏切時事。其坐譴多舉細故，遽從重比。時論疑其中蜚語以死，非其罪也。

福崧，烏雅氏，滿洲正黃旗人，湖廣總督碩色孫也。乾隆中，授內閣中書，遷侍讀。外授四川川北道，遷甘肅按察使。再遷福建布政使，未行，蘇四十三亂作，從總督勒爾謹討賊，即移甘肅。事定，賜花翎。勒爾謹坐冒賑得罪，命福崧從總督李侍堯察通省倉庫，虧銀八十八萬、糧七十四萬有奇，立例淸償，無力者以責上官。福崧亦應分償，上特免之。

四十七年，遷浙江巡撫。上以王亶望、陳輝祖相繼撫浙江，皆貪吏，復命察通省倉庫，虧銀一百三十萬有奇，立例淸償如甘肅。桐鄉縣徵漕不如律，民聚鬨，福崧令捕治，因疏陳嚴除漕弊，條四事，下部議行。四十九年，上南巡，兩浙鹽商輸銀六十萬，以海寧范公塘改柴爲石，福崧爲請，上允之。五十一年，福崧以諸屬吏淸償倉庫虧銀未能如期，疏請展限，並言於正歲集司道以下等官設誓，共砥廉隅。上以期已三四年，乃復請展限，非是，且設誓亦非政體，命尙書曹文埴，侍郎姜晟、伊齡阿如浙江按治。會福崧請籌柴塘修費，上疑新建石塘無益，勞民傷財，令文埴等倂按，召福崧還京師待命。文埴等疏陳浙江倉庫實虧數，爲定善後章程；別疏言柴塘坦水爲石塘保障，宜有歲修。上允其請，察福崧無敗檢事，失但在柔懦，命署山西巡撫。

旋以浙江學政竇光鼐劾平陽知縣黃梅貪黷，論如律，責福崧未能發，左授二等侍衞，充和闐幫辦大臣。五十二年，移阿克蘇辦事大臣。五十四年，再移葉爾羌參贊大臣。五十五年，授江蘇巡撫，署兩江總督。還授浙江巡撫。五十七年，疏請補修海塘石工，與前巡撫琅玕改築柴壩異議，上命江蘇巡撫長麟往按，請如福崧議。浙江鹽道柴楨遷兩淮鹽運使，虧帑，私移兩淮鹽課二十二萬補之。兩淮鹽政全德疏劾，上以福崧領兩浙鹽政，慮有染，奪官，以長麟代之。命尚書慶桂會鞫，謂福崧嘗索楨賕十一萬，又侵公使錢六萬有奇。獄具，論斬，逮致京師，尋命卽途中行法。福崧飲酖卒。

福崧爲巡撫，治事明決，御屬吏有法度，民頌其治行。其得罪死，頗謂其忤和珅，爲所陷。尤慮至京師廷鞫，或發其陰私，故以蜚語激上怒，迫之死云。

論曰：居喪不沐浴，百日薙髮，亦其遺意也。塞楞額坐是中危法，學健雖以他事誅，然得罪仍在初獄。鄂昌以門戶生恩怨，家屏以搢紳言利病，皆足以掇禍。羅織文字，其借焉者也。因培起邊遠，受峻擢，屢躓屢起，乃以欺罔傅重比。常安、福崧死於賕，然封疆有政聲。論者以爲寃，事或然歟？

清史稿卷三百三十九

列傳一百二十六

恆文 郭一裕 蔣洲 楊灝 高恆 子高樸
王亶望 勒爾謹 陳輝祖 鄭源璹 國泰 郝碩 良卿 方世儁
錢度 覺羅伍拉納 浦霖

恆文，烏佳氏，滿洲正黃旗人。雍正初，以諸生授筆帖式，四遷兵科給事中。外授甘肅平慶道，再遷貴州布政使。乾隆初，方用兵金川，恆文奏言：「兵貴神速。臣官甘肅平慶道時，見提督以下諸營，或三之一，或四之一，擇勇健者，名爲援剿兵將，備預定旗幟器械，及獎賚諸項亦預存。貴州乃無此例。本年四川調兵二千，遲至六日方得起程。請倣甘肅例預爲計，提督駐安順，設重兵，請於府庫貯銀五千待用。」既又疏上行軍諸節目。上嘉其能治事，移直隸。十六年，擢湖北巡撫。疏請採漢銅廣鼓鑄，請增築武昌近城石隄，請停估變省城道倉空厫、備貯協濟鄰省米石，均得旨允行。十八年，署湖廣總督，移山西巡撫。二十一年，擢雲貴總督。二十二年三月，疏劾貴州糧道沈遷婪索屬吏，鞫實論斬。恆文與雲南巡撫郭一裕議製金爐上貢，恆文令屬吏市金，減其値，吏民怨咨。一裕乃疏劾恆文貪汚敗檢，列款以上。上命刑部尚書劉統勳會貴州巡撫定長卽訊，得恆文令屬吏市金減金値，及巡察營伍縱僕婪索諸事，逮送京師。上責恆文：「爲大臣，以進獻爲名，私飽己橐，簠簋不飭，負恩罪大。」遣侍衞三泰、扎拉豐阿乘傳就恆文所至，宣諭賜自盡。

郭一裕，湖北漢陽人。雍正初，入貲爲知縣，除江南清河知縣。稍遷山西太原知府。乾隆中，累擢雲南巡撫。恆文對簿，具言貢金爐議發自一裕。統勳等察知一裕亦令屬吏市金，見恆文以減値斂怨，乃先發爲掩覆計。事聞，上謂：「一裕本庸鄙，前爲山東巡撫，嘗請進萬金上供。在官惟以殖產營運爲事，但尚不至如恆文之狼藉。」命奪職，發軍臺效力。手詔謂：「恆文及一裕罪輕重一歸允當，毋謂一裕以漢吏劾滿洲終兩敗也。」一裕呈部請輸金贖罪，會蔣洲、楊灝皆以婪索屬吏坐誅，洲獄具，得同官朋比狀。上因謂：「恆文事發自一裕，尚彼勝於此。」特許其納贖。居數年，予三品銜，授河南按察使。以老罷。卒。

蔣洲，江南常熟人，大學士廷錫子。自主事累擢至山西布政使。二十二年，就遷巡撫，旋移山東，以塔永寧代。塔永寧劾洲貪縱，虧庫帑鉅萬。將行，令冀寧道楊龍文、太原知府七賚札諸屬吏納賕彌所虧。統勳自雲南還，上命馳往會塔永寧按治。解洲任，逮送山西嚴鞫，得實，誅洲，並及龍文、七賚論絞候。諸屬吏虧帑，文職知州朱廷揚等、武職守備武璉等，皆論罪如律。陝西巡撫明德，以前官山西嘗取洲及諸屬吏賕，亦論絞候。上命發甘肅交黃廷桂聽差遣。

楊灝，直隸曲陽人。乾隆中，官湖南布政使。時以湖南倉穀濟江南當糴補，灝發穀值百取一二，得金三千有奇。巡撫陳宏謀疏劾，讞實，坐斬。二十二年，秋讞，巡撫蔣炳以灝限內完贓，擬入緩決，上怒，命誅灝，奪炳官，逮京師，論罪坐斬。上以炳意在沽譽，尚未嘗受賄，改戍軍臺。按察使夔舒亦坐是奪職。

高恆，字立齋，滿洲鑲黃旗人，大學士高斌子也。乾隆初，以廕生授戶部主事，再遷郎中。出監山海關、淮安、張家口榷稅，署長蘆鹽政、天津總兵。二十二年，授兩淮鹽政。江蘇巡撫陳宏謀疏言：「海州產鹽盛，請令河東買運配引赴陝西引地行銷。淮北鹽賤，並令淮南商買運適中之地，作常平倉鹽備缺額補配。」命高恆會兩江總督尹繼善覆議，尋疏陳：「海洲產鹽盛衰，視天時晴雨，難定成數。距陝西三千餘里，黃河逆流而上，斷難輓運。自海州出場，經淮、徐、海各屬，皆淮北食鹽口岸；徐州以上，又係長蘆引地。恐沿途挾私，淮南額引多，鹽場廣，有盈無絀。卽淮北鹽價稍賤，加以脚費折耗亦相等。若令淮南銷淮北餘鹽，尤非商情所便。縱發官帑與之收買，亦難强其領運。」疏入，上從之。湖廣總督李侍堯疏言湖北鹽驟貴，請飭淮商減價。命高恒赴湖北會議。定湖北鹽價，視淮商成本每包以二錢三分一釐爲制。二十九年，授上駟院卿，仍領兩淮鹽政。三十年，以從兄高晉爲兩江總督，當迴避，召署戶部侍郎。疏陳整頓綱課，定分季運湥獎勵之制，命以告後政普福。尋授總管內務府大臣。三十二年，署吏部侍郎。是時上屢南巡，兩淮鹽商迎蹕，治行宮揚州，上臨幸，輒留數日乃去，費不貲，頻歲上頁稍華侈。

高恒爲鹽政，陳請預提綱引歲二十萬至四十萬，得旨允行。復令諸商每引輸銀三兩爲公使錢，因以自私，事皆未報部。三十三年，兩淮鹽政尤拔世發其弊，上奪高恒官，命江蘇巡撫彰寶會尤拔世按治。諸鹽商具言頻歲上貢及備南巡差共用銀四百六十七萬餘，諸鹽政雖在官久，尙無寄商生息事。上責其未詳盡，下刑部鞫實，高恒嘗受鹽商金，坐誅。普福及鹽運使盧見曾等罪有差。

子高樸，初授武備院員外郎。累遷給事中，巡山東漕政。三十七年，超擢都察院左副都御史。值月食，救護未至，上諭謂：「高樸年少奮勉，是以加恩擢用，非他人比。乃在朕前有意見長，退後輒圖安逸，豈足副朕造就裁成之意？」吏議奪職，命寬之。遷兵部右侍郎。

上錄諸直省道府姓名，密記治行優絀，謂之道府記載，太監高雲從偶泄於外廷。左都御史觀保，侍郎蔣賜棨、吳壇、倪承寬嘗因侍班私論其事，高樸聞，具疏劾，上怒，下刑部鞫治。尋命誅雲從，貸觀保等，不竟其事。詔謂：「雲從以賤役無忌憚，豈可不亟爲整飭以肅紀綱？但不屑因此興大獄，故不復窮治。諸大臣豈無見聞，獨高樸爲之陳奏，內省應自慚。若因此圖傾高樸，則是自取其死。高樸若沾沾自喜，不知謹懍，轉致妄爲，則高雲從即其前車，朕亦不能曲貸也。」四十一年，命往葉爾羌辦事。距葉爾羌四百餘里，有密爾岱山，產玉，舊封禁。高樸疏請開採，歲一次。四十三年，阿奇木伯克色提巴勒底訴高樸役回民三千採玉，婪索金寶，並盜鬻官玉。烏什辦事大臣永貴以聞，上命奪官嚴鞫，籍其家，得寄還金玉；永貴又言葉爾羌存銀一萬六千餘、金五百餘。高樸坐誅。

方上誅高恆，大學士傅恆從容言乞推慧賢皇貴妃恩貸其死，上曰：「如皇后兄弟犯法，當奈何？」傅恆戰栗不敢言。至是，諭曰：「高樸貪婪無忌，罔顧法紀，較其父高恆尤甚，不能念爲慧賢皇貴妃姪而稍矜宥也。」

王亶望，山西臨汾人，江蘇巡撫師子。自舉人捐納知縣，發甘肅，知山丹、皋蘭諸縣。選授雲南武定知府，引見，命仍往甘肅待缺，除寧夏知府。累遷浙江布政使，暫署巡撫。乾隆三十八年，上幸天津，亶望貢方物，範金爲如意，飾以珠，上拒弗納。三十九年，移甘肅布政使。甘肅舊例，令民輸豆麥，予國子監生，得應試入官，謂之「監糧」，上令罷之。既，復令肅州、安西收捐如舊例。亶望至，申總督勒爾謹，以內地倉儲未實爲辭，爲疏請諸州縣皆得收捐；既，又請於勒爾謹，令民改輸銀。歲虛報旱災，妄言以粟治賑，而私其銀，自總督以下皆有分，亶望多取焉。議初行，方半載，亶望疏報收捐一萬九千名，得豆麥八十二萬。上謂：「甘肅民貧地瘠，安得有二萬人捐監？又安得有如許餘糧？今半年已得八十二萬，年復一年，經久陳紅，又將安用？卽云每歲借給民間，何如留於閭閻，聽其自爲流轉？」因發「四不可解」詰勒爾謹，勒爾謹飾辭具覆。上諭曰：「爾等既身任其事，勉力妥爲之可也。」

四十二年，擢浙江巡撫。四十五年，上南巡，亶望治供張甚侈。上謂：「省方問俗，非爲游觀計。今乃添建屋宇，點綴鐙彩，華縟繁費，朕實所不取。」戒毋更如是。亶望旋居母喪，疏請治喪百日後，留塘工自効，上許之。浙江巡撫李質穎入覲，奏陳海塘事，因及亶望意見不相合，遂言亶望不遣妻孥還里行喪。上降旨責其忘親越禮，奪官，仍留塘工自効。

四十六年，命大學士阿桂如浙江勘工。阿桂疏發杭嘉湖道王燧貪縱、故嘉興知府陳虞盛浮冒狀，上諭曰：「朕上年南巡，入浙江境，卽見其侈靡，詰亶望，言虞盛所爲。今燧等借大差爲名，貪縱浮冒，必亶望爲之庇護。」命逮燧嚴鞫。會河州回蘇四十三爲亂，勒爾謹師屢敗，亦被逮。大學士阿桂出視師，未即至，命尚書和珅先焉，和珅疏言入境即遇雨，阿桂報師行亦屢言雨。上因疑甘肅頻歲報旱不實，諭阿桂及總督李侍堯令具實以聞。阿桂、侍堯疏發亶望等令監糧改輸銀及虛銷賑粟自私諸狀，上怒甚，遣侍郎楊魁如浙江會巡撫陳輝祖召亶望嚴鞫，籍其家，得金銀逾百萬。上幸熱河，逮亶望、勒爾謹及甘肅布政使王廷贊赴行在，令諸大臣會鞫。亶望具服發議監糧改輸銀，令蘭州知府蔣全迪示意諸州縣僞報旱災，迫所轄道府具結申轉；在官尚奢侈，皋蘭知縣程棟爲支應，諸州縣餽賂率以千萬計。獄定，上命斬亶望，賜勒爾謹自裁，廷贊論絞，併命即蘭州斬全迪；遂令阿桂按治諸州縣，冒賑至二萬以上皆死，於是坐斬者棟等二十二人，餘讁黜有差。上謂：「此二十二人之死，皆亶望導之使陷於法，與亶望殺之何異？」令奪亶望子裘等官，發伊犂，幼子逮下刑部獄，年至十二，即次第遣發，逃者斬。陝甘總督李侍堯續發得賕諸吏，又誅閔鵷元等十一人，罪董熙等六人。

五十九年，上將歸政，國史館進師傳。上覽其治績，乃赦亶望子遣，幼者罷勿遣，謂「勿令師絕嗣也」。

勒爾謹，宜特墨氏，滿洲鑲白旗人。乾隆初，以繙譯進士授刑部主事，遷員外郎。外授直隸天津道。累遷陝甘總督。四十二年，河州回黃國其、王伏林爲亂，馳往捕治，誅國其、伏林及其徒四百餘人。四十六年，循化回蘇四十三復起，勒爾謹令蘭州知府楊士璣、河州協副將新柱率二百人往捕，爲所戕，遂破河州。勒爾謹赴援，聞賊將自小道徑攻蘭州，引還城守。上責勒爾謹觀望失機，奪官，下刑部論斬，上命改監候，卒坐亶望獄死。陳輝祖又以籍亶望家匿金玉器，譴誅。

輝祖，湖南祁陽人，兩廣總督大受子也。以廕生授戶部員外郎，遷郎中。外授河南陳州知府。累遷閩浙總督，兼領浙江巡撫。亶望獄起，輝祖弟嚴祖爲甘肅知縣，獄辭連染。上以輝祖當知狀，詰之，不敢言，詔嚴切，乃具陳平日實有所聞，懼嚴祖且得罪，隱忍未聞上，因請罪，降三品頂戴留任。時安徽巡撫閔鶚元亦坐其弟鵷元，與輝祖同譴。既，布政使盛柱疏言檢校亶望家入官物與原册有異同，命大學士阿桂按治，具得輝祖隱匿私易狀，論斬。上曰：「輝祖罪固無可逭，然與亶望較，終不同。傳云：『與其有聚斂之臣，寧有盜臣。』輝祖盜臣耳。亦命改監候。」四十七年，浙江巡撫福崧奏桐鄉民因徵漕聚衆鬨縣庭，輝祖寬其罪，次年乃復鬨。閩浙總督富勒渾奏兩省諸州縣虧倉穀，福建水師提督黃仕簡奏臺灣民互鬬，於是上罪輝祖牟利營私，兩省庶政皆廢弛貽誤，罪無異亶望，賜自裁。五十三年，又以湖北吏治闒茸，弊始輝祖爲巡撫時，戍其子伊犂。

乾隆季年，諸貪吏首亶望，次則鄭源璹。

源𤄊，直隸豐潤人。以貢生授戶部主事，累遷湖南布政使。仁宗既誅和珅，有言源𤄊貪黷狀，下巡撫姜晟按治。源𤄊具服收發庫項，加扣平餘，數逾八萬；署內眷屬幾三百人，自蓄優伶，服官奢侈。上宣示源𤄊罪狀，因言：「諸直省大吏宴會酒食，率以囑首縣，首縣復斂於諸州縣。率皆朘小民之脂膏，供大吏之娛樂，展轉苛派，受害仍在吾民。通諭諸直省，令悛改積習。」尋命斬源𤄊。

國泰，富察氏，滿洲鑲白旗人，四川總督文綬子也。國泰初授刑部主事，再遷郎中。外擢山東按察使，遷布政使。乾隆三十八年，文綬官陝甘總督，奉命按前四川總督阿爾泰縱子明德布婪索屬吏，徇不以實陳，戍伊犂。國泰具疏謝，請從父戍所贖父罪。上諭曰：「汝無罪，何必惶懼？」四十二年，遷巡撫。

國泰紈袴子，早貴，遇屬吏不以禮，小不當意，輒呵斥。布政使于易簡事之諂，至長跪白事。易簡，江蘇金壇人，大學士敏中弟也。大學士阿桂等以國泰乖張，請改京朝官。四十六年，上爲召易簡詣京師問狀，易簡爲國泰力辨。上降旨戒國泰馭屬吏當寬嚴得中，令警惕改悔。會文綬復官四川總督，以嘓匪爲亂，再戍伊犂，國泰未具疏謝。居月餘，疏謝賜鹿肉，上詰責。國泰請納養廉爲父贖，並乞治罪，上寬之。

四十七年，御史錢灃劾國泰及易簡貪縱營私，徵賂諸州縣，諸州縣倉庫皆虧缺。上命尚書和珅、左都御史劉墉按治，並令灃與俱。和珅故袒國泰；墉持正，以國泰虐其鄉，右灃。驗歷城庫銀銀色不一，得借市充庫狀。語互詳灃傳。國泰具服婪索諸屬吏，數輒至千萬。易簡諂國泰，上詰不敢以實對。獄定，皆論斬，上命改監候，逮繫刑部獄。巡撫明興疏言通察諸州縣倉庫，虧二百萬有奇，皆國泰、易簡在官時事。上命卽獄中詰國泰等，國泰等言因王倫亂，諸州縣以公使錢佐軍興，乃虧及倉庫。上以「王倫亂起滅不過一月，卽謂軍興事急，何多至二百萬？卽有之，當具疏以實聞。國泰、易簡罔上行私，視諸屬吏虧帑翫置不問，罪與王亶望等均」。命卽獄中賜自裁。

郝碩，漢軍鑲黃旗人。父郝玉麟，官兩江總督。郝碩襲騎都尉世職，授戶部員外郎，直軍機處，遷郎中。外授山東登萊青道，三遷江西巡撫。將朝京師，以行李不具，徵屬吏納賕。四十九年，兩江總督薩載論劾，逮京師鞫實。上謂：「郝碩罪同國泰，國泰小有才，地方事尚知料理。郝碩嘗朝行在，問以地方事，不知所對。不意復貪婪若是！且郝碩託辭求賂，正國泰事敗時，乃明知故蹈，無復忌憚。卽視國泰例賜自裁。」因通諭諸直省督撫，當持名節，畏憲典，以國泰、郝碩爲戒。

良卿，富察氏，滿洲正白旗人。乾隆七年進士，授戶部主事，遷郎中。外授直隸通永道，累遷貴州布政使。三十二年，命署巡撫。

師征緬甸，良卿董臺站。上諭良卿：「師行供頓有資民力者，覈實奏聞。」良卿疏言：「此項多鄉保措辦，銀數多寡參差，無從覈算。」上謂：「師行供頓有資民力，亦當官爲檢覈。若以鄉保措辦遂置不問，民瘼何所仰賴？且吏役因以爲姦，又何所不至耶？良卿以布政使署巡撫，何得諉爲不知？」下吏議，當降調，命改奪官，仍留任。既，上發帑佐軍需，良卿請確查散給，上詰良卿：「既言無從覈算，何能確查散給？」命留供續發官軍。良卿又疏陳貴州兵極能走險耐瘴，請募五千人習槍礮、籐牌備徵發。上嘉其盡心，賜孔雀翎。尋移廣東，以募兵事未竟，仍留貴州。貴州產鉛，歲採運供鑄錢，以糧道主其事。三十四年，良卿疏劾威寧知州劉標運鉛不如額，並虧工本運值，奪標職，令良卿詳讞。良卿疏陳標虧項，併劾糧道永泰，請簡大臣會鞫，上爲遣內閣學士富察善如貴州會良卿按治。永泰揭戶部陳標虧項由長官婪索，因及良卿及按察使高積貪黷狀，上解良卿職，復命刑部侍郎錢維城、湖廣總督吳達善卽訊。故事，奏摺置黃木匣，外護以黃綾袱，至御前始啓。上發副將軍阿桂軍中奏，於袱內得普安民吳倎訴官吏、土目私派累民狀，命吳達善密勘；而劉標亦遣人詣戶部訴上官婪索，呈簿記，上申命吳達善嚴鞫。

吳達善先後疏言標積年虧帑至二十四萬有奇。良卿意在彌補掩覆，見事不可掩，乃以訪聞奏劾；及追繳銀六千有奇，令留抵私塡公項，不入查封，始終隱飾。又及高積鬻儲庫水銀，良卿有袒庇狀。良卿長支養廉，爲前布政使張逢堯及積署布政使時支放。普安州民吳國治訐知州陳昶籍軍興私派累民，良卿卽令昶會鞫，不竟其事，乃致佽賄驛吏附奏事達御前。上乃責良卿負恩欺罔，罪不止於骫法婪贓，命卽貴州省城處斬，銷旗籍，以其子富多、富永發伊犁，畀厄魯特爲奴。積、逢堯、標皆坐譴。

方世儁，字毓川，安徽桐城人。乾隆四年進士，授戶部主事。累遷太僕寺少卿，外授陝西布政使。二十九年，擢貴州巡撫。三十二年，調湖南巡撫。劉標訐發上官婪索，言世儁得銀六千有奇，上命奪官，逮送貴州。其僕承世儁得銀千。獄成，械致刑部，論絞決，上命改監候。秋讞入情實，伏法。

錢度，字希裴，江南武進人。乾隆元年進士，授吏部主事，累遷廣西道監察御史。外授安徽徽州知府，累擢至方面。其爲江安督糧道、河庫道，皆再任，歷十餘年。上嘉其久任奮勉。二十九年，授雲南布政使。三十三年，遷廣東巡撫。師方征緬甸，度主餽軍，命以巡撫銜領布政使。未歲，移廣西巡撫，乃之官，賀縣囚越獄，度請寬知縣鄭之琳罪。上命奪之翀職，責度寬縱。學政梅立本按試鬱林，索供應，民聚鬨。上命度定學政供應夫船事例，度擬從寬備，失上指，仍左授雲南布政使。三十七年，監銅廠。宜良知縣朱一深揭戶部，告度貪婪，勒屬吏市金玉，上命刑部侍郎袁守侗如雲南會總督彰寶、巡撫李湖按治。貴州巡撫圖思德奏獲度僕持金玉諸器，自京師將往雲南，值銀五千以上；江西巡撫海明奏獲度僕攜銀二萬九千有奇，自雲南將往江南，並得度寄子灃書，令爲複壁藏金，爲永久計；兩江總督高晉籍度家，得窖藏銀二萬七千，又寄頓金二千。守侗等訊得度刻扣銅本平餘，及勒屬吏市金玉得值，具服，逮送京師。命軍機大臣會刑部覆讞，以度侵欺勒索贓私具實，罪當斬，命卽行法。子灃亦論絞，上爲改緩決。尋遇赦，仍不令應試出仕。嘉慶五年，弛其禁。

覺羅伍拉納，滿洲正黃旗人。初授戶部筆帖式，外除張家口理事同知，累遷福建布政使。林爽文之亂，伍拉納主餽軍，往來蚶江、廈門，事定，賜花翎，遷河南巡撫。乾隆五十四年，授閩浙總督。上以福建民情獷悍，戒伍拉納當與巡撫徐嗣曾商榷整飭。伍拉納督屬吏捕盜，先後所誅殺百數十人。以內地民多渡海至臺灣，疏請海口設官渡，便稽察。時定往臺灣者出蚶江，民舟或自廈門渡，亦令至蚶江報驗，疏請罷其例，俾得逕出廈門。言者以海中島嶼多，流民散處爲盜藪，當燬其廬，徙其民，毋使滋蔓。下濱海諸直省議，伍拉納疏言：「福建海中諸島嶼，流民散處，凡已編甲輸糧者，當不在例中。」上命諸島嶼非例當封禁，皆任其居處。浙江嘉善縣民訴縣吏徵漕浮收，下伍拉納按治，論如律。

伍拉納治尚嚴，疏劾金門鎭總兵羅英笈巡洋兵船遇盜不以實報，英笈坐譴；又論邵武營守備余朝武等侵餉，營吏黃國材等冒餉，黃巖右營守備葉起發屬兵遇盜不以實報，外委陳學明避盜僞爲被創，營兵柯大斌誣告營官，皆傅重比。五十七年，同安民陳蘇老、晉江民陳滋等爲亂，設𣞙𣞙會。「𣞙𣞙」字妄造，以代「天地」。伍拉納率按察使戚蓼生赴泉州捕得蘇老等，誅一百五十八人，戍六十九人。五十九年，義烏民何世來，宣平民王元、樓德新等爲亂，立邪教。伍拉納率按察使錢受椿赴金華。浙江巡撫吉慶已捕誅世來、德新，伍拉納覆讞諸脅從，復誅鮑茂山、吳阿成等，還福建至浦城，捕得元，誅之。

六十年，臺灣盜陳周全爲亂，陷彰化。伍拉納出駐泉州，發兵令署陸路提督烏蘭保、海壇鎭總兵特克什布赴剿，彰化民楊仲舍等擊破周全，亂已定。是歲，漳、泉被水，饑。伍拉納至，民鬨集乞賑，未以聞。上促伍拉納赴臺灣，累詔詰責，伍拉納自泉州往。福州將軍魁倫疏言：「伍拉納性急，按察使錢受椿等迎合，治獄多未協。漳、泉被水，米值昂，民貧，巡撫浦霖等不爲之所，多入海爲盜。虎門近在省會，亦有盜舟出沒。」上爲罷伍拉納、浦霖，命兩廣總督覺羅長麟署總督，魁倫署巡撫。

伍拉納至臺灣，劾鹿仔港巡檢朱繼功以喪去官，賊起，卽攜眷內渡，請奪官戍新疆。上諭曰：「伍拉納爲總督，臺灣賊起，陷城戕官，朕屢旨嚴飭始行。繼功丁憂巡檢，轉責其攜眷內渡，加以遠戍。伍拉納畏葸遷延，乃欲以此自掩，何其不知恥也！」伍拉納、浦霖貪縱、婪索諸屬吏，州縣倉庫多虧缺。伍拉納嘗疏陳淸查諸州縣倉庫，虧穀六十四萬有奇、銀三十六萬有奇，限三年責諸主者償納。至是，魁倫疏論諸州縣倉庫虧缺，伍拉納所奏非實數。上命伍拉納、浦霖及布政使伊轍布、按察使錢受椿皆奪官，交長麟、魁倫按讞。

長麟、魁倫勘布政司庫吏周經侵庫帑八萬有奇，具獄辭以上。上疑長麟等意將歸獄於經，斥其徇隱。長麟等疏發伍拉納受鹽商賕十五萬，霖亦受二萬，別疏發受椿讞長秦械鬬獄，獄斃至十人，得賕銷案。籍伍拉納家，得銀四十萬有奇、如意至一百餘柄，上比之元載胡椒八百斛；籍霖家，得窖藏金七百、銀二十八萬，田舍值六萬有奇，他服物稱是：逮京師，廷鞫服罪，命立斬。

伊轍布亦逮京師，道死。受椿監送還福建，夾二次，重笞四十，乃集在省諸官吏處斬；又以長麟主寬貸，奪官召還，以魁倫代之，遂興大獄，諸州縣虧帑一萬以上皆斬，誅李堂等十人，餘譴黜有差。

霖，浙江嘉善人。乾隆三十一年進士，授戶部主事，再遷郎中。外授湖北安襄鄖道。累遷福建巡撫，移湖南，復還福建。及得罪，上謂：「伍拉納未嘗學問，或不知潔己奉公之義。霖以科目進，起自寒素，擢任封疆，乃貪黷無厭，罔顧廉恥，尚得謂有人心者乎？」霖及伍拉納、伊轍布、受椿諸子皆用王亶望例戍伊犁。嘉慶四年，赦還。

論曰：高宗譴諸貪吏，身大辟，家籍沒，僇及於子孫。凡所連染，窮治不稍貸，可謂嚴矣！乃營私骫法，前後相望，豈以執政者尚貪侈，源濁流不能淸歟？抑以坐苞苴敗者，亦或論才宥罪，執法未嘗無撓歟？然觀其所誅殛，要可以鑑矣！